汽车测试技术

主　编　严朝勇
副主编　蒋　波
主　审　刘越琪

重庆大学出版社

内 容 提 要

本书共分12章,以汽车使用性能和不解体情况下的性能检测为主,分别介绍了概论,测试系统基础知识,传感器及其处理电路,微机技术在汽车试验中的应用,整车技术参数检测,汽车主要总成技术状况参数检测,汽车前照灯检测,汽车动力性检测,燃料经济性检测,制动性能检测,汽车悬架性能试验,排放污染物检测和噪声检测等部分。

本书适用汽车专业用书,也可作为社会工作人员的参考书。

图书在版编目(CIP)数据

汽车测试技术/严朝勇主编.—重庆:重庆大学出版社,
2009.4(2024.7重印)
(高职高专汽车制造与装配专业系列教材)
ISBN 978-7-5624-4777-1

Ⅰ.汽⋯ Ⅱ.严⋯ Ⅲ.汽车—测试技术—高等学校:技
术学校—教材 Ⅳ.U467

中国版本图书馆 CIP 数据核字(2009)第 033033 号

汽车测试技术

主 编 严朝勇
副主编 蒋 波
主 审 刘越琪

责任编辑:周 立 李邦静 版式设计:周 立
责任校对:谢 芳 责任印制:张 策

*

重庆大学出版社出版发行
出版人:陈晓阳
社址:重庆市沙坪坝区大学城西路 21 号
邮编:401331
电话:(023) 88617190 88617185(中小学)
传真:(023) 88617186 88617166
网址:http://www.cqup.com.cn
邮箱:fxk@cqup.com.cn(营销中心)
全国新华书店经销
POD:重庆新生代彩印技术有限公司

*

开本:787mm×1092mm 1/16 印张:14.25 字数:356千
2009年4月第1版 2024年7月第3次印刷
ISBN 978-7-5624-4777-1 定价:45.00元

本书如有印刷、装订等质量问题,本社负责调换
版权所有,请勿擅自翻印和用本书
制作各类出版物及配套用书,违者必究

前 言

汽车测试技术是汽车制造与装配专业的核心课程之一。

汽车测试技术是汽车工程领域一门实用性较强的学科。为此,汽车测试工作者都要了解、掌握汽车和内燃机检测技术,使汽车与内燃机的产品满足安全和环境保护的要求,随着现代科学技术和汽车产业的发展,这项技术也不断得到发展和完善。目前,汽车检测技术已在汽车制造与装配、使用、维修行业和汽车检测行业以及车辆管理部门得到广泛应用。为了适应社会对人才知识结构的需要,本书全面系统地介绍汽车主要技术参数、技术性能以及汽车制动、汽车排放、噪声等方面的道路试验检测和台架试验检测的原理、方法和设备,并着力反映本学科的最新研究成果。本书力求突出工学相结合的原则,以面向任务为培养目标,符合汽车知识和技能的学习要求,有利于汽车职业教育,满足学生和用人单位的需要。

本书在编写的过程中,在理论知识内容的深度上遵循"管用、够用、实用"的原则,充分体现职业性、技术性和应用性的职教特色;在实践教学内容的安排上以面向"工学结合"的教学模式为参照目标,努力构建一门具有高职特色的注重岗位职业能力培养的专业技术课程。

本书共分 12 章,以汽车使用性能和不解体情况下的性能检测为主,分别介绍了概论,测试系统基础知识,传感器及其处理电路,微机技术在汽车试验中的应用,整车技术参数检测,汽车主要总成技术状况参数检测,汽车前照灯检测,汽车动力性检测,燃料经济性检测,制动性能检测,汽车悬架性能试验,排放污染物检测和噪声检测等部分。

本书共分 12 章,由严朝勇任主编,并负责统稿。其中,第 1 章、第 8 章、第 9 章由严朝勇编写;第 2 章、第 4 章由郁春兰编写;第 3 章、第 10 章由蒋波编写;第 6 章、第 7 章由吴松编写;第 5 章、第 11 章、第 12 章由李怀俊编写,并由广东交通职业技术学院汽车学院刘越琪教授担任主审。

1

本书在编写过程中，得到了广东交通职业技术学院、广东省道路运输车辆综合性能检测中心站和广东轻工职业技术学院的大力支持，在此表示感谢。

　　由于编者水平有限，书中难免存在缺点和错误，诚望读者及有关专家给以指正，以便再版时修正。

作者于广东交通职业技术学院

2009 年 2 月

目录

第1章 绪　论 ………………………………………… 1

1.1 概　述 ……………………………………………… 1

1.2 汽车检测站基本知识 ……………………………… 1

1.3 汽车检测内容与方法 ……………………………… 8

1.4 检测站计算机管理系统功能结构 ………………… 9

1.5 计算机管理系统主要特征 ………………………… 10

1.6 汽车检测技术的发展概况及趋势 ………………… 11

复习题 ………………………………………………… 13

第2章 测试系统基础知识 …………………………… 14

2.1 传感器的分类及应用 ……………………………… 14

2.2 测试系统的组成及测量方法 ……………………… 20

2.3 测试仪表的主要技术指标 ………………………… 23

2.4 测量误差及数据处理 ……………………………… 26

复习题 ………………………………………………… 29

第3章 整车技术参数检测 …………………………… 30

3.1 结构参数检测 ……………………………………… 30

3.2 质量与质心参数的定义 …………………………… 33

3.3 通过性参数的检测 ………………………………… 36

3.4 稳定性参数的检测 ………………………………… 38

3.5 汽车整车尺寸机器视觉测量系统 ………………… 39

复习题 ………………………………………………… 43

第4章 汽车主要总成技术状况参数检测 …………… 44

4.1 发动机功率检测 …………………………………… 44

4.2 转向系的检测 ……………………………………… 47

    4.3   车轮动平衡检测 ………………………………… 57

    4.4   汽车车速表的检测 ……………………………… 67

    复习题 …………………………………………… 73

第5章   汽车前照灯检测 ………………………………… 74

    5.1   概　述 …………………………………………… 74

    5.2   汽车灯光基础及检测原理 ……………………… 75

    5.3   汽车前照灯检测仪的分类 ……………………… 79

    5.4   前照灯检测仪的使用方法及应用实例 ………… 88

    复习题 …………………………………………… 89

第6章   汽车动力性检测 ………………………………… 90

    6.1   道路试验检测动力性 …………………………… 90

    6.2   台架试验检测动力性 …………………………… 99

    复习题 ………………………………………… 110

第7章   燃料经济性能检测 …………………………… 111

    7.1   燃料消耗量道路试验 ………………………… 111

    7.2   燃料消耗量台架试验 ………………………… 117

    复习题 ………………………………………… 121

第8章   制动性能检测 ………………………………… 122

    8.1   概述 …………………………………………… 122

    8.2   路试检测制动性能 …………………………… 123

    8.3   台试检测制动性能 …………………………… 131

    复习题 ………………………………………… 145

第9章   汽车悬架性能试验 …………………………… 146

    9.1   汽车悬架系统的特性参数测定 ……………… 146

    9.2   汽车悬架装置检测台结构型式与特点 ……… 147

    9.3   台架试验 ……………………………………… 148

    复习题 ………………………………………… 155

第10章   排放污染物检测 ……………………………… 156

    10.1   废气中污染物的主要成分及其危害 ………… 156

    10.2   汽车有害排放物的测量方法 ………………… 159

    10.3   试验规范与排放标准 ………………………… 176

    复习题 ………………………………………… 179

第 11 章　噪声检测 ··· 180

　11.1　噪声及其危害 ··· 180

　11.2　噪声的检测 ··· 193

　　复习题 ·· 200

第 12 章　微机在测试技术中的应用 ································· 201

　12.1　微机测试系统 ··· 201

　12.2　智能测试仪器 ··· 208

　12.3　虚拟测试系统 ··· 212

　　复习题 ·· 216

参考文献 ··· 217

第 **1** 章
绪 论

1.1 概 述

随着现代社会的不断进步,人们愈来愈离不开汽车。然而,随着汽车数量的急剧增加,道路交通安全以及汽车排放与噪声造成的环境污染问题引起人们的广泛关注。尽管影响交通安全的原因是多方面的,如出于汽车技术状况变坏而引发的道路交通事故要占相当的比例,汽车排放与噪声造成的环境污染也与汽车技术状况(如发动机技术状况、整车装配质量等)不佳有直接关系。减少汽车对人类社会环境的危害,保持车辆良好的技术状况一直是汽车生产企业和汽车使用部门共同追求的目标,也是促进汽车工程领域技术进步的不竭动力。

汽车技术状况是定量测得的表征某一时刻汽车外观和性能的参数值的总合。评价汽车使用性能的物理量和化学量称为汽车技术状况参数。汽车检测技术正是基于研究汽车技术状况变化规律,采用先进的仪器设备与技术,在汽车不解体的条件下,通过检测有关技术状况参数,迅速准确地反映整车技术性能及各系统总成的技术状况,以便掌握它们的变化规律,发现并及时排除故障,保持或恢复其良好的技术状况和使用性能。

1.2 汽车检测站基本知识

汽车检测站是综合运用现代检测技术、电子技术、计算机技术和虚拟仪器技术,对汽车实施不解体检测、诊断的企业。它具有在室内检测、诊断出车辆的各种性能参数、查出可能出现故障的状况,为全面、准确评价汽车的使用性能和技术状况提供可靠依据。

汽车检测站按上级管理部门的要求,检测站在每一条检测线的进、出口及中间工位各安装一个摄像枪,作为全程检测和静态图像抓拍使用。对检测车辆进行有效的监控,并在前照灯检测单元对在线检测车辆进行拍照留底,并在检测数据上传时,将在线检测照片一起打包发送给管理部门。通过这种手段,进一步规范汽车检测站的经营行为。

汽车检测站主要由一条或数条检测线组成。独立完整的检测站,除了汽车检测线外,还应有停车场、试车道、清洗区、电气站、维修车间、办公区和生活区等。

1.2.1 汽车检测站概述

目前,我国汽车检测站主要分为汽车安全环保技术检测站和综合性能检测站两种。

汽车安全技术检测站按照中华人民共和国公安部第二号部令《机动车辆安全技术检测站管理办法》的规定,这种汽车安全环保技术检测站受公安机关车辆管理部门委托,承担下列任务:

1. 汽车申请注册登记时的初次检验;

2. 汽车定期检验;

3. 汽车临时检验;

4. 机动车特殊检验,包括肇事车辆,改装车辆和报废车辆等技术检验。

这种检测机构提供的检测结果往往是"合格"与"不合格"两种形式的结论性报告,而无需对车辆的具体使用性能进行分析,所以检测工艺简易快速,自动化程度高。但其检测结果只能判别车辆是否合适继续上路行驶,而对于车辆的具体技术状况,现存故障的诊断及其隐患检查的任务则需由安全环保技术检测机构来承担。

汽车综合性能检测站按照中华人民共和国交通部的第29号部令第五条中明确规定,其主要任务为:

1. 对在用运输车辆的技术状况进行检测诊断;

2. 对汽车维修行业的维修车辆进行质量检测;

上述两项检测任务是由运输车辆管理部门和维修管理部门根据检测制度组织并委托的车辆检测。

3. 接受委托,对车辆改装、改造、报废及其有关新工艺、新技术、新产品,科研成果等项目进行检测,提供检测结果;

4. 接受公安、环保、商检、计量和保险等部门的委托,为其进行有关项目的检测,提供检测结果。上述两项检测任务是接受其他部门的委托性检测,一般这类检测结果要求提供数值,并按有关标准或要求进行合格与否的判定。

对于汽车综合性能检测的法规依据在管理办法中有如下两条规定:

1. 中华人民共和国交通部部令第六条规定汽车检测站应根据国家和行业标准进行检测,确保检测质量。尚未制定国家、行业标准的项目,可根据地方标准进行检测;没有国家、行业、地方标准的项目,可根据委托单位提供的资料进行检测。该条对检测执行标准及尚未有标准时的检测依据作了明确的规定。

2. 中华人民共和国交通部部令第七条规定汽车检测站使用的汽车检测计量器具应按技术监督部门的有关规定,组织周期检定,保证检测结果准确可靠。对本条的理解和执行可结合计量法的有关规定进行,即结合检测站的计量管理和计量认证工作,建立本站计量体系和计量定期检定等制度,做到有制度有计划地实施周期检定,以保证检测结果准确可靠。

汽车综合性能检测站能承担本办法第五条规定的检测任务,即能检测车辆的制动、侧滑、灯光、转向、前轮定位、车速、车轮动平衡、底盘输出功率、燃料消耗、发动机功率、点火状况及异响、磨损、变形、裂纹、噪声、废气排放等技术状况。

汽车检测站的基本条件包括检测站的检测设备、检测站人员素质、检测站场地环境条件、检测站的管理制度等。

1）检测站的检测设备

检测站根据级别和承担的检测任务,配备相应的检测设备,即配备的检测设备应与其检测的参数或项目技术要求相适应。

2）检测站人员素质

要求检测站应配备站长、技术负责人、质量负责人和检测员,并规定站长应具有大专以上文化水平或中级以上技术职称;技术、质量负责人应具有相应专业中级以上(含中级)技术职称。站长及技术、质量负责人的文化技术素质高低,是关系检测站技术管理和检测工作质量水平的关键条件,是必须满足的条件。检测站的检测员是检测工作的实施者,按照相关规定,每个检测站应至少要配备12名工作人员。同时现代的检测技术要求从事检测工作的人员应具有相应的检测知识和专业知识,且检测员须经省质量技术监督局组织培训、考核,经培训考核合格后,方能上岗。

3）检测站场地环境条件

检测站场地面积应能满足检测工作的需要,应有停车场、试车道。检测车间的面积(包括长度、宽度、高度)及工艺布局合理,检测车间的采光、照明、通风、排水和消防安全及防雷措施应符合企业设计要求,同时还要经过当地环境保护部门对检测站建设项目环境保护进行审批登记,应符合国家相关环境保护评价依据和评价标准。

4）检测站的管理制度

检测站必须建立检测设备的检测法规、标准资料档案的管理制度;必须制定检测设备操作规程、检测工作人员岗位责任、工作人员守则等与质量监督要求相适应的各种规章制度。

1.2.2 汽车检测站的工艺布局

汽车检测站的功能包括了汽车的安全环保、汽车动力性、经济性和可靠性等检测及汽车检测过程的实时监控。汽车检测站的工艺布局通常可分为大、小车检测线两种。汽车检测站平面布置示意图如图1.1所示。

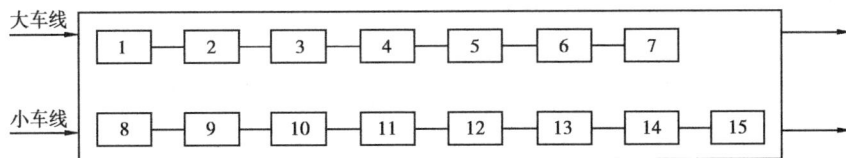

图 1.1 汽车检测站平面布置示意图

1,8—外观检查工位;2,9—尾气工位;3,10—底盘测功工位;4,11—前轮定位工位;

5,12—车速表工位;6,13—灯光侧滑工位;7,15—制动工位;14—悬架工位

汽车检测站的工艺布局与检测站规模大小、设备功能程度等因素有很直接的关系,在实际工作过程中可根据具体要求进行布局。在检测工艺设备平面布置设计上,首先尽可能采用直通顺序检测方式。车辆排放检测在车间入口,排污较大的检测项目靠近大门,并在主风向的下风位,减少车间内部污染。前照灯检测布局于中央,避免阳光照射引起的检测误差。第二,应考虑每个工位的检测等时性,即各工位检测时间大体上相等,后面工位比前面工位检测的时间短一些,以保证线上检测车辆舒畅。第三,在空间布置上要合理,保证绝大部分车型不会发生

空间上的干涉,占地面积少。总之,汽车检测站的工艺布局都应遵循工艺布局合理、科学、适用的原则,从而达到满足汽车检测工作的需要。

汽车安全环保检测线的工艺布局设计与检测项目。

1)外观检查及前轮定位工位

本工位包括车上、车底外观检查及前轮定位检测。

(1)主要设备

①轮胎自动充气压缩机。

②轮胎花纹测量器。

③检测手锤。

④地沟。

⑤就车式车轮平衡机。

⑥前轮定位仪。

⑦转向盘自由转动量检测仪。

(2)检测项目

①检查汽车上部的灯光、安全装置、防护装置、操纵装置、工作仪表和车身等是否装备齐全、工作正常、连接可靠和符合规定。检查的重点是灯光和安全装置。

②就车检测车轮不平衡量。

③检测前轮最大转向角、主销后倾角、主销内倾角,并检测前轮前束和前轮外倾值。

④检测转向盘自由转动量。

⑤检测轮毂轴承、主销和纵横拉杆等处的底盘松旷量。

2)尾气工位

本工位由废气检测、烟度检测和不透光系数检测组成。

(1)主要设备

①废气分析仪。

②滤纸式烟度计(全自动烟度计)。

③不透光度计。

(2)检测项目

①检测汽油车怠速工况排放(CO,HC 和 CO_2,O_2,NO_X)的排气污染物。

②检测柴油车自由加速排放污染物(烟度排放)。

③检测柴油车全负荷稳定转速工况下的排气可见污染物(光吸收系数)。

3)汽车车速表检测工位

本工位检测车速表指示误差。

(1)主要设备

①车速表试验台。

②智能仪表控制柜。

(2)检测项目

检测车速表指示误差。

4)底盘测功工位

(1)主要设备

①底盘测功机。

②智能仪表控制柜。

（2）检测项目

①检测汽车驱动轮的输出功率或驱动力和汽车行驶速度。

②检测汽车车速表指示误差。

5）灯光侧滑喇叭工位

本工位由灯光检测、侧滑检测和喇叭检测组成。

（1）主要设备

①前照灯检测仪。

②侧滑试验台。

③声级计。

④智能仪表控制柜。

（2）检测项目

①检测前照灯发光强度和光束照射方向。

②检测前轮侧滑量。

③检测喇叭声级。

6）轴重制动工位

本工位由轴重检测、制动检测组成。

（1）主要设备

①轴重仪。

②制动试验台（滚筒式制动试验台或平板式制动试验台）。

③智能仪表控制柜。

（2）检测项目

①检测各轴轴荷。

②检测制动力和制力平衡。

③检测各轮阻滞力。

④检测驻车制动力。

⑤检测制动协调时间。

1.2.3 汽车综合性能检测线的工艺布局设计与检测项目

1）外观检查及前轮定位工位

本工位包括车上、车底外观检查及前轮定位检测。

（1）主要设备

①轮胎自动充气压缩机。

②轮胎花纹测量器。

③检测手锤。

④地沟。

⑤就车式车轮平衡机。

⑥前轮定位检测仪。

⑦转向盘自由转动量检测仪。

（2）检测项目

①检查汽车上部的灯光、安全装置、防护装置、操纵装置、工作仪表和车身等是否装备齐全、工作正常、连接可靠和符合规定。检查的重点是灯光和安全装置。

②就车检测车轮不平衡量。

③检测前轮最大转向角、主销后倾角、主销内倾角，并检测前轮前束和前轮外倾值。

④检测转向盘自由转动量。

⑤检测轮毂轴承、主销和纵横拉杆等处的底盘松旷量。

2）底盘测功尾气工位

本工位由废气检测、烟度检测、不透光系数检测和底盘测功组成。

（1）主要设备

①废气分析仪。

②滤纸式烟度计（全自动烟度计）。

③不透光度计。

④底盘测功机。

⑤智能仪表控制柜。

（2）检测项目

①检测汽油车怠速工况排放（CO，HC 和 CO_2，O_2，NO_X）的排气污染物。

②检测柴油车自由加速排放污染物（烟度排放）。

③检测柴油车全负荷稳定转速工况下的排气可见污染物（光吸收系数）。

④检测汽车驱动轮的输出功率或驱动力和汽车行驶速度。

⑤检测汽车车速表指示误差。

3）汽车车速表检测工位

本工位检测车速表指示误差。

（1）主要设备

①车速表试验台。

②智能仪表控制柜。

（2）检测项目

检测车速表指示误差。

4）灯光侧滑喇叭工位

本工位由灯光检测、侧滑检测和喇叭检测组成。

（1）主要设备

①前照灯仪。

②侧滑试验台。

③声级计。

④智能仪表控制柜。

（2）检测项目

①检测前照灯发光强度和光束照射方向。

②检测前轮侧滑量。

③检测喇叭声级。

5）轴重制动工位

本工位由轴重检测、制动检测组成。

（1）主要设备

①轴重仪。

②制动试验台（滚筒式制动试验台或平板式制动试验台）。

③智能仪表控制柜。

（2）检测项目

①检测各轴轴荷。

②检测制动力和制力平衡。

③检测各轮阻滞力。

④检测驻车制动力。

⑤检测制动协调时间。

1.2.4 汽车检测站实时监控系统的布局与技术要求

根据上级管理部门的规定和要求，要对检测站进行有效的监控，并在检测的前照灯检测单元加装摄像装置，对在线检测车辆进行拍照留底，并在检测数据上传时，将在线检测照片一起打包发送上级管理部门，以达到数据上传和监控实时性高的目的，从而为管理部门对汽车检测站监管提供先进的手段，进一步完善车辆技术档案，强化车辆的技术管理。汽车检测过程监控系统总体示意图，如图1.2所示。

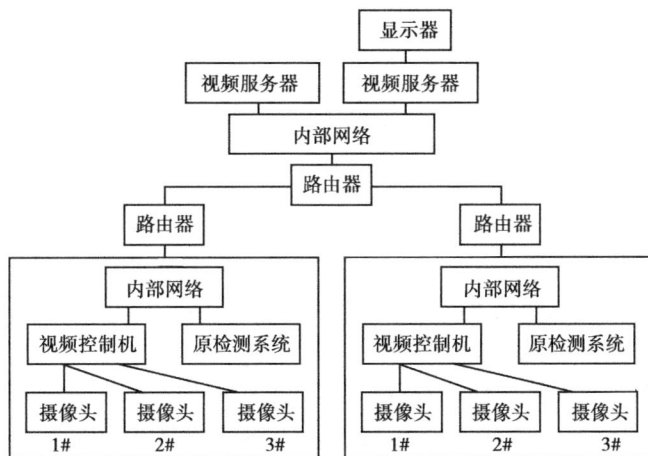

图1.2 实时监控系统

1）检测站实时监控系统的布局

（1）联网方式

每个检测工位均安装监控摄像枪监控，通过视频线连接视频服务器的视频采集卡，视频服务器上安装视频服务端软件，提供视频监控服务，业务大厅安装视频客户端软件连接视频服务器监视车间检测视频。

（2）监控流程

当车辆在工位上上线时,检测控制系统将自动判断该工位对应的摄像枪,发送指令控制视频服务器开始录制车辆检测监控录像,车辆下线时检测控制系统将控制工位摄像枪停止录像,同时视频服务端软件将检测结果通过网络传回业务大厅客户端软件,将检测结果同步显示在监控水平画面上。

2）检测站实时监控系统技术要求

检测站将每一条检测线的进、出口及中间工位各安装一个摄像枪,作为全程检测和静态图像抓拍使用。

视频图像为提高彩色画面。每个画面分辨率可达到 704×576,帧率为 25 帧/秒,满足相关的标准和要求。

采用大容量存储设备,视频录像保存时间可大 2 个月,并提供多种检索方式。安摄像频道和录制时间等方式进行录像的检索和回放。

视频设备的硬压缩功能,其速度和质量高于一般的软压缩方式。其算法采用目前主流MPEG4 视频压缩算法,具有压缩比高、码流小、图像质量好等特点,可极大地节约占用网络带宽,降低网络成本。

汽车检测过程监控系统需实现管理部门对检测现场的视频监控。视频监控是整个检测监控系统的核心部分,视频监控将分为两部分,即汽车检测站端和上级管理部门端,可采用手动录像、定时录像和自动录像等多种方式进行图像记录。

1.3　汽车检测内容与方法

1.3.1　汽车检测内容

汽车检测内容主要包括三个方面:

1）汽车主要技术参数检测

汽车主要技术参数包括整车结构与质量参数、主要总成技术参数,通过检测这些参数能从总体上反映整车及主要总成的技术状况,从而判定汽车的安全性和可靠性。

2）汽车主要技术性能检测

汽车主要技术性能包括动力性、经济性、制动性、平顺性和操纵稳定性等。通过检测能反映汽车技术性能的有关参数,便能评价和判定汽车各项技术性能的优劣。

3）汽车排放、噪声检测

随着汽车保有量的迅速增加,汽车发动机排出的污染物和汽车行驶噪声已成为威胁人类生存的一大公害,并引起人们的高度重视,各国都相继采取强制措施限制汽车污染物的排放和噪声控制。通过对汽车排放、噪声相关参数的检测,定量判断汽车排放和噪声是否超过标准规定的限值。

1.3.2　汽车检测方法

汽车检测包括道路试验(简称路试)检测和台架试验(简称台试)检测两种方法。两种检测方法各具特色,互为补充,有些检测项目两种方法可以相互代替,而很多项目则不能,如操纵稳定性试验大部分项目只能采用路试检测方法进行。两种不同的检测方法各自运用不同的检测方法和检测参数,但对于同一检测项目,对检测结果的评价是一致的。

1.4 检测站计算机管理系统功能结构

计算机管理系统的功能划分为检测站检测管理系统、行业管理系统和数据接口系统三大类。检测站建立计算机管理系统,利用计算机技术实现汽车检测流程的控制、检测数据采集、检测信息处理、检测信息传输、检测信息上报等功能。如图1.3所示。

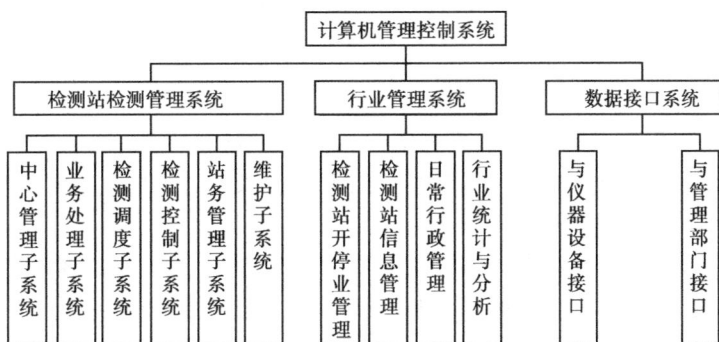

图1.3 系统功能结构

1.4.1 检测站检测管理系统

包括中心管理子系统、业务处理子系统、检测调度子系统、检测控制子系统、站务管理子系统、维护管理子系统等。

(1)中心管理子系统。系统参数配置、用户、日志进行管理,实现数据管理,对网络运行状况进行监视。

(2)业务处理子系统。车辆登录(车型构造信息、车型特征信息、检测信息)、终检(车辆信息区、功能选择区、信息查询区)、外观检查项目录入、查询等相关业务处理。

(3)检测调度子系统。检测站工作流程基本上为流水作业方式,通过检测流程管理,实现车辆按照规定的次序和方式进行检测及在线紧急调度。

(4)检测控制子系统。具有输出该检测单元引车员信号、完成数据采集处理、量值变换和判断能力,按照登录的项目进行项目检测和数据存储。检测数据和单项评价结果实时存入数据库,对已保存的检测数据不能更改,曲线数据应保存实际采集数据,曲线图像从数据中生成。

(5)站务管理子系统。对信息自动定时备份;保存所有已录入的车辆信息;车辆检测数据至少保存两年。车辆管理统计查询、检测站检测车辆信息统计查询;检测车辆合格数量和合格率统计查询。

(6)维护管理子系统能对各项代码进行维护。包括:车辆参数维护、维修单位代码维护、营运单位代码维护、评价标准维护、外检项目维护等,为保证数据公正可靠,各项维护工作由具备相关权限人员进行维护。

1.4.2 行业管理系统

包括检测站开停业管理子系统、检测信息管理子系统、日常行政管理子系统、行业统计与分析子系统等。

(1)检测站开停业管理子系统。检测站开停业管理子系统情况的相关信息进行管理。

(2)检测信息管理子系统。采用互联网络对检测站的基本情况:包括基础设施、从业人员、检测仪器设备、经营状况、检测量等信息进行自动采集。可监视各业务节点或所有业务节点计算机的实时开机状态;监视各工位计算机实时的挂线、通信、开机、检车的状态;监视各在检车辆的实时受检位置;检测信息管理的查询、统计和档案管理等。

(3)日常行政管理子系统。行业管理部门对于事务的登记、信息维护等。

(4)行业统计与分析子系统。对检测站的车辆检测数据进行统计与分析等。

1.4.3 数据接口管理系统

包括仪器设备接口管理子系统、上级主管部门管理子系统等。

(1)仪器设备接口管理子系统。实现实时记录检测数据、检测命令发送、检测数据传送、检测状态查询、检测数据传送等。

(2)上级主管部门管理子系统。有上传和下发两种方式。下发是指管理部门将数据下发到检测站,例如车型数据等。上传是指检测站将相关数据上传到上级主管部门。

1.5　计算机管理系统主要特征

1.5.1 检测单元调度

(1)检测无序性调度。有序报检变成无序进检,将进检功能进一步深化,将初检、复检车辆自动分拣检测,提高车辆检测可操作性。

(2)并行检测单元调度。多个检测单元都能检测相同的检测项目,故待检车辆可以在任一检测单元内接受检测,检测完毕后,其他并行检测单元自动结束检测。

(3)在线应急调度具有调度受检车辆,接受受检车单元内任意项目、任意次数检测的能力,可在线任意改变工位检测顺序及检测项目。

(4)工位调度任意配置,不受在线的限制。作为任意调度的延伸,用户可以根据检测车辆检测需要,不受在线的限制任意配置工位调度顺序,增强用户的灵活性。

(5)检测单元内实现多车同检。将检测单元进一步细分为若干检测工序,在检测单元内调度受检车辆到检测工序进行检测,实现检测单元内多车同检。

1.5.2 计算机检测控制系统的信号传输和处理

该控制系统的信号传输主要分4种:测量信号;开关量输入信号;开关量输出信号;过程指示信号。通过这4种信号,工位机可实现对车辆位置及设备位置进行准确的测控,并对每个工位传感器的实时进行数据采集。

1）测量信号

测量信号主要来自每个工位试验台中的传感器。在进行某项目测量时,被测对象的传感器将被测物理量的非电量信号(如力、速度、位移等)转换成弱电信号(电压或电流),进行前置放大后,将其变成"标准"信号(如 - 5 ~ + 5 V),并送至相应工控机,经过硬件预处理后进行 A/D 转换,最后由应用程序进行有关数据处理运算及结果判断,将数字量最终还原成与被测量相同的物理量,该工作站通过网络将这个测量的量值传给检测业务管理子系统。

2）开关量输入信号

测控系统中的开关量信号主要包括 3 类:一类是车辆到位信号;二类是设备到位信号;三类是采样信号。车辆到位信号是自动化检测中计算机进行控制的主要依据,一般采用限位开关来检测,主要用来判断前照灯的移动及制动台板的升降等。

采用光电隔离器件将计算机的地和强电控制器件的地隔离,这样可滤除由强电控制器件产生的干扰信号,大大提高输入/输出通道的抗干扰能力,经光电隔离后的信号送至输入/输出卡变成计算机数字信号。

3）开关量输出信号

测控子系统中开关量输出信号主要控制检测设备的运动,如车速台升降、制动台电机的起停和前照灯仪的自动移动等。计算机的数字量信号经输入/输出卡后变成电压信号,然后该信号送至继电器隔离驱动板进行隔离和放大,采用继电器驱动板可在电器上防止计算机与强电控制电路形成直接耦合电路。

由于控制检测设备运动的工作电压较高(达 380 V),功率较大,因此还需要中间继电器进行再放大后,驱动有关的强电控制电路。

4）过程指示信号

测控系统的过程指示信号主要是给引车员和工位操作员提供指示性信号,告诉他们目前应执行何种操作。目前在汽车综合性能检测站使用的过程指示器件主要是采用 LED 矩阵显示屏,16 点阵,分两行,每行能显示 8 个汉字。计算机测控管理系统均采用大屏幕彩色电视机作过程指示器,起到良好的效果。

1.6 汽车检测技术的发展概况及趋势

1.6.1 汽车检测技术的发展概况

汽车检测技术大约是从 20 世纪 50 年代开始逐步形成、发展和完善起来的。早期检测主要是靠耳听、眼看、手摸等感观方法对汽车技术状况作出判断。从 20 世纪 60 年代开始,随着西方工业发达国家汽车生产能力的提高和汽车保有量的迅速增加,交通安全与环境保护问题开始引起人们的重视,为解决这些问题,各国一方面依法实行交通管制,规范交通参与者的行为;另一方面加强对车辆的管理,尤其对车辆技术状况实行监控。在此期间,各国相继开始研制生产先进的检测设备,力图用更科学的手段快速准确地判别汽车技术状况是否处于规定水平。新的检测设备和检测方法的出现,不仅提高了检测精度和工作效率,而且促进了汽车工业技术进步。

20世纪70年代后期,国内有关企事业单位先后从国外引进部分较先进的检测仪器设备,使用以后获得比较好的效果,受到国家有关部门的重视。20世纪80年代初,国内一些厂家开始试制生产检测设备,国家在"六五"计划期间将汽车检测技术作为重点推广的新技术。从此,这项技术的理论研究、检测方法以及仪器设备研究开发等方面在我国都获得长足进步。

与此同时,交通部在大连市建立了国内第一个汽车检测站。从工艺上提出将各种单台检测设备安装联线,构成功能齐全的汽车检测线,其检测能力为3000辆次/年。继大连检测站之后,作为"六五"科技项目,交通部先后要求10多个省市、自治区交通厅(局)筹建汽车检测站,20世纪80年代中期,汽车监理由公安部主管,公安部在交通部建设汽车检测站的基础上,进行了推广和发展,形成了全国的汽车检测网。

1990年交通部发布第13号部令《汽车运输业车辆技术管理规定》和1991年交通部发布第29号部令《汽车运输业车辆综合性能检测站管理办法》以后,全国又掀起了建设汽车综合性能检测站的高潮。

随着现代科学技术的发展,汽车工程领域不断取得令人瞩目的成就。目前,汽车产业已成为全球最大的制造业,生产能力已达6000万辆,汽车保有量约6亿辆。汽车工业的发展对汽车检测技术提出了更高的要求,也促进了汽车检测技术不断取得新的发展。首先,随着计算机、自动控制等高新技术的广泛应用,汽车检测仪器设备功能不断向多元化和智能化方向发展。如近年来研制的新型前照灯检测仪,既能检测远光配光特性,又能检测近光配光特性,且数据的检测、传输与分析处理实现了智能化。为加强在用汽车的管理,各国都加快了相关法律规范的建设,并配套实施相关技术标准。如2004年5月1日我国颁布实施的《中华人民共和国道路交通安全法》中,制定了机动车辆登记,安全技术检验,强制报废等一系列法律制度。而我国颁布的《机动车运行安全技术条件》就是一部完整的与道路交通安全法配套实施的国家技术标准(GB 7258—2004),从而使车辆管理步入法制化的轨道。汽车管理的法治化无疑会促进汽车检测技术的发展进步。

目前汽车检测一般只是通过检测有关技术参数,了解汽车的瞬时技术状况,并断定汽车某些技术性能合格与否,至于故障的原因在很多检测项目上往往无法予以诊断分析,这是目前检测技术存在的一个缺陷。应用故障机理的解析技术确定和预测汽车技术状况的动态特性,应用诊断参数信息的识别和传感技术,建立故障模式(故障模式的精确度和通用性达到实用水平),这些都离不开计算机技术的广泛应用。如何充分利用计算机技术,分析诊断参数信息,提高诊断精确度,开发预测故障专家系统,提高诊断预测水平,使车辆保持良好的技术状况,并将检测、诊断和预测融为一体,是今后汽车检测技术的发展方向。

1.6.2　汽车检测技术的发展的趋势

我国汽车性能检测经历了从无到有、从小到大;从引进技术、引进检测设备,到自主研究开发推广应用;从单一性能检测到综合性能检测,取得了很大的进步。尤其是检测设备的研制生产得到了快速发展,缩小了与先进国家的差距。如今汽车检测中通用的制动试验台、侧滑试验台、底盘测功机等,国内已自给有余,而且结构形式多样。我们虽然已经取得了很大的进步,但与世界先进水平相比,还有一定距离。我国汽车检测技术要赶超世界先进水平,应该从汽车检测技术基础、汽车检测设备智能化和汽车检测管理网络化等方面进行研究和发展。

1）汽车检测技术基础规范化

我国检测技术发展过程中，普遍重视硬件技术，忽略或是轻视了难度大、投入多、社会效益明显的检测方法、限值标准等基础性技术的研究。随着检测手段的完善，与硬件相配套的检测技术软件将进一步完善。

今后我国应重点开展下述汽车检测技术基础研究：

（1）制定和完善汽车检测项目的检测方法和限值标准，如驱动轮输出功率、底盘传动系的功率损耗、滑行距离、加速时间和距离、发动机燃料消耗率、悬架性能、可靠性等；

（2）制定营运汽车技术状况检测评定细则，统一规范全国各地的检测要求及操作技术；

（3）制定用于综合性能检测站的大型检测设备的形式认证规则，以保证综合性能检测站履行其职责。

2）汽车检测设备智能化

目前国外的汽车检测设备已大量应用光、机、电一体化技术，并采用计算机测控。有些检测设备具有专家系统和智能化功能，能对汽车技术状况进行检测，并能诊断出汽车故障发生的部位和原因，引导维修人员迅速排除故障。

我国目前的汽车检测设备在采用专家系统和智能化诊断方面与国外相比还存在较大差距。如四轮定位检测系统，电喷发动机综合检测仪等，还主要依靠进口，今后我们要在汽车检测设备智能化方面加快发展速度。

3）汽车检测管理网络化

目前我国的汽车性能检测站部分已实现了计算机管理系统检测，虽然计算机管理系统检测采用了计算机测控，但各个站的计算机测控方式千差万别。即使采用计算机网络系统技术的，也仅仅是一个站内部实现了网络化。

随着技术和管理的进步，今后汽车检测将实现真正的网络化（局域网），从而做到信息资源共享、硬件资源共享、软件资源共享。在此基础上，利用信息高速公路将全国的汽车性能检测站联成一个广域网，使上级交通管理部门可以即时了解各地区车辆状况。

复 习 题

1. 汽车安全技术检测站的任务是什么？
2. 汽车检测站的基本条件有哪些？
3. 汽车检测站有哪些？
4. 试述汽车检测站的主要设备及仪器？

第**2**章

测试系统基础知识

测试系统是由若干相互联系、相互作用的单元(试验装置、仪器设备和传输及控制部件)，为实现特定的测试目的而组成的有机整体。对于实现不同目的的试验测试系统来说，其复杂程度是不同的，通常可以由一些基本、实现单一功能的基本系统组成。

本章介绍测试系统的有关基本知识。

2.1　传感器的分类及应用

无论是传统的非电量电测系统，还是以计算机为核心的现代测试系统的通用硬件平台，都需要实现非电量信号的转换、信号的放大与传输和信号的纪录与处理的过程。随着计算机技术的飞速发展，以大规模集成电路和计算机技术为代表的现代测试系统，借助于通用化、数字化、智能化、大容量和多路实时测试与控制的优势，日益成为各领域试验测试的主流设备。

现代测试系统依据其实现的功能可以大致分为前端部分和后端部分。其中，前端部分主要实现非电量信号的转换和放大，所需要的典型基本单元硬件模块是传感器和调理电路；而后端部分主要应用数据采集系统实现数据的采集、处理和存储。

传感器位于研究对象与测量系统之首，是获取与检测信息的窗口。一切科学研究与自动化生产过程要获取的信息(电量或非电量)，都要通过传感器获取并通过它转换为容易传输与处理的电信号。所以传感器的应用遍及于军事、科研、工业、农业、商业、交通、环保、医疗、卫生、气象、航空、家用电器等各个领域。科学技术越发达，自动化程度越高，对传感器的依赖程度就越大。

传感器技术所涉及的知识非常广泛，渗透到各个学科领域。但是它们的共性是利用物理定律和物质的物理、化学和生物特性，将特定的被测量按一定的规律转换成可用输出信号。所以如何采用新技术、新工艺、新材料以及探索新理论，以达到高质量的信号检测功能，是目前传感器技术研究的总目标。目前，微型计算机的迅速普及与发展以及强大的社会需求成为传感器技术发展的两股巨大的推动力，促使传感器技术向多样化、新型化、集成化、智能化方向飞速发展。

2.1.1　传感器的定义

我国国家标准 GB 76615—87 中关于传感器的定义是:能感受规定的被测量并按一定的规律转换成可用输出信号的器件或装置。这个定义所表述的传感器的主要内涵和特征主要包括以下几个方面:

(1)从传感器输入端来看,一个指定的传感器只能感受或响应规定的物理量,即传感器对规定的被测量具有最大的灵敏度和最好的选择性。我们不希望一只单功能的电流传感器还受环境温度变化的影响。传感器能够感受或响应规定的物理量,既可以是非电量也可以是电量。

(2)从输出端看,传感器的输出信号为"可用信号"。这意指传感器的输出信号中不但载运着待测的原始信息,而且是能够被远距离传送、后续测量环节便于接收和进一步处理的信号形式,最常见的是电、光信号以及气动信号。

(3)从输入与输出关系来看,这种关系应具有"一定规律"。其意指传感器的输入与输出应是相关的,而且这种规律是可以复现的。

因此,传感器处于测量系统的最前端,起着获取检测信息与转换信息的重要作用。

具体来讲,传感器的功能是将被测的非电磁性物理量变换为与之相对应的、易于检测、传输并处理的电信号。例如,它可以将力、位移、温度等非电量转换为可测的电信号,传输给测量系统,经分析处理从而获得所需的测量数据或变换为相应的控制信号。人们还可以借助传感器去探索那些无法直接测量的事物,如用超声波探测器测量海水深度,用红外遥感器从高空探测地球上的植被和污染情况等。

应用传感器进行非电量测量具有许多优点。首先,它可以将各种不同的物理参数变换为相应的电量,包括机械量(力、压力、位移、速度、加速度等)、几何量、温度以及气态或液态介质中各种成分的浓度、流速等。这些物理参量变换为相应的电量以后,便可应用各种诸如电流表、电压表、频率计、功率表等电测仪器或仪表进行测量。这些电测仪表一般具有较高的灵敏度、通用性与精确度;其次,各种物理参量经传感器变换为电信号,具有传输方便、有连续性、易于遥测、遥控、远动与自动控制的特点,并可将信号记录、存储或传输至计算机作进一步处理;此外,传感器可制成惯性极小,对被测物理量的变化具有快速的动态响应速率,而且电信号的传递极为快速,因此应用传感器可进行动态测量与瞬态测量。由于应用传感器进行非电量电测法具有上述许多优点,所以是其他测试方法无法比拟的。

2.1.2　传感器的分类

传感器的种类繁多,往往同一机理的传感器可以测量多种物理量,如电阻型传感器可以用来测温度、位移、压力、加速度等物理量。而同一被测物理量又可采用多种不同类型的传感器测量,如位移量,可用电容式、电感式、电涡流式等传感器测量。因此传感器有多种分类方法。

1)按被测量的性质分类

按被测量性质分类就是按传感器用途进行分类。下面列出这种分类方法的若干类型:

机械量:位移、力、速度、加速度、质量等;

热工量:温度、压力、流量、液位、物位、流速等;

化学量:浓度、黏度、湿度等;

光学量:光强、广通量、辐射量等;

生物量:血糖、血压、酶等。

随着传感器应用领域的不断扩大与深入,这种分类已变得十分繁杂,但便于使用者获得最基本的使用信息。

2)按输出量的性质分类

按这种分类方法的传感器的类别比较少,但是容易从原理上认识输入量和输出量之间的变换关系。

电参数型传感器:传感器的输出量为电参量,如电阻式、电感式、电容式等;

电量型传感器:传感器输出量为电量(电压、电流、电荷),如热电式、光电式、压电式、磁电式等。

3)按能量关系分类

能量转换关系:传感器将被测对象获取的信息能量直接转换成输出信号能量,如热电偶、光电池等。这种类型又称为有源型和发生器型;

能量控制型:传感器将从被测对象获取的信息能量用于调制或控制外部激励源,使外部激励源的部分能量载运信息而形成输出信号。这类传感器必须由外部提供激励源,如电源、光源、声源等,才能输出电信号。如 R,L,C 电参数型传感器。

4)按照传感器结构参量是否变化分类

(1)结构型

这种传感器由两部分组成,如图 2.1 所示。

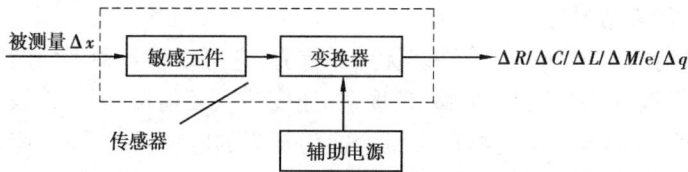

图 2.1　结构型传感器的构成框图

敏感元件:又叫弹性元件。有各种不同的弹性元件,如梁、膜片、柱、筒、环等,这些弹性元件可将力、质量、压力、位移、转矩、加速度等多种信号转换为中间变量,即非直接输出的量,如膜片的变形和应力。

变换器:将弹性敏感元件输出的中间变量转换成电量的变化作为输出量,如电阻式变换器输出 ΔR、电感式变换器输出 ΔL、电容式变换器输出 ΔC、变压器式变换器输出 ΔM、磁电式变换器输出电势 e、压电式变换器输出电荷 Δq 等。

(2)物性型

这种传感器依赖物理属性的改变直接将输入信号转换为输出信号。它没有中间转换机构,与结构型对应而言,它只有变换器,如测温热电阻、热电偶,它们既是变换器,也是传感器。

2.1.3　传感器的发展方向

由于传感器在信息技术领域中具有非常重要的作用,所以各国都将传感器技术列为重点发展技术。目前,传感器技术的主要发展动向,一是开展基础研究,重点研究传感器的新材料和新工艺;二是实现传感器的智能化。其发展趋势是小型化、集成化、智能化等。

1）传感器向小型化、一体化、高精度的方向发展

工业自动化程度,对机械制造精度和装配精度要求就越高,相应的测量程度要求也就越高。因此,当今在传感器制造上很重视发展微机械加工技术。微机械加工技术除全面继承氧化、光刻、扩散、沉积等微电子技术外,还发展了平面电子工艺技术、各向异性腐蚀、固相键合工艺和机械分断技术。

所谓一体化就是传感器与信号调节电路一体化,即将调节电路直接集成到传感器上,这样既改善了传感器的性能,又使其体积减小。

2）集成化、功能化

集成化的含义有两个:一是将同一类型的单个传感器在同一平面上排列起来,形成线型或面型传感器,而且将会向三维空间发展;二是把传感器与放大、运算及温度补偿等环节一体化,从而形成一个新的传感器。

所谓功能化,是指传感器除具有转换功能外,还具有信号处理、温度补偿等功能。

3）发展智能型传感器

智能型传感器是一种带有微处理器功能的传感器。职能型传感器被称为第四代传感器,使传感器具备感觉、辨别、判断、自诊断等功能,是传感器与微型计算机两者相结合的产物。智能型传感器不仅能进行外界信号的测量、转换,同时还具有记忆、存储、解析及统计功能。

实践证明,传感器技术与计算机技术在现代科学技术的发展中有着密切的关系。而当前的计算机在很多方面已具有人脑的思维功能,甚至在有些方面的功能已经超越了人脑。与此相比,传感器就显得比较落后。也就是说,现代科学技术在某些方面因电子计算机技术与传感器技术未能取得协调发展而面临着许多问题。正因为如此,世界上许多国家都在努力。

2.1.4　传感器的结构与工作原理

1）电阻式传感器

电阻式传感器是将被测的非电量(如位移、力、加速度等)转换成电阻的变化量的传感器元件,并通过对电阻值的测量电路变换为电压或电流,达到检测非电量的目的。由于它的结构简单、易于制造、价格便宜、性能稳定、输出功率大,至今在检测技术中应用仍然甚微广泛。按引起传感器电阻变化的参数不同,可以将传感器分为电位器式传感器和电阻应变式传感器两大类,我们以电位器式传感器为例来说明电阻式传感器的工作原理。

电位器式传感器又称为变阻器传感器,它的工作原理是基于均匀截面导体的电阻计算公式。由物理学可知,其电阻为

$$R = \rho \frac{l}{A} \quad (\Omega) \qquad (2.1)$$

式中　ρ——电阻率,$\Omega \cdot mm^2/m$;

　　　l——电阻丝长度,m;

　　　A——电阻丝截面积,mm^2。

由式(2.1)可知,如果电阻丝直径与材质一定时,则电阻值 R 的大小随电阻丝的长度 l 而变化,这就是电位器式电阻传感器的工作原理。

常用的电位器式传感器有直线位移型、角位移型和非线性型等,其结构如图2.2所示。不管是哪种类型的传感器,都由线圈、骨架和滑动触头组成。线圈绕于骨架上,触头可在绕线上

滑动,当滑动触头在绕线上的位置改变时,即实现了将位移变化转换为电阻变化。

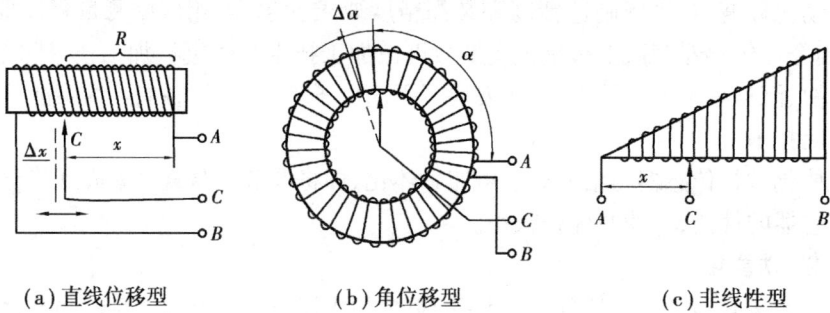

(a)直线位移型　　　　　　　(b)角位移型　　　　　　　(c)非线性型

图 2.2　电位器式传感器

如图 2.2(a)所示为直线位移型电位器式传感器,当被测量沿直线发生位移时,滑动触头的触点 C 沿电位器移动。若移动 x,则 C 点与 A 点之间的电阻为

$$R_x = K_t x \tag{2.2}$$

式中　K_t——单位长度的电阻值。

传感器的灵敏度为

$$S = \frac{\Delta R}{\Delta x} = K_t \tag{2.3}$$

当导线分布均匀时,S 为常数。这时传感器的输出(电阻)与输入(位移)成线性关系。

图 2.2(b)所示为角位移型电位器式传感器,其输出值的大小随角度位移的大小而变化,该传感器的灵敏度为

$$S = \frac{\mathrm{d}R}{\mathrm{d}\alpha} = K_\alpha \tag{2.4}$$

式中　α——转角,rad;

　　　K_α——单位弧度对应的电阻值。

图 2.2(c)是一种非线性电位器式传感器,当输入位移呈非线性变化规律时,为了保证输入、输出的线性关系,利于后续仪表的设计,可以根据输入的函数规律来确定这种传感器的骨架形状。例如,若输入量为 $f(x) = Rx^2$,则为了得到输出的电阻值 $R(x)$ 与输入量 $f(x)$ 成线性关系,电位器的骨架应采用三角形;若输入量为 $f(x) = Rx^3$,则电位器的骨架应采用抛物线型。

电位器式传感器一般采用电阻分压电路,将电参量 R 转换为电压输出给后续电路,如图 2.3 所示。当触头移动 x 距离后,输出电压 e_y 可用式(2.5)计算:

$$e_y = \frac{e_0}{\dfrac{x_p}{x} + \left(\dfrac{R_p}{R_L}\right)\left(1 - \dfrac{x}{x_p}\right)} \tag{2.5}$$

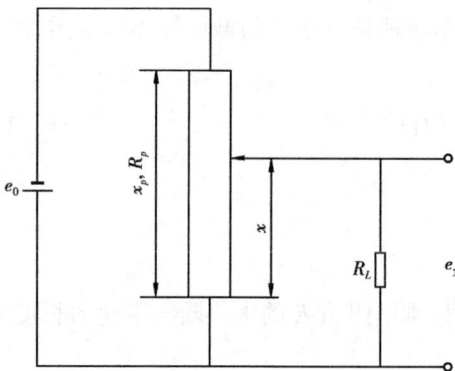

图 2.3　电阻分压电路

式中　R_p——电位器的总电阻;

　　　x_p——电位器的总长度;

　　　R_L——后续电路的输入电阻。

式(2.5)表明,传感器经过后续电路后的实际

输出与输入为非线性关系,为减小后续电路的影响,应使 $R_L \gg R_p$。此时,$e_y \approx \dfrac{e_0}{x_p}x$,近似为线性关系。

电位器式传感器的优点是结构简单,性能稳定,使用方便。其缺点是分辨率不高,因为受到骨架尺寸和导线直径的限制,分辨率很难高于 $20~\mu m$。由于滑臂机构的影响,使用频率范围也受到限制。此外它还有噪声比较大、绕制困难等缺点。

电位器传感器主要用于线位移和角位移的测量,在测量仪器中用于伺服记录仪器或电子位差计等。

2) 电容式传感器工作原理

电容式传感器实质上是一个具有可变参数的电容器,它是将被测物理量的变化转换为电容量变化的传感器。

电容式传感器的工作原理是基于电容量的计算公式,由物理学可知,由两个平行板组成的电容器其电容量为

$$C = \frac{\varepsilon_0 \varepsilon A}{\delta} \tag{2.6}$$

式中　C ——电容器的点容量;

　　　ε ——极板间介质的相对介电常数,在空气中 $\varepsilon = 1$;

　　　ε_0 ——真空中介电常数,$\varepsilon_0 = 8.85 \times 10^{-12}$,F/m;

　　　δ ——极板间距离;

　　　A ——极板面积。

由式(2.6)可知,当被测物理量能使式中的 ε, A 或 δ 发生变化,则电容器的电容 C 就会改变。如果保持其中两个参数不变,就可把另一个参数的单一变化转换成电容量的变化,再通过配套的测量电路,将电容的变化转换为电量信号输出,这就是电容式传感器的工作原理。

根据所改变的参数,电容式传感器可分为三种基本类型,即变极距型、变面积型和变介电常数型。下面以变极距型传感器为例说明电容式传感器的工作原理。

变极距型电容式传感器的结构原理如图 2.4 所示。根据式(2.6),如果两极板间相互覆盖的面积及极间介电常数不变,则当极矩有一微小变化时,引起电容量的变化为

$$\Delta C = -\varepsilon_0 \varepsilon A \frac{1}{\delta^2} \Delta \delta \tag{2.7}$$

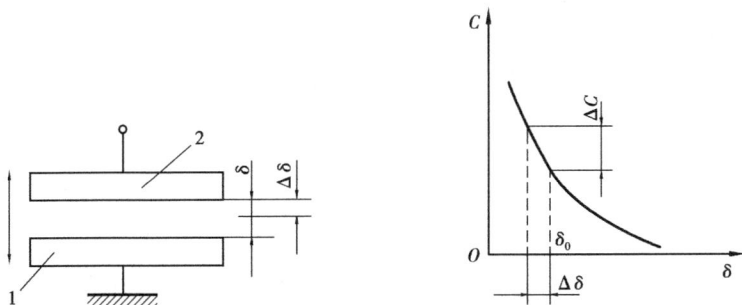

图 2.4　变极距型电容传感器
1—定片;2—动片

由此可得到传感器的灵敏度为

$$S = \frac{\Delta C}{\Delta \delta} = -\varepsilon_0 \varepsilon A \frac{1}{\delta^2} \tag{2.8}$$

从式(2.8)可看出,灵敏度 S 与极距 δ^2 称反比,极距愈小,灵敏度愈高,一般通过减小初始极距 δ_0 来提高灵敏度。由于电容量 C 与极距 δ 呈非线性关系,故这将引起非线性误差。为了减小这一误差,通常规定测量范围 $\Delta\delta \ll \delta_0$。一般取极距变化范围为 $\Delta\delta/\delta_0 \approx 0.1$,此时,$S \approx -\varepsilon_0 \varepsilon A/\delta^2$ 近似为常数。

变极距型电容传感器的优点是可进行动态非接触式测量,对被测系统的影响小,灵敏度高,适用于较小位移(0.01 至数百微米)的测量。但这种传感器有线性误差、传感器的杂散电容也对灵敏度和测量精度有影响,与传感器配合使用的电子线路也比较复杂。由于这些缺点,其使用范围受到一定的影响。

2.2　测试系统的组成及测量方法

测试过程中所使用的设备统称为测试系统,是由若干相互联系、相互作用的单元(试验装置、仪器设备和传输及控制部件),为实现特定的测试目的而组成的有机整体。它包括量具、仪表或仪器以及测试过程中所需要的各种元件、器件、各种附加设备及辅助设备等。对于实现不同目的的试验测试系统来说,其复杂程度是不同的,通常可以由一些基本的、实现单一功能的基本系统组成。随着科学技术的发展及试验要求的精确化、综合化和快速化,测试系统发展很快。在汽车测试领域,目前已广泛采用电测技术,并逐渐形成运用微型计算机的各种测试系统。

2.2.1　测试系统的组成

现代技术条件下的测试系统,主要是采用了非电参量的电测技术。一般情况下,一个完备的试验测试系统作为一个有机的整体,应该包括:

(1)信号的转换系统

通常使用响应的传感器,将被测非电量参数转换为电参量信号,作为测试系统的输入信号。

(2)信号的调理系统

这一系统通常由若干个放大器、滤波器、变换器等组成,通过信号源的阻抗变换,信号的放大、衰减与波形变换,信号滤波,多路信号切换或调制解调,将传感器输出的电信号变换成不失真且便于传输、记录、处理的电信号。

(3)信号的记录与处理系统

一方面对包含被测参数信息的信号进行记录或显示,显示必要的数据变化图形,供直接观察分析或将其保存,供后续仪器分析、处理。另一方面,将记录的信号按测试目的与要求提取其有用信息,通过专用或通用计算机进行分析、处理。

具体来说,任何一套测试系统或者一种测量仪表,就其在测量过程中所起的作用来说,通常都由感受件、显示件和中间件组成。

1）感受件

感受件直接与被测对象发生联系,感受被测参数的变化,并产生一个变化,向外界输出响应的信号。感受件可以是测量仪表中的一个零件,如弹簧管压力表中的弹簧管,也可以使一个复杂的传感器,如测量发动机汽缸压力的压电式气体压力传感器。

作为一个良好的感受件应满足以下要求:

感受件只能随被测参数的变化而发生内部变化,其他非被测参数的变化不应使它发生内部变化;

感受件输出的信号与被测参数应有单值函数关系;

灵敏度要高,性能要稳定;

感受件的自振频率要大大高于被测参数的变化频率。

2）显示件

显示件的作用是根据感受件传来的信号向测量人员指出被测参数的具体数据或变化过程。根据显示件的显示方式,可分为指示式仪表、记录式仪表和数字式仪表几种。

（1）指示式仪表

指示式仪表是以指针(或液面、光标)和标尺(或刻度盘)的相对位置来显示被测参数的瞬时值的,指针的位移量是模拟量的单值函数。指示式仪表只能测出被测参数当时的瞬时值,当需要知道被测参数随时间的变化情况时,就要采用记录式仪表。

（2）记录式仪表

记录式仪表是指能将被测参数随时间的变化情况记录下来的仪表。如数字记忆示波器、光线示波器、X-Y 记录仪以及磁带记录仪等。

（3）数字式仪表

数字显示式仪表是将被测模拟量(转角、电压等)通过模数变换器转换成二进制的数字量,然后再用译码器将二进制的数字量翻译成十进制的数字量,并通过数码管显示出被测参数的数值和单位。如数字频率计、数字式电压表等。

3）中间件

中间件是连接感受件与显示件之间的中间环节,根据显示件的需要而设定。感受件发出的信号有时在性质上,有时在强弱上必须经过中间件的加工和转换,才能被显示件所接收。所以中间件起信号的传递、加工、放大或转换等作用,完全取决于显示的需要。因此,中间件有时可能只是简单的导线或塑料管,有时却是相当复杂的一套系统或一个独立的仪表。例如,U 形管压力计的中间件只不过是一个连接测压管和 U 形管间的金属或塑料管。

2.2.2　测试仪表的分类

测量仪表的分类方法很多,可按其工作原理、用途、指示方法等来分类。

（1）按仪表的原理可分为机械式仪表、电测量仪表、光学测量仪表等。其中电测量仪表又可按其转换部分的原理分为电感式、电容式、电阻式、压电式等。

（2）按用途分类则常以其所测参数来分,如测量电参数(电流表、电压表、频率计等)的仪表及测量其物理、几何等参数的测振仪、测速仪、测长仪、温度计等。

（3）按使用场合又可分为工程用仪表、实验室用仪表和范型仪表等,它们的精度要求有显著的不同。

（4）按使用方式还可分为安装式仪表和便携式仪表，前者安装在一定的支架或面板上使用，后者则可以携带或移动使用。

（5）按指示方法来分类可分为指示式仪表（通过指针或光点和刻度盘指示出测量结果），记录式仪表（具有自动记录机构能将测量结果或变化过程自动记录下来）和数字式仪表（能将被测参数的量值按所需要的位数通过数码管显示出来）等。

（6）一次仪表与二次仪表

测量仪表视其在测量过程中所起的作用不同，又可以分为一次仪表和二次仪表。

一次仪表是在测量过程中直接感受被测参数并将其转换成某一信号（能量）的仪表，相当于感受件的作用，往往是一只传感器。例如压力表中的弹簧、热电偶测温仪中的热电偶、测量发动机汽缸压力的压电式气体压力传感器。

二次仪表表示接受一次仪表的输出信号，并将其传递、加工、放大或转换成其他信号，最后显示出测量结果的仪表，相当于中间件和显示件的作用。如压力表中的杠杆传动机构、指针和标尺，热电偶测温仪表中的电位差计（或毫伏表）。

如图（2.5）所示，常用的测录柴油机示功图的测试系统就是一个典型的例子，它包括感受件（汽缸中气体压力传感器、高压油管中燃油压力传感器）、显示件（数字记忆示波器或磁带记录仪）、根据需要设置的中间件（电荷放大器及电阻动态应表仪等）。

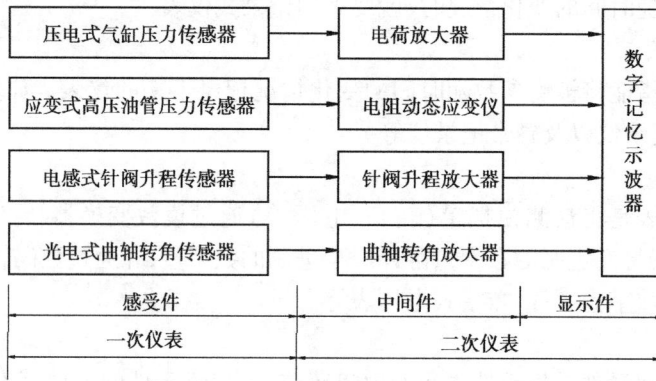

图 2.5 柴油机示功图测试系统

2.2.3 测试方法

1）测量方式

测量方式分为接触式和非接触式两种。

（1）接触式是指测量仪表在测量中与被测物体或物质有机械接触。

（2）非接触式是指测量仪表与被测物体或物质没有任何机械接触。

例如，同样是测量发动机转速，如用机械离心式转速计测量属于接触式测量；而用光电式转速计测量则属于非接触式测量。

2）测量方法

按照获得测量参数结果的方法不同，通常把测量方法区分为直接测量和间接测量。

（1）直接测量

用事先经标定有分度的仪表对被测量进行测量，从而得出被测量的数值，这种测量称为直接测量。直接测量既可以采用直接比较法,把同属一种物理量的被测量与标准量直接比较,也可以采用间接比较法,把被测量变换为能与标准量直接比较的物理量,然后再进行比较。非电量电测技术中几乎非用间接比较法不可。例如,应变式测力仪中,先由弹性体把力变换为形变,再用应变计将形变变换为电阻值的变化,然后与标准电阻相比较。

（2）间接测量

间接测量是对几个与被测量有确定函数关系的物理量进行直接测量,然后通过代表该函数关系的公式、曲线或表格求出未知量。例如,对一台汽车发动机的输出功率进行测量时,总是先测出发动机转速 n 及输出转矩 M_e（或测工器读数 P）,再由关系式 $N_e = K \cdot M_e \cdot n$（$K$ 为常数）计算出其功率值来。

3）测量值的读出方式

测量仪表测量值的度出方式可分为偏差法、零位法和微差法。

（1）偏差法

利用测量仪表的指针相对于刻度的偏差位移直接表示被测量的数值,称为偏差法。由于刻度的精确度不能做得很高,其测量精度一般不高于 0.5%。

（2）零位法

利用指零机构的作用,使被测量和已知标准量两者达到平衡,根据指零机构示值为零来确定被测量等于该已知的标准量值,用天平称质量就是一个典型的例子。这种方法测量结果的误差主要取决于标准量的误差,因此测量精度比偏差法高。

（3）微差法

微差法是偏差法和零位法的综合应用。被测量的大部分用零位法和标准量相平衡抵消,其剩余部分,即两者的差值再用偏差法来测量。微差法的典型例子就是用不平衡电桥来测量电阻。

2.3　测试仪表的主要技术指标

测量仪表的主要技术指标就是指它在测量中的静态特性和动态特性,这是设计、选购和使用测试仪表并正确处理和表达测量结果的基础。当被测试量不随时间变化或变化很缓慢时,测试系统的输出和输入之间的关系称为静态特性;当被测试量随时间变化时,测试系统的输出和输入之间的关系称为动态特性。

2.3.1　静态特性

测试装置的静态特性表示被测物理量处于稳定状态,输入和输出都是不随时间变化的常量（或变化极慢,在所观察的时间间隔内可以忽略其变化而视为常量）。理想的静态量的测试装置,其输出应是单值的,且线性比例静态输入。若以 X 为横坐标,Y 为纵坐标,画出的图形称为检测装置的特性曲线。理想的线性检测系统的特性曲线的斜率 K 为常数,特性曲线方程为 $Y = KX$。

实际检测系统其特性曲线并不是理想的直线。仪表装置的静态特性就是在静态测量情况下描述实际检测系统与理想定常数线性系统的接近程度。测量仪表或测量装置的静态特性常用以下几个指标来衡量。

1）灵敏度

灵敏度表征的是测量装置对输入信号变化的一种反应能力。当输入信号变化 ΔX 后,若引起输出信号的变化为 ΔY,则定义灵敏度 S 为

$$S = \frac{\Delta Y}{\Delta X} \tag{2.9}$$

若 S 为常数,即对于不同的输入信号值,对应的灵敏度值不变,则该装置是线性的,特性曲线是一条直线。若 S 不为常数,表示特性曲线是一条曲线,说明不同的输入量对应的灵敏度大小是不同的,通常用一条理论直线代替实际特性曲线,理论直线的斜率作为检测装置的平均灵敏度,平均灵敏度也叫仪器灵敏度。若不特别指明,所谓灵敏度就是指仪器灵敏度。应该指出,灵敏度越高,测量范围越窄,检测装置的稳定性就越差,因此应合理选择检测装置的灵敏度,而不是灵敏度越高越好。

2）线性度

线性度用来表示检测装置的实际特性曲线与理论直线靠近(或称偏离)的程度。检测装置的实际静态特性曲线往往不是直线,由于使用和生产上的原因,经常把曲线当成直线对待,这就是线性化,由此产生的误差称为线性化误差。把线性化得到的这条直线称理论直线,实际曲线与理论直线之间的最大偏差 δ 和满量程输出值 $Y_{\max}$ 之比称为线性度。即

$$\varepsilon_L = \frac{|\delta|}{Y_{\max}} \times 100\% \tag{2.10}$$

在检测过程中,人们总希望检测装置具有比较好的线性,为此总要设法消除或减少检测装置中的非线性因素。

3）回程误差

回程误差也称为回差或迟滞,它是描述检测装置的输出同输入方向有关的特性。

在同样的测量条件下,在全量程范围内,当输入量由小逐步增大时的正行程和由大逐步减小时的反行程,对应同一个输入量所得到的两个不同的输出量值差的最大值 $h_{\max}$ 除以满量程 $Y_{\max}$ 的百分数,称为回差。即

$$\varepsilon_H = \frac{h_{\max}}{Y_{\max}} \times 100\% \tag{2.11}$$

产生回程误差的原因可归纳为系统内部各种类型的摩擦、间隙以及某些机械材料(如弹性元件)和电磁材料(如此行材料)的滞后特性。实际检测装置的回程误差愈小愈好。

4）精确度

精确度也就是常说的精度。它是反映检测装置系统误差和随机误差的综合评定指标,用来表示检测装置给出接近于被测量真值的示值能力,反映了测定值与被测参数真值相符合的程度。

由于各种测量系统存在着本质的区别,其影响测定值与真值符合程度的误差因素也是不确定的。因此,难以一概而论地指定严格的精确度的概念,一般意义上的精确度的概念是一个定性的概念。大多数情况下,可以按精度等级、系统测量误差或系统最大允许误差等方式加以描述。

5）稳定性和漂移

稳定性是指检测装置在规定条件下保持其检测特性恒定不变的能力。通常在不明确影响

量时,稳定性是指检测装置不受事件变化影响的能力。

检测装置的检测特性随时间的慢变化(即输入量不变,但输出量会随着时间的变化而变化)称为漂移。常用"输出变动量/时间"来表示。

零漂——当输入 $X = 0$ 时产生的漂移。

动漂——当输入 X 为某一个定值时产生的漂移。

产生漂移的主要原因有量各方面:一方面是仪器自身结构参数的变化;另一个方面是周围环境的变化(如温度、湿度等)对输出的影响,最常见的漂移是温漂。

2.3.2　动态特性

测试装置或测试仪表的动态特性是指输入量随时间变化时,其输出量随输入而变化的关系。就动态测量用的测试装置而言,必须对其动态特性有清楚的了解,否则根据所得到的输出是无法正确地确定所要测定的输入量的。

在动态检测中,人们观察到的输出量的变化,不仅受到被测对象动态特性的影响,同时也受到检测装置动态特性的影响,是两者综合影响的结果。如用具有弹簧-质量系统构成的机械式千分表去测量汽车驾驶室上某一点的动态变形量,所得到的测量结果中不仅反映驾驶室这点迅速变化的变型量,还包含千分表的弹性-阻尼特性,即测量系统动态特性的影响。

为降低和消除测试装置的动态特性给测量带来的误差,对于动态测量的测试装置,必须考察并掌握测试装置的动态特性,判断测试时会产生什么误差。要研究测试系统的动态特性,首先必须建立数学模型。要从具体测试装置的物理结构出发,根据其所遵守的物理定律,建立起把测试装置的输出和输入量联系起来的运动微积分方程,然后在给定的条件下求解,从而得到任意输入 $x(t)$ 激励下测试装置的相应 $y(t)$。

由于测试装置一般都是线性系统,所以它们的数学模型通常是常系数线性微分方程,经过简单的运算即可求得其传递函数。该传递函数就能描述测试装置的固有动态特性。也可以这样理解,当一个输入量经过检测系统的"传递"后,再由它输出时,由于受到检测系统本身特性的影响,使得输入量原来的状态产生了变化,其变化的程度即是检测系统的动态特性,常用"传递函数"来描述(为使问题简单化,讨论的检测系统仅限于定常数线性系统)。

当被测量随时间迅速变化时,输出量 Y 和输入量 X 之间的关系也就是动态特性在一定条件下可以用常系数线性为分方程表示。即

$$a_n \frac{\mathrm{d}^n Y(t)}{\mathrm{d}t^n} + a_{n-1} \frac{\mathrm{d}^{n-1} Y(t)}{\mathrm{d}t^{n-1}} + \cdots + a_0 Y(t) = b_m \frac{\mathrm{d}^m X(t)}{\mathrm{d}t^m} + b_{m-1} \frac{\mathrm{d}^{m-1} X(t)}{\mathrm{d}t^{m-1}} + \cdots + b_0 X(t)$$

$$(2.12)$$

在输入 $X(t)$、输出 $Y(t)$ 及各阶导数初始值均为零的情况下,对(2.12)取得拉普拉斯变换得

$$(a_n s^n + a_{n-1} s^{n-1} + \cdots + a_1 s + a_0) Y(s) = (b_m s^m + b_{m-1} s^{m-1} + \cdots + b_1 s + b_0) X(s)$$

$$(2.13)$$

则输出量的拉氏变化与输入量的拉式变换之比称为系统的传递函数。记作

$$H(s) = Y(s)/X(s) \frac{b_m s^m + b_{m-1} s^{m-1} + \cdots + b_1 s + b_0}{a_n s^n + a_{n-1} s^{n-1} + \cdots + a_1 s + a_0} \qquad (2.14)$$

传递函数有如下特点:

（1）$H(s)$ 与输入 $X(t)$ 及系统的初始状态无关，它只表达了系统的传递特性。只取决于检测系统本身的结构和元件的参数。

（2）$H(s)$ 是把实际物理参数抽象成数学模型后，经过拉氏变换求得的，它只反映了系统的传递特性而不拘泥于系统的物理结构。即同一形式的传递函数可以表征具有相同传递特性的不同物理结构。

（3）$H(s)$ 是复变量 s 的有理分式，一般检测装置总是稳定的，其分母中 s 的幂次数总是高于分子 s 的幂次数，$n > m$。

所以说，实践中对很多复杂的测试装置，即使做出不少近似的假设，也很难准确列出它们的运动微分方程时，况且即使运用上述理论分析方法得出了结果，也需要经过实际测试验证。因此，广泛实用的方法是采用试验的方法来研究分析测试装置的动态特性。

2.4　测量误差及数据处理

2.4.1　测量误差及其分类

1）测量误差的基本概念

在任何测试工作中，无论采用多么完善的测量方法和多么精确的检测装置，都不可避免地会产生测量误差，测量的结果也就不可能绝对准确。

测量误差就是指测量值与真值之间的差值。即

$$\Delta = A_x - A_0 \tag{2.15}$$

式中　Δ——测量误差；

　　A_x——测量值或观测值；

　　A_0——真值。

所谓真值是指在一定的时间、空间或某种状态被测量客观存在的实际值。真值一般来说是未知的，但有些真值是可以确定的。

（1）理论真值　例如 π 值，平面四边形四角之和恒为 360°。

（2）约定真值　例如在标准条件下，水的冰点和沸点分别是 0 ℃和100 ℃。

（3）相对真值　凡精度高一级或高几级的仪表的误差与精度低的仪表的误差相比，前者优于后者 2 倍以上时，则高一级仪表的测量值可以认为是真值。

上述测量误差 Δ 又称为绝对误差。可能是正值或负值，其绝对值的大小决定了测量的精度，绝对误差只能判断相同被测量的精度。对大小不同值的同类量进行测量，要比较其精度，就需要采用相对误差。相对误差可分为以下几种：

（1）实际相对误差　实际相对误差 γ_A 用绝对误差 Δ 与被测量的真值 A_0 的百分比表示。即

$$\gamma_A = \frac{\Delta}{A_0} \times 100\% \tag{2.16}$$

（2）示值（标称）相对误差　示值相对误差 γ_x 用绝对误差 Δ 与被测量 A_x 的百分比表示。即

$$\gamma_x = \frac{\Delta}{A_x} \times 100\% \qquad (2.17)$$

（3）满度（引用）相对误差　满度相对误差 γ_m 是用绝对误差 Δ 与仪器满度值 A_m 的百分比表示。即

$$\gamma_m = \frac{\Delta}{A_m} \times 100\% \qquad (2.18)$$

上式中，当 Δ 取最大值 Δ_m 时，满度相对误差常被用来确定仪表的精度等级 S。即

$$S = \frac{\Delta_m}{A_m} \times 100\% \qquad (2.19)$$

根据精度等级 S 及量程范围，可以推算出该仪表可能出现的最大绝对误差 Δ_m。精度等级 S 规定取一系列标准值。我国电工仪表中常用的模拟仪表的精度等级有下列 7 种：0.1,0.2,0.5,1.0,1.5,2.5,5.0。在选取仪表时，要兼顾仪表的精度等级和测量上限两个方面。

2）测量误差的分类

根据误差的性质与产生的原因，可将误差分为 3 类：系统误差、疏失误差和随机误差。

（1）系统误差

系统误差的特点是：在同一试验条件下，由同一人员用同一套仪器对同一参数进行多次反复测量过程中，误差数值的大小和符号或是固定不变的（恒值误差）或是按一定规律变化的（变值误差）。而变值误差又可分为累进误差、周期性误差和按复杂规律变化的误差 3 种，这种固定不变或按一定规律变化的误差称为系统误差。

（2）疏失误差

超出在规定条件下预期的误差。这种误差主要是由于测量着主观上的疏忽大意（如测量时读错、算错、记错等），客观条件的剧变（如突然振动等）或使用有缺陷的计量器具所造成的。它也称为粗心误差或过失误差。疏失误差使测量结果明显歪曲，应剔除带有粗心误差的测量值。

（3）随机误差

在同一试验条件下，用同一仪器对同一参数进行多次重复测量中，由于受大量的微小的随机因素的作用，所获得的测定值在剔除系统误差之后，仍存在一些没有一定规律的，其数值大小和符号均不固定的误差，这种误差称为随机误差，它也称为偶然误差。随即误差在测量中是难以消除的，只能估计它对测量结果的影响。

2.4.2　测量误差分析与处理

1）误差的来源及其消除方法

前节提到的 3 种不同性质的误差，其产生的原因各不相同，因而消除的方法也是不相同的。

（1）系统误差

仪表制造、安装方面引起的误差：包括仪表的制造质量，它本身的精度未能满足测量精度的要求或者由于仪表经长期使用以后，内部零件磨损引起精度变化因而产生测量误差。对于动态测量，仪表的自振频率选择太低，使其频响特性不好而引起动态误差。此外，仪器的感受件的安装位置等不合要求也会影响测量结果的正确性。

方法误差或理论误差:由于测量方法选择不当或理论近似等原因所致。例如用倒拖法或油耗线法测量柴油机机械损失功率时,都假定机械损失功率只与转速有关而与负荷无关,这种假定本身在理论上就是近似的,因此就要引起测量方法方面的误差。

观测误差:由于观测人员对仪表使用不正确或者由于不良的观测习惯或技术水平等原因引起的误差。如对准指针读数时,始终偏左或偏右,偏高或偏低等。一般这种误差只要观测人员主观上重视就可以消除。

环境误差:由于使用环境条件变化使仪表性能变化引起的误差。通常仪表说明书中都规定正常工作的环境条件,包括气温、气压、温度、电源电压等。如果使用环境条件偏离这些规定条件太大,就会产生附加误差,即为环境误差。

(2)疏失误差

疏失误差是由于测量工作中的错误,疏忽大意等原因造成的,它的数值往往都远远大于同一试验条件下的系统误差和随机误差,使测量值明显被歪曲。发现并经证实属于疏失误差的数据,应从试验数据中剔除出去。

(3)随机误差

随机误差是一种没有规律的误差,是由一些无法估计的随机因素引起的,产生随机误差的来源是:

仪表内部存在有摩擦和间隙等不规则变化。

测量人员对仪表最末一位读数估计不准。一切数字式仪表,由于计算脉冲序列与门开关时间上的相对相位而产生的±1数字的误差等。

周围环境不稳定对测量对象和测量仪器的影响,如气压、温度、湿度、电磁干扰、振动、光照等因素的微量随机变化都会使测量对象和测量仪器在数值大小和本身精度上发生变化。

可以认为随机误差是由不可控制的或由不值得耗费很大财力物力去消除的各种因素造成的。虽然个别的随机误差的产生是没有规律的,但只要在等精度测量条件下进行足够次数的重复测量,就能发现所得的测量列从总体上来说都服从一定的统计规律。因此随机误差虽然不能通过实验的方法加以消除,但却可以应用统计规律确定它的大小,从而从理论上估计它对测量结果的影响。

2)随机误差的正态分布规律

对各种测量数据所作的大量研究表明,随即误差虽然在个别上没有一定的规律,但从整体中却有如下的规律:

绝对值相等的正误差和负误差,其出现的概率相同——对称性。

绝对值愈小的随机误差比绝对值大的误差出现的机会愈多——单峰性。

在一定的测量条件下,随机误差的绝对值不会超过一定的界限——有界性。

随着对同一参数进行等精度测量次数的增多,随机误差的算术水平值趋近于零——抵偿性。

具有上述4个特性的随机误差服从正态分布。

3)测量数据误差的处理方法

由于在直接测量数据种,一般包含有疏失误差、系统误差和随机误差,所以,对于直接测量数据的误差处理,可以按照下述方法去分析和处理:

从数据列中剔除明显可疑的属于疏失误差的数据,这些疏失数据的偏差很大,易于从数据列中辨认出来并予以剔除。

对一组数据列计算其算术平均值,如果可能将计算结果与用范型仪表测得的值(近似看为真值)比较。两者的差值属系统误差,可以通过改变试验方法、测量方法等办法加以消除;对于其中无法消除的,可引入修正值加以修正。

消除或修正系统误差以后,对数据列求均方根误差,并检查它是否遵从正态分布,将误差超出正负 3 倍的均方根误差的范围的数据当作疏失误差再次从数据列中舍弃,经舍弃后的数据,应重新计算算术平均值和均方根误差,根据均方根的大小可以判断测量结果的精度。

而对于间接测量误差处理的方法,由于计算量与测定量之间往往由一定的函数关系,根据不同的函数关系采用不同的方法处理。

复 习 题

1. 选用传感器的基本原则是什么? 在实际中如何运用这些原则?
2. 测量的实质是什么? 测量的方法有哪些?
3. 检测装置的静态特性指标主要有哪些? 它们对装置的性能由什么影响?
4. 什么是测量误差? 测量误差由哪几类?

第 3 章
整车技术参数检测

汽车检测的目的是为了更好地对汽车进行安全技术状况诊断,诊断的内涵是在不解体的条件下来确定汽车的技术状况,查明可能发生故障的部位和原因。也就是说,检测是为诊断服务的。

众所周知,汽车整车的性能参数直接反映整车的技术状况,汽车的检测,往往首先从整车性能参数检测开始,这就是外检,当发现整车性能参数发生变化时,再进行汽车各系统的深入检测与诊断。因此,整车性能参数的检测在汽车检测中占有非常重要的地位。

本章主要介绍汽车整车性能参数中的结构参数、质量与质心参数、通过性参数、稳定性参数等整车技术参数检测原理、方法及设备。

3.1 结构参数检测

车辆结构参数主要包括车辆外廓尺寸、轴距、轮距、前悬架、后悬架、驾驶室内部尺寸以及人机工程参数等。

3.1.1 主要结构参数的定义

1)汽车的外廓尺寸

汽车的外廓尺寸指车辆的长度、宽度及高度。

车辆的长度系指垂直于车辆的纵向对称平面,并分别抵靠在汽车前、后最外端突出部位的两垂直面之间的距离,如图 3.1 所示。

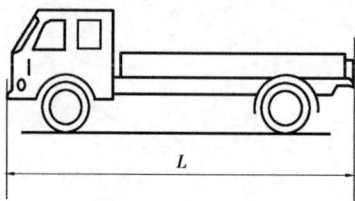

图 3.1 车辆长度示意图

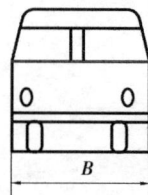

图 3.2 车辆宽度示意图

车辆的宽度系指平行于车辆纵向对称平面,并分别抵靠车辆两侧固定突出部位(除去后视镜、侧面标志灯、示位灯、转向信号灯、挠性挡泥板、折叠式踏板、防滑链以及轮胎与地面接触部分的变形)的两平面之间的距离,如图 3.2 所示。

车辆的高度系指在车辆无装载质量时,车辆支承水平地面与车辆最高突出部位相抵靠的水平面之间的距离,如图 3.3 所示。车辆的所有固定部件均包含在此两平面内。

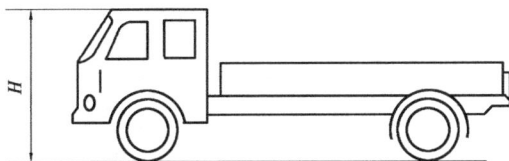

图 3.3　车辆高度示意图

汽车的长、宽、高是根据汽车的用途、道路条件、吨位(或载客量)及结构布置等因素而确定的。为了使汽车的外廓尺寸适合于本国的公路、桥梁、涵洞和公路运输的标准及保证行驶的安全性,各国对公路运输车辆的外廓尺寸均有法规限制。

我国对汽车的外廓尺寸界限规定如下:

车辆高≤4 m;车辆宽≤2.5 m;车辆长:货车、越野车≤12 m,客车≤12 m,铰接式客车≤18 m,半挂汽车列车≤16.5 m,全挂汽车列车≤20 m。

2)汽车的轴距

汽车的轴距是指汽车在直线行驶位置时,同侧相邻两轴的车轮落地中心点到车辆纵向对称平面的两条垂线间的距离。

3)汽车的轮距

汽车的轮距是指在支承平面上,同轴左右车轮两轨迹中心间的距离(轴两端为双轮时,为左右两条双轨迹的中线间的距离)。

4)汽车的前悬架

通过两前轮中心的垂面与抵靠在车辆最前端(包括前拖钩、车牌及任何固定在车辆前部的刚性部件),并垂直于车辆纵向对称平面的垂直面之间的距离。

5)汽车的后悬架

通过车辆最后端车轮的轴线的垂直面与抵靠在车辆最后端(包括牵引装置、车牌及固定在车辆后部的任何刚性部件),并垂直于车辆纵向对称平面的垂直面之间的距离。

后悬的长度取决于货厢的长度、轴距和轴荷分配情况,同时要保证车辆具有适当的离去角。一般情况下,后悬不宜过长,否则上下坡时容易刮地;车辆转弯时,车辆通道宽度过大,容易引起交通事故。

在《机动车运行安全技术条件》中规定:客车及封闭式车厢的车辆,其后悬不得超过轴距的 65%,最大不得超过 3.5 m。其他车辆的后悬不得超过轴距的 55%。对于三轴车辆,若二、三轴为双后桥,其轴距以第一轴至双后桥中心线的距离计算;若一、二轴为双转向桥,其轴距以一、三轴的轴距计算。

3.1.2　检测方法

测量前,须将车摆正,放在水平干燥的沥青或水泥路面上,将车辆的外廓尺寸投影在地面

(或垂直墙壁)上进行测量或直接测量车的外廓尺寸、内部尺寸及人机工程参数,所用仪器是皮卷尺、5 cm以上钢板直尺、铅锤、粉笔等。检测计量单位均采用毫米。

3.1.3　应用实例

对哈飞路宝1.3和厦门大金龙XMQ6840载客汽车整车技术参数检测情况如表3.1、表3.2所示:

表3.1　哈飞路宝1.3整车技术参数及配置

客车型号	XMQ6840HB1
底盘型号	HNQ6820K1
外形尺寸(长×宽×高)/mm	8 455×2 430×3 270
车　型	HFJ7133
长/宽/高/mm	3 588/1 563/1 533
轮距:前/后/mm	1 360/1 355
油箱容积/L	40
整备质量/kg	900
总质量/kg	1 270
乘员人数	5
最小转弯直径/m	9.5
发动机型号	DA471QL
发动机排量/ml	1 302
最大功率/(kW·rpm^{-1})	58/5 400
最大扭矩/(Nm·rpm^{-1})	108/3 500~4 000
变速器型式	齿轮啮合手动/5挡
前/后悬架型式	麦弗逊式独立悬架/螺旋弹簧式非独立悬架
轮胎类型与规格	165/65R13
最高车速/(km·h^{-1})	150

表3.2　厦门大金龙XMQ6840载客汽车询价采购整车技术参数

客车型号	XMQ6840HB1
底盘型号	HNQ6820K1
外形尺寸(长×宽×高)/mm	8 455×2 430×3 270
轴距/mm	4 000
最小离地间隙/mm	265
最大总质量/kg	10 400

续表

座位数/个	33 + 1(10 - 37)
最高车速/(km·h^{-1})	110
最大爬坡度/%	≥30
制动距离(满载、30 km/h)/m	10
限定条件下燃料消耗量/(L·100 km^{-1})	≤18
发动机型号	进口康明斯 B5.9(欧Ⅱ)
最大功率/转速/[kW/(r·min^{-1})]	158/260
最大扭矩/转速/[N·m/(r·min^{-1})]	732
排量/mL	5 883
接近角/离去角/(°)	7/10

3.2 质量与质心参数的定义

汽车质量参数主要包括:整车干质量、整车整备质量、总质量、装载质量、轴载质量、质心位置参数等。

3.2.1 汽车质量参数的定义

1)整车干质量

整车干质量是指装备有车身、全部电气设备和车辆正常行驶所需要的辅助设备的完整车辆的质量(不包括燃料和冷却液质量)与选装装置(包括固定的或可拆装的铰接侧栏板、篷杆、防水篷布及系环、机械的或已加注油液的液力举升装置、联结装置等)质量之和。

2)整车整备质量

整车整备质量是指整车干质量、冷却液质量、燃料(不少于整个油箱容量的90%)质量与随车件(包括备用车轮、灭火器、标准备件、三角垫木和随车工具等)质量之和。

3)装载质量

装载质量是指货运质量与客运质量之和。最大货运质量与最大客运质量之和称为最大装载质量。

4)总质量

总质量是指整车整备质量与装载质量之和,整车整备质量与最大装载质量之和称为最大总质量。

5)轴载质量

轴载质量可分为厂定最大轴载质量和允许最大轴载质量。前者是指制造厂考虑到材料强度、轮胎的承载能力等因素而核定出的轴载质量;后者是指车辆管理部门根据使用条件而规定的轴载质量。

6)质心位置参数

(1)质心水平位置

质心水平位置是指质心距前轴中心线的水平距离和质心距后轴中心线的水平距离。

(2)质心高度

质心高度是指质心距车辆支承平面的垂直距离。

3.2.2 汽车质心参数

1)质量参数测定方法

车辆先从一个方向驶上秤台依次测量前轴、后轴质量。当台面较大时,可依次测量前轴、整车和后轴质量。然后,车辆调头从反方向驶上秤台按上述程序重复测试前述几个参数。以两次平均值作为测量结果。为保证测量精度,秤台入口地面应与台面保持在同一水平面。

测量时,车辆要停稳、发动机熄火、变速器置于空挡、制动器放松、不允许用三角木顶车轮。货厢内的载荷物装载应均匀、驾驶员和乘客座椅上各放置 65 kg 的砂袋代替乘员质量。

2)质心参数测定

(1)质心水平位置测定方法

根据前面测定的轴载质量和轴距,按下式计算出汽车质心离前轴或后轴中心线的距离:

$$a = \frac{m_2 \cdot L}{m_1 + m_2} \qquad (3.1)$$

$$b = \frac{m_1 \cdot L}{m_1 + m_2} \qquad (3.2)$$

式中 L——轴距,mm;

a、b——车辆质心至前轴、后轴中心线距离,mm;

m_1、m_2——前轴、后轴轴载质量,kg。

(2)质心高度测定方法

车辆质心高度测定方法,采用摇摆法或质量反应法。

①摇摆法

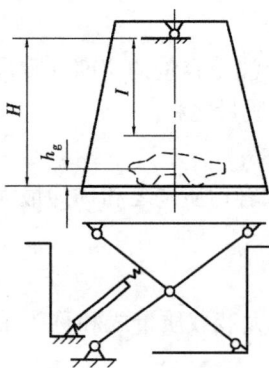

图 3.4 摇摆测汽车质心
高度实验装置图

试验装置如图 3.4 所示,图中 I 为平台框架自身重心至刀口距离;h_g 为汽车质心高度;H 为平台台面至试验台刀口的距离。

将车辆开上试验台的举升平台,使车辆纵向质心对准平台中心线,其偏差应不大于 5 mm。车辆停稳后拉紧驻车制动器,并在前后轮胎外缘处卡紧三角木,以防止车轮滚动或晃动。举升平台、挂上四条长摆的钢链、降下举升托架,此时停放有被测车辆的平面摆架应处于水平位置,无明显倾角,否则应重新对准车辆质心与平面中心线的位置。

摆动平台摆架使之在 1°范围内摆振,待摆振稳定后,连续测量 10 个周期的长摆摆振时间,试验进行 3 次,各次的单摆周期的平均值之差应小于 5 s/次。长摆测定后,再次举升托架,使平台摆架升高至设计规定的短摆高度,挂上 4 条短摆钢链,重复上述操作,测定短摆摆振周期。最后,举升平台托架,卸下钢链,降下平台至地平面,试验结束。

根据测定的试验数据先分别计算长、短摆摆振周期的平均值:

$$T_1 = \sum_{i=1}^{3} T_{10}/30 \tag{3.3}$$

$$T_2 = \sum_{i=1}^{3} T_{20}/30 \tag{3.4}$$

式中　T_1、T_2——长、短摆周期的均值,s;

　　　　T_{10}、T_{20}——长、短摆 10 个周期的摆振时间,s。

车辆质心高度 h_g 按式(3.5)计算:

$$h_g = \frac{B - A}{C} \tag{3.5}$$

式中　J_1、J_2——试验台长、短摆平台框架绕试验台刀口的转动惯量,$kg \cdot mm \cdot s^2$;

　　　　I_1、I_2——试验台长、短摆平台框架自身质心至刀口距离,mm;

　　　　m_0——平台框架自身总质量,kg;

　　　　m——被测车辆总质量,kg;

　　　　g——重力加速度,mm/s^2;

　　　　H_1、H_2——试验台长、短摆平台台面至试验台刀的距离,mm。

汽车绕自身质心横轴的转动惯量用下式计算:

$$J_0 = \frac{D - E}{10^3} \tag{3.6}$$

其中

$$D = \frac{T_1^2}{4\pi^2}\left[m_0 I_1 + m(H_1 - h_g) \right] \tag{3.7}$$

$$E = J_1 + \frac{m}{g}(H_1 - h_g)^2 \tag{3.8}$$

式中　J_0——汽车绕自身质心横轴转动惯量,$kg \cdot mm \cdot s^2$。

②质量反应法

测试前将悬架弹簧按空载状态卡紧锁死。

首先,在水平状态下测量轴载质量等参数。将后轴放置在已调整好的秤台上,前轴停放在另一秤台的支撑物上,并保持在同一水平面内,称出后轴载质量 m_2。以同样的方法称出前轴载质量 m_1,分别沿通过前轴和后轴中心的垂线,在车身上左、右各标一记号点(以下简称前后轴左右记号点),测量其高度计算出前后轴的左右记号点垂直高度的平均值 h_1、h_2。测量各车轮的静负荷半径 r_i。然后,使车辆保持在某一纵向倾角状态下,测量轴载质量等有关参数。抬高汽车前轴使其纵向倾角分别为 16°、18°、20°。测量每次抬高到规定角度时后轴载质量 m_2^n。分别测量每次抬高到规定角度时左右记号点离地高度,计算出前后轴左右记号点的垂直高度的平均值 h_1^n、h_2^n。

根据测得的试验数据,先按式(2.6)计算车轮静负荷半径:

$$r_s = \sum_{i=1}^{N} r_i/N \tag{3.9}$$

式中　r_s——汽车车轮静负荷半径,mm;

　　　　N——该车车轮总数。

后轴轴载质量增量按式(2.7)计算：

$$\Delta m_2 = m_2^n - m_2 \qquad (3.10)$$

式中　Δm_2——后轴载质量增量，kg。

左右记号点离地高度增量的平均绝对值之和按式(2.8)计算：

$$\Delta h_1^a = h_1^a - h_1 \qquad (3.11)$$

$$\Delta h_2^a = h_2^a - h_2 \qquad (3.12)$$

$$\Delta h^a = |\Delta h_1^a| + |\Delta h_2^a| \qquad (3.13)$$

式中　Δh^a——汽车在某一纵向倾角时，左右记号点垂直位移增量均值绝对值之和，mm；

　　　Δh_1^a、Δh_2^a——汽车在某一纵向倾角时，前后轴左右记号点垂直位移增量均值，mm。

最后，根据上述计算结果，按式(2.9)、式(2.10)计算出汽车质心高度：

$$h_g^a = r_s + \frac{\Delta m_2^a \cdot L}{m_0} \sqrt{\left(\frac{L}{\Delta h^a}\right)^2 - 1} \qquad (3.14)$$

$$h_g = \sum_{i=1}^{3} h_g^a / 3 \qquad (3.15)$$

式中　h_g——质心高度，mm；

　　　h_g^a——在某一纵向倾角时的质心高度，mm。

3.3　通过性参数的检测

通过性参数主要包括：最小离地间隙、接近角、离去角、纵向通过角、转弯直径和转弯通道圆等。

3.3.1　通过性参数

1)最小离地间隙

最小离地间隙指车辆支承平面与车辆中间区域内最低点之间的距离。中间区域为平行于车辆纵向对称平面且与其等距离的两平面之间所包含的部分，两平面之间的距离为同一轴上两端车轮内缘最小距离的80%，如图3.5所示。

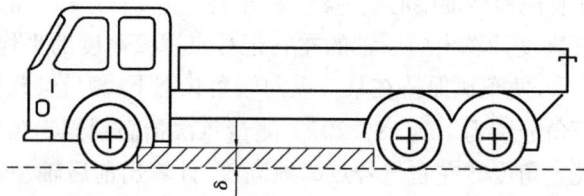

图3.5　最小离地间隙

2)接近角

接近角指水平面与切于前轮胎外缘(静载)的平面之间的最大夹角。前轴前面任何固定在车辆上的刚性部件不得在此平面下方，如图3.6所示。

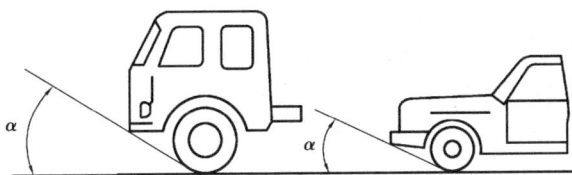

图 3.6　接近角

3）离去角

离去角指水平面与切于车辆最后轮轮胎外缘（静载）的平面之间的最大夹角。位于后车轴后面的任何固定在车辆上的刚性部位不得在此平面的下方，如图 3.7 所示。

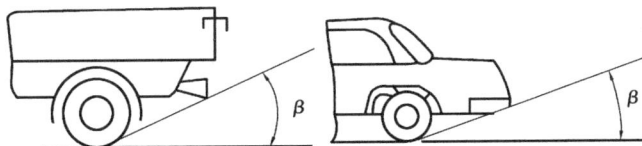

图 3.7　离地角

4）纵向通过角

纵向通过角指当分别切于静载车辆前后轮胎外缘且垂直于车辆纵向对称平面的两平面交于车体下部较低部位时，车轮外缘两切面之间所夹的最小锐角，如图 3.8 所示。

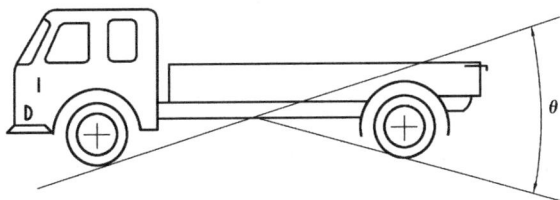

图 3.8　纵向通过角

5）转弯直径

转弯直径指内、外转向轮（转向盘转到极限位置）的中心平面在车辆支撑平面上的轨迹圆直径。

6）转弯通道圆

转弯通道圆（转向盘转到极限位置）为如下两个内外圆：

（1）车轮所有点在车辆支承平面上的投影均位于圆外的最大内圆。

（2）包含车辆所有点在车辆支承平面上的投影的最小外圆。

3.3.2　通过性参数的测量方法

1）测量条件

（1）测量场地应具有水平坚硬覆盖层的支承表面，其大小应允许汽车作全圆周行驶。

（2）汽车转向轮应以直线前进状态置于测量场地上。

（3）汽车轮胎气压应符合设计要求。

（4）汽车前轮最大转角应符合该车的技术条件规定。

2）测量仪器及设备

（1）高度尺：量程 0～1 000 mm，最小刻度 0.5 mm；

（2）离地间隙仪：量程 0～500 mm，最小刻度 0.5 mm；

（3）角度尺：量程 0°～180°，最小刻度 1°；

（4）钢卷尺：量程 0～20 m，最小刻度 1 mm；

（5）行驶轨迹显示装置；

（6）水平仪。

3）测量部位及载荷状况

（1）接近角、离去角、纵向通过角的测量部位按 GB 3730.3 的规定，测量的载荷状况分别测空车和满载两种状况。

（2）最小离地间隙的测量部位：测量支承平面与车辆中间区域内最低点的距离，且指明最低点部件。测量的载荷状况为满载。

（3）汽车转弯直径的测定方法：

①在前外轮和后轮胎面中心的上方，在车体离转向中心最远点和最近点垂直地面方向，分别装置行驶轨迹显示装置。

②汽车以低速行速，转向盘转到极限位置，保持不动，待车速稳定后启动显示装置，使各测点分别在地面上显示出封闭的运动轨迹之后，将车开出轨迹外。

③用钢卷尺测量各测点在地面上形成的轨迹圆直径，应在互相垂直的两个方向测量，取算术平均值作为测试结果。汽车向左转和向右转各测定 1 次。

3.3.3 应用实例

对哈飞路宝 1.3 和厦门大金龙 XMQ6840 载客汽车通过性技术参数检测情况如表 3.1、表 3.2 所示。

3.4 稳定性参数的检测

汽车的静态横向稳定性是汽车设计和结构布置是否合理的重要方面，也是安全检验的重要内容之一。

一辆停放在坡度角为 α 的坡道上的汽车，其受力情况如图 3.9 所示。汽车在横向坡道上停放，随着 α 角的增大，Z_1 减小，Z_2 增大。当车辆处于横向侧翻的临界角度 α_0 时：

$$Z_1 = 0 \tag{3.16}$$

此时对 A 点取矩，则有：

$$G_\alpha \cos \alpha_0 \cdot \frac{1}{2} B = G_\alpha \sin \alpha_0 \cdot h_g \tag{3.17}$$

整理后得：

$$\tan \alpha_0 = \frac{B}{2h_g} \tag{3.18}$$

从上面推导出的公式可以看出，当轮距一定时，汽车横向侧翻的临界角度 α_0 与汽车的轮距和质心高度有关。即汽车的静态横向稳定性是汽车设计和结构布置合理性的重要特性之一，它将影响汽车运行中的横向稳定性，所以要求进行这方面的检验。

我国《机动车运行安全技术条件》规定，汽车在空载、静态情况下，向左侧和右侧倾斜如下角度，不得翻车：

汽车（被牵引的车辆除外）：≥35°；

总质量为车辆装备质量的1.2倍以下的车辆：≥30°。

检验汽车静态横向稳定性可以在汽车倾斜试验台上进行。

将汽车驶上倾斜试验台，使汽车的纵向中心线平行于倾斜试验台转轴的中心线。将汽车制动，用绳索在汽车将出现滑移或翻倒的反方向上拴住，但绳索上不应预先施加

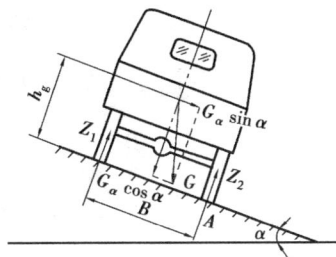

图3.9　汽车静态在横向坡道上的受力图

拉力。此后，将试验台缓慢而稳定地倾斜，当倾斜角达到规定的值时，车辆不翻倒为合格。如若测取某车辆的最大横向稳定角时，则将倾斜试验台继续缓慢而稳定地倾斜，当汽车出现侧滑或翻转时，即刻从试验倾斜角度指示盘上记下读数值。如此进行，左右倾斜各2～3次，取其平均值。

3.5　汽车整车尺寸机器视觉测量系统

车辆超限超载是造成道路交通事故的主要原因之一，近年来，车辆超限超载严重影响国家财产和人民生命安全。旨在从源头治理车辆超限超载的国家强制性标准《道路车辆外廓尺寸、轴荷及质量限值》（GB 1589—2004）已于2004年10月1日正式实施。《机动车运行安全技术条件》（GB 7258—2004）整车整备检测项目中要求对汽车尺寸参数进行检测，车辆的结构不得任意改造。车辆整车尺寸参数是汽车通过性参数及运行安全检测的重要内容之一。我国汽车检测机构主要是用钢卷尺、角度尺及标杆等进行手工测量，劳动强度大、测量时间长并易出现人为误差，已不适应于自动化检测的需要。因此，利用图像理解和机器视觉技术，研究汽车整车尺寸参数非接触快速检测系统，对于从源头治理超限超载，提高交通安全性具有非常重要的意义。

机器视觉是指用计算机实现人的视觉功能——对客观世界的三维场景的感知、识别和理解。它作为一种提高生产效率和保证产品质量的关键技术，广泛应用于产品质量检测、振动检测及机器人领域，美国通用汽车公司率先将机器视觉技术成功应用于车身在线检测。在本文提出的系统中，将机器视觉理论与实际的检测任务结合起来，通过计算机对视觉传感器及各种机械、电气部分的控制，以实现汽车整车尺寸的智能检测。

3.5.1　机器视觉检测系统的组成

本视觉检测系统主要包括CCD彩色摄像头、图像采集卡、灯光系统、位置传感器、计算机测控系统，如图3.10所示。

工作过程为：车辆驶入检测位置停车，由位置传感器感知，并给出一个触发信号，使计算机启动机器视觉系统，控制灯光系统并由图像采集卡采集图像。软件系统执行程序、处理采集的图像数据，将处理结果发送给数据库服务器或进行打印。

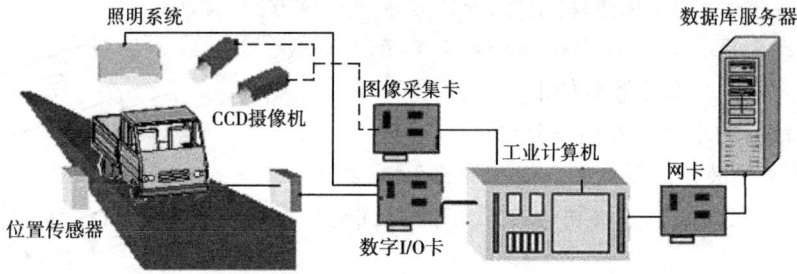

图 3.10 机器视觉检测系统组成示意图

车身尺寸参数的测量具有量程大、测量范围广、车身形状复杂等特点,同时所要测量的尺寸参数以车辆水平支承面、车辆纵向对称平面和与这两个平面平行的平面为基准。所以当摄像机投影面正平行于基准面时,能更准确地测量相关尺寸,测量示意图如图 3.11 所示,摄像头1 和2 固定在车顶的横梁上面,它们的像平面平行于水平面形成汽车上面的正平行投影面。可测量车身特征尺寸有:车身长度及宽度、车厢的长度及宽度;车体在世界坐标系中的坐标位置;车身相对于行车方向的偏斜角度。摄像头 3、4、5 分别固定在汽车一侧的支架上,它们的像平面(CCD 光敏面)形成汽车侧面的正平行投影面。可测量的车身特征尺寸,包括车身总长、车身高度、车厢长度、车厢高度、轴距、车轮半径、离地间隙、前悬、后悬等。当车辆驶入测量平台时,如果车身与测量坐标系有一偏转角度,则其投影就不是正平行投影,其会造成测量误差。可根据摄像机 1、2 测量的车身偏斜角度进行修正。

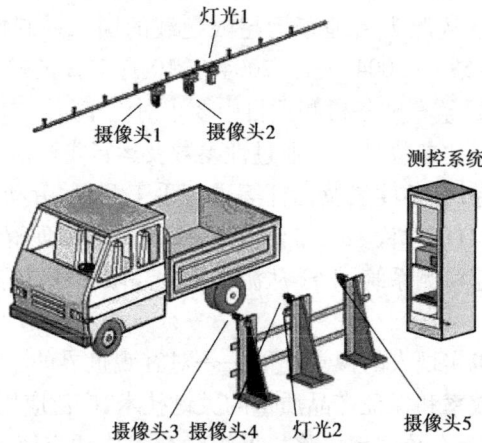

图 3.11 测量示意图

在汽车顶部、侧面各配有一个白炽照明灯,可由测控系统控制其在摄像机采集图像的同时提供照明,以消除视场内的阴影,改善获取的图像质量,提高测量精度。

3.5.2 测量技术方案

1)立体成像模型

本系统主要是基于双目成像和视差理论实现尺寸测量。

车顶摄像机 1、2 组成立体成像的双目传感器,它们的像平面均平行于水平面,且由于图像背景较单一、车身或车厢具有规则的矩形外形等,图像容易识别及特征提取并容易实现特征匹配。此双目成像系统结构简单、使用方便、速度快,同时也满足精度的要求。

摄像机 3、4、5 分别组成各自的单目成像系统。单目成像的像平面的透视投影与原场景中的物体的尺寸大小不同,即发生了畸变。当确定物体与像平面的距离时,根据像平面上的投影大小可以计算出物体的尺寸。车身侧面正平行于像平面,并根据摄像机 1、2 所得的车体的世界坐标系的坐标位置,容易得到车身侧面与像平面的距离,从而将车身三维尺寸的测量转化为其在各投影面内二维尺寸的直接测量。另外,它们也可以组成多目成像系统,但由于摄像机间的基线长度过长,仅可以用来实现图像间的特征粗匹配,帮助系统进行决策,如决定一幅图像中的车轮是前轮还是后轮等。

2）摄像机标定

本系统中,多个 CCD 摄像机的测量对象是特定的线、面以及特定区域上的点,需要通过全局标定。确定所有摄像机的空间位置,将各个摄像机坐标统一到世界坐标系中,并确定各个摄像机的相对位置。

摄像机的标定既是确定摄像机内部的几何和光学特性(内部参数),也是确定摄像机平面相对于世界坐标系 3-D 位置和朝向(外部参数)的过程。其中标定的参数主要有旋转矩阵 R、平移矩阵 T、摄像机焦距以及不确定性图像尺度因子 ,如图 3.12 所示。系统标定结束后,视觉检测系统可以根据双目成像系统两幅图像中对应特征点的图像坐标,得出其在世界坐标系中的世界坐标,进而实现特征量的测量。

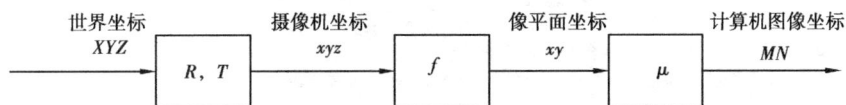

图 3.12　世界坐标到图像坐标的三步变换及需要标定的参数

3）车身识别确认

车身识别主要是车身分割和特征提取,使用图像分割技术把图像分成各具特性的区域并提取出感兴趣目标,在此基础上实现特征提取和参数的测量。本文主要是研究基于彩色图像的车身分割技术。

彩色图像包含的信息明显多于灰度图像,随着计算机处理速度的提高,利用颜色信息可以更有效地实现车身分割,同时还可以有效消除阴影对车身分割的影响。当车辆在检测车间内测量时,由于光线、照明的原因,图像包含很多阴影信息。由于阴影只是影响颜色的亮度,不影响颜色的分类,采用彩色图像颜色分类后车身分割可以取得更好的效果。

本文基于 HSV(H 色调,S 饱和度,V 亮度)色度空间这一非线性色彩表示系统。HSV 色彩表示方法同人对色彩的感知相一致,且在色调图像中描述彩色更方便。彩色图像在 HSV 空间中利于图像处理,如边缘检测、图像分割和目标识别等。

本文针对复杂背景的彩色图像,提出并实现了一种图像封闭轮廓线提取的方法。该方法利用初始轮廓逐步逼近最佳轮廓,不仅将图像灰度变化的微分信息作为边缘提取的依据,同时以图像轮廓的整体几何信息作为指导,使得检测出来的边缘定位精度高,抑制噪声性能好。

通过对图像进行一定的预处理,增强车身颜色、拉开车体和背景的对比度,使图像中车身颜色明显区别于背景,而整个图像仍保持细节且颜色不失去平衡。边缘点和非边缘点的分类判据的选择不仅局限于图像本身的灰度变化的微分信息,还将当前图像的平均色度作为另一个分类判据。分类的过程应是迭代、学习的过程,当一次运算不能达到理想目标的情况下,就要反复进行多次的迭代处理。迭代结束,当前得到的区域轮廓线即被认为是最终轮廓线。

单独的边缘检测只能产生边缘点,而不是一个完整意义上的图像分割过程,边缘点信息需要后续处理或与其他分割算法结合起来,才能完成分割任务。还应该包括正交变换、霍夫(Hough)变换、边缘细化、轮廓跟踪、拼接、模板匹配等图像处理与分析系统模块。

对摄取的汽车图像进行仿真检测,部分检测方法和结果如图 3.13、图 3.14 所示。基于车身特征的先验知识,如车厢大体成矩形、轮胎大体成圆形、车身尺寸存在一定比例关系、边界特征明显等,将图像中分割成不同区域,进而获得目标特征的量值。图中对车厢的检测可以得到车厢长度及高度,车轮的检测可以得到车轮半径、车轮中心坐标。结合其他一些特征点坐标的测量并运用相关的解析几何公式,也可以得到轴距、后悬、车身总长度、离地间隙等。

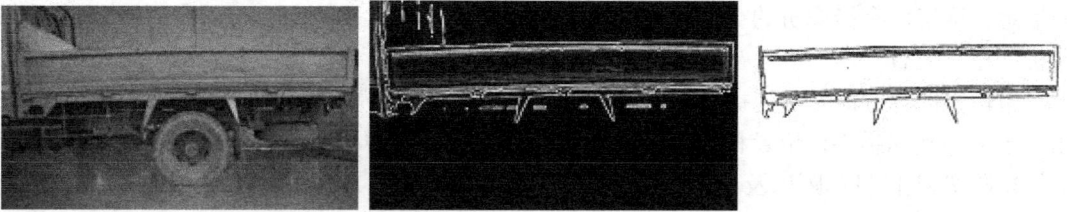

图 3.13　车厢的特征提取

图 3.14　车轮的特征提取

4)**应用实例**

应用汽车整车尺寸测量系统对汽车整车尺寸进行测量,以检验其有效性。系统对多辆在用载货汽车同时进行了手工测量和机器视觉测量,部分结果如表3.3所示。通过对测量结果进行比较可知,机器视觉测量系统与传统手工测量结果相近,误差较小。本系统满足了尺寸测量的精度要求,达到了检测的目的,证明基于机器视觉的汽车整车尺寸测量系统切实可行。该系统完全实现自动、快速、非接触测量,并实现微机联网功能,可应用于汽车智能综合检测线。

基于机器视觉的汽车整车尺寸测量可以应用于汽车综合性能检测线。该系统自动化程度高,使用方便、快捷、省力,通过对比测量结果可以看出,测量精度较高,达到了实用的要求,提供了一种先进的汽车检测手段。

表 3.3 机器视觉测量和手工测量结果对比 单位:mm

车 型	测量系统	车身长度	车厢长度	车厢宽度	车厢高度	轴距	后悬
跃进中卡 吉 A27911	视觉测量	5 960	3 744	1 968	427	3 308	1 721
	手工测量	5 979	3 736	1 960	432	3 299	1 714
	误差/%	0.32	−0.21	−0.41	1.17	−0.27	−0.41
跃进大卡 吉 A27959	视觉测量	5 991	3 886	2 076	466	3 800	1 896
	手工测量	6 003	3 900	2 058	465	3 807	1 901
	误差/%	0.2	0.36	−0.86	−0.21	0.18	0.26
解放小卡 吉 A09497	视觉测量	5 437	3 160	1 877	396	2 850	1 453
	手工测量	5 416	3 166	1 869	393	2 841	1 460
	误差/%	−0.38	0.19	−0.43	−0.76	−0.32	0.48
解放小卡 吉 G14575	视觉测量	4 889	2 204	1 617	401	2 490	1 345
	手工测量	4 899	2 209	1 624	399	2 479	1 337
	误差/%	0.20	0.23	0.43	−0.50	−0.44	−0.59

复 习 题

1. 汽车外观检测一般有哪两种方法?
2. 汽车的结构参数主要有哪些?
3. 汽车质心参数的测定有几种方法?
4. 汽车的通过性参数主要有哪些?
5. 汽车的静态横向稳定性是如何检测的?
6. 试分析机器视觉测量系统的立体成像模型。

第 **4** 章
汽车主要总成技术状况参数检测

4.1 发动机功率检测

4.1.1 概述

汽车动力性的好坏,首先取决于发动机动力性的好坏。随着汽车行驶路程的增加,发动机的技术状况会逐渐恶化,且恶化变差的过程快于汽车传动系各总成。动力性下降是发动机技术状况变差的外在表现,表征发动机动力性的指标是发动机输出功率。因此,测量发动机最大功率的下降,可以作为衡量发动机使用前后或维修前后技术状况变化的一个指标。

在汽车使用和维修部门检测发动机的动力性时,通常不将发动机从汽车上拆下,而是采用就车检测法。一是检测汽车底盘输出功率;二是进行发动机无负荷测功(加速测功);三是检测发动机的加速时间。汽车底盘输出功率是利用底盘测功机测量汽车驱动轮输出功率,然后再换算为发动机功率。

测量发动机功率试验的方法通常有稳态测功和动态测功两种方法。

稳态测功也称为有负荷测功,是指在发动机节气门开度一定、转速一定和其他参数不变的稳定状况下,通过给发动机一定的模拟负载,来测量发动机的转速、转矩和功率的方法。稳态测功精度高,但使用的设备价格高,操作复杂,需要将发动机从汽车上拆下来,不适于不解体检测。

动态测功也叫无负荷测功或无外载测功。其原理是,当无外部负载时,猛踩加速踏板,发动机突然加速所发出的动力除克服各种阻力外,其有效转矩全部用于加速自身运动部件的运转,通过测量发动机的加速性能来测量所发出瞬时功率的方法。它无需专门的试验台架,就车测试,设备简单,操作方便,但精度较差,并且有很多车型由于不知当量转动惯量,无法直接测功率。

4.1.2 无负荷测功原理

发动机输出的有效功率和有效转矩,是评价发动机动力性的指标。在汽车使用说明书上,一般都标明发动机的额定功率、额定转矩。这两项指标是在电力测功器或水利测功器上,在节气门全开的情况下,对发动机的曲轴施加一定载荷,在转速稳定时测量的数值。这种测功方法属于稳态测功。在汽车使用和维修部门通常使用动态测功的方法,即发动机在节气门开度和转速均为变动的情况下测定其功率,并且不给发动机施加外部载荷,发动机只以它自身运动部件的惯性力矩为负载,因此又称为无负荷测功。

1)瞬时功率的测量原理

发动机运动部件对曲轴转动中心线的当量转动惯量 J,需要用实验方法测得。只有测出 J 的车型,才能用无外测功的方法直接测出动率,否则只能测出加速时间。加速时间与瞬时功率成反比,即加速时间越短,表明功率越大,反之加速时间越长,发动机功率越小。

实验加速过程是发动机的非稳定工况,与稳定工况之间存在着一定的差异。但实验表明,发动机发出的平均功率与外特性的最大有效功率之间,有一个比较稳定的比例关系。这样,只要能准确地找到所测发动机运动部件对曲轴的中心的当量转动惯量,就可以用无外载测功的方法来检测发动机的最大有效功率或检测出加速时间来判断发动机的动力性。

发动机功率、转矩与转速三者之间的关系为:

$$M_E = J \cdot \alpha = J \cdot 2\pi \cdot dn/dt \tag{4.1}$$

$$M_E = (\pi J \cdot n \cdot dn/dt)/9\ 550 \times 30 \tag{4.2}$$

式中　M_E——发动机有效功率;

　　　n——发动机转速;

　　　π——常数;

　　　α——加速度;

　　　J——转动惯量;

　　　n——瞬时功率转速;

　　　dn/dt——曲轴加速度。

此式表明,发动机在加速过程中,在某一转速下的功率与该转速下的瞬时加速度成正比。因此只要测出加速过程中某一转速和在此转速时的加速度,即可求出该转速下的功率。

2)平均功率测量原理

按照功能原理,发动机在无负荷的工况下,从转速 n_1 加速到 n_2,发动机对自身转动部件所做的功(A):

$$A = J \cdot (\pi/30)^2 \cdot (n_2^2 - n_1^2)/2 \tag{4.3}$$

若发动机从转速 n_1 加速到 n_2 所用的时间为 Δt,则发动机从这一加速过程发出的平均有效功率(M_E)为:

$$M_E = A/\Delta T = (1/2) \cdot J \cdot (\pi/30)^2 \cdot (n_2^2 - n_1^2)/\Delta t \tag{4.4}$$

由此,只要测得发动机无负荷加速过程的加速时间 Δt,即可根据式(4.4)求得发动机在这一加速过程的平均有效功率。

4.1.3　各汽缸功率均衡性检测

在汽车检测上,发动机的单缸动力性也称为发动机的汽缸效率或汽缸均匀性。它实际上是测量在各缸分别断火的情况下,发动机转速的下降值或下降率,也就是单缸转速降。

当发动机以某一稳定转速运行时,其指示功率与该转速下的自身功耗平衡。当停止其中一个缸的工作时,总指示功率减小,发动机转速随即下降以寻求新的平衡点。如果发动机各缸工作能力均衡,则各缸轮换停止工作时转速下降的幅值应基本相等,否则将产生差异,这就是断缸法测单缸动力性的检测原理。

在进行单缸动力性检测时,断火后下降的转速越多,下降率越大,说明该缸的动力性越好。对于四缸发动机,单缸断火后,转速下降 144 ~ 168 r/min 或更高为正常。对于六缸发动机,单缸断火后转速下降 96 ~ 108 r/min 或更高为正常。一般情况下,发动机的汽缸数越多,则单缸指示功率占总指示功率的比率越少,加之缸多且工作均匀良好,所以单缸熄火后转速下降较小。也就是说汽缸数目越多,用断缸法判断各缸工作性能的难度就越大,仪器的误差也就越大。

4.1.4　测试发动机性能的仪器设备及应用实例

1)测试发动机性能的仪器设备

发动机是汽车的心脏,是汽车动力的来源。发动机技术状况的好坏,直接影响到汽车的动力性、经济性和排放等性能指标,因而发动机综合性能检测也越来越成为汽车检测的重点。进行发动机综合性能检测的仪器应用最为广泛的就是发动机综合分析仪,简称发动机分析仪。

发动机分析仪的外形一般有台式、柜式和便携式等型式。其组成基本上是由信号提取系统、信号预处理系统、采控显示系统三大部分。

无论分析仪的外形如何,都是用来对汽车发动机进行不解体测试,测定发动机的各种技术参数,配有标准数据库及专家分析系统的分析仪,还能自动将测得的参数与标准数据进行比较,判断发动机的状况好坏。因而发动机分析仪一般应具有以下功能:

①发动机动力性检测,即无负荷测功;

②发动机单缸动力性检测,即单缸转速降或各汽缸工作均匀性;

③点火系统参数检测,如点火提前角、重叠角、闭合角及初级点火波形等;

④启动系统参数及汽缸的相对压力检测,汽缸的绝对压力;

⑤充电系统检测;

⑥进气支管真空压力波形检测;

⑦柴油机供油系参数检测;

⑧温度测试;

⑨有的汽车发动机分析仪还具有汽车故障码。

2)应用实例

无负荷加速测功是基于一种动力学的方法。它是利用发动机在怠速或某一空载低速时,突然打开节气门至最大开度加速到较高转速时,利用发动机产生的动力,除克服运转阻力外,以自身运动机件为载荷加速运转,测出其瞬时加速时间,从而计算出功率。在无负荷加速测功过程中,操作者要根据分析仪提示急加速后,快速将油门踩到底,否则,测试结果偏小。加速到测功上限后,迅速松开油门。为减少车辆损耗,操作者动作应迅速准确。如果有些车辆转速加不到上限时,也应在 3 秒后松开油门,修改测功上限或排除故障后再测试。以下为利用发动机分析仪对桑塔纳轿车,发动机型号 JV—1.8 L 进行无负荷加速测功测试,如表 4.1 所示。用发动机分析仪通过初级线圈通断信号取得转速信号,检测发动机输出功率。

表 4.1　无负荷加速测功测试

测量次数	1	2	3	4	5
加速时间/ms	376	365	362	406	349
转速/rpm	1 000 ~ 4 000	1 000 ~ 4 000	1 000 ~ 4 000	1 000 ~ 4 000	1 000 ~ 4 000
功率/kW	61.66	61.57	61.72	62.48	62.26
功率平均值: 61.938 kW　　功率偏移率:0.87%					

通过采用发动机分析仪,进行无负荷加速测功测试。在这测试过程中,利用初级线圈通断信号检测发动机转速信号,不用依靠第一缸点火信号来确定转速,更实时地以发动机工况来确定其当时性能,且单一条信号线即可,减少了操作时间和难度。一条线红色鱼夹线可以确定发动机转速,而黑色鱼夹线是用来自动断缸和感应初级线圈高压以及在熄火时使用的。在测量无负荷测功时,按照发动机分析仪所提供测功系数 K 系数,该测功系数 K 系数按车型确定,转速信号是由初级线圈通断信号而定。影响该测量出来的数据稳定性和精确性,使得该项检测的误差较大。测量无负荷测功功率偏移率为 0.87%,符合误差标准。由于采用发动机分析仪进行无负荷加速测功测试时,需从汽车上打开发动机机舱盖,连接相应的传感器,耗时费力,所以发动机无负荷加速测功不宜用作检测、评定发动机动力性的手段,不适宜于在汽车综合性能检测站中应用。

4.2　转向系的检测

4.2.1　转向盘的转动阻力和自由转角的检测

转向盘的转动阻力和自由转动量直接关系到转向轻便、行驶稳定和行车安全,因此 GB 7258—2004《机动车运行安全技术条件》中规定:"机动车的方向盘应转动灵活、操纵轻便、无阻滞现象。车轮转到极限位置时,不得与其他部件有干涉现象"。还规定:"机动车方向盘的最大自由转动量:①最大设计车速大于或等于 100 km/h 的机动车,其自由转动量不大于 10°;②最大设计车速小于 100 km/h 的机动车,其自由转动量不大于 15°"。

这两个评价指标在使用中一般凭驾驶人员的主观感受,但汽车检测时采用仪器测定。

转向盘自由行程可采用专用检测仪进行。简易的转向盘自由行程检测仪由刻度和指针两部分组成。刻度盘通过磁力座吸附在驾驶室仪表板或转向盘轴管上,指针则固定在转向盘的周缘上。也可以反过来,即指针通过磁力座固定在仪表板或转向盘轴管上,而刻度盘固定在转向盘周缘上。使用该种检测仪时,应使汽车处于直线行驶位置不动,轻轻转动转向盘至空行程一侧的极端位置,调整指针指向刻度盘零度,再轻轻转动转向盘至空行程另一侧极端位置,指针所示刻度即为转向盘自由行程。

转向参数测量仪或转向测力仪,一般都具有测量转向盘转角的功能,因此完全可以用来检测转向盘自由行程。

下面阐述转向盘转向力与转向盘转角的检测。

操纵稳定性良好的汽车,必须有适度的转向轻便性。如果转向沉重,不仅增加驾驶员的劳动强度,而且因不能及时正确转向而影响行车安全。如果转向太轻,又可能导致驾驶员路感太弱或方向发飘等现象,同样不利于行车安全。

转向轻便性可用一定行驶条件下作用在转向盘上的转向力(即作用在转向盘外缘的圆周力)来表示。采用转向参数测量仪或转向测力仪等仪器,可以测得转向力及对应转角。

国产 ZC—2 型转向参数测量仪,是以微机为核心的智能化仪器,可测得转向盘自由行程和作用在转向盘上的转向力。该仪器由操纵盘、主机箱、联接叉和定位杆四部分组成,如图4.1所示。操纵盘由螺钉固定在三爪底板上,底板经力矩传感器与联接叉相接,每个联接叉上都有一只可伸缩长度的活动卡爪,以便与被测转向盘相联接。主机箱为一圆形结构,固定在底板中央,其内装有接口板、微机板、转角编码器、打印机和电池等,力矩传感器也装在其内。定位杆从底板下伸出,经磁力座吸附在驾驶室内的仪表盘上。定位杆的内端连接有光电装置,光电装置装在主机箱内的下部。

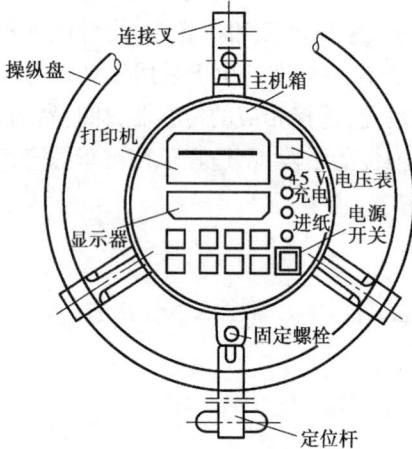

图 4.1 ZC—2 型参数测量仪

当把转向测量仪对准被测转向盘中心,调整好三只伸缩爪长度与转向盘联接牢固后,转动操纵盘的转向力通过底板、力矩传感器、联接叉传递到被测转向盘上,使转向盘转动以实现汽车转向。此时,力矩传感器将转向力矩转变成电信号,而定位杆内端连接的光电装置则将转角的变化转变为电信号。这两种电信号由微机自动完成数据采集、转角编码、运算、分析、存储、显示和打印,因而该仪器既可测得转向力,又可测得转向盘转角,当然也可测得转向盘自由行程。

转向轻便性试验方法,一般有原地转向力试验、低速大转角(8 字行驶)转向力试验、弯道转向力试验等,可按有关国家标准的规定进行。

按照国家标准 GB 7258—2004《机动车运行安全技术条件》的规定,机动车在平坦、硬实、干燥和清洁的水泥或沥青路面上,施加于转向盘外缘的最大转向操纵力不得大于 245 N。

4.2.2 四轮定位参数检测

随着汽车行驶速度越来越高,汽车的操纵稳定性对汽车安全影响越来越重要。汽车不仅具有前轮定位参数,有些高速客车和高级轿车还具有后轮外倾角和后轮前束等参数。这些定位参数的变化会影响汽车操纵稳定,因此,通过四轮定位仪对定位参数的检测,可增加车辆直线行驶时的安全性,同时还能维持车辆的直线行驶,转向后转向盘能自动回正,从而增加驾驶操控性。因此,车轮定位参数问题已经引起人们的重视,成为汽车检测项目之一。

1)概述四轮定位仪的工作原理与结构

四轮定位仪是专门用来测量车轮定位参数的设备。四轮定位仪检测的项目包括:前轮前束值/角(前轮前束角/前张角)、前轮外倾角、主销后倾角、主销内倾角、后轮前束值/角(后轮前束角/前张角)、后轮外倾角、车辆轮距、车辆轴距、转向20°时的前张角、推力角和左右轴距差等。目前常见的国产或进口的四轮定位仪可以用来测量上述检测项目中几个或全部项目。为了在下面便于讨论四轮定位仪的检测原理和检测方法,现将四轮定位仪可测定的检测项目用图4.2说明。

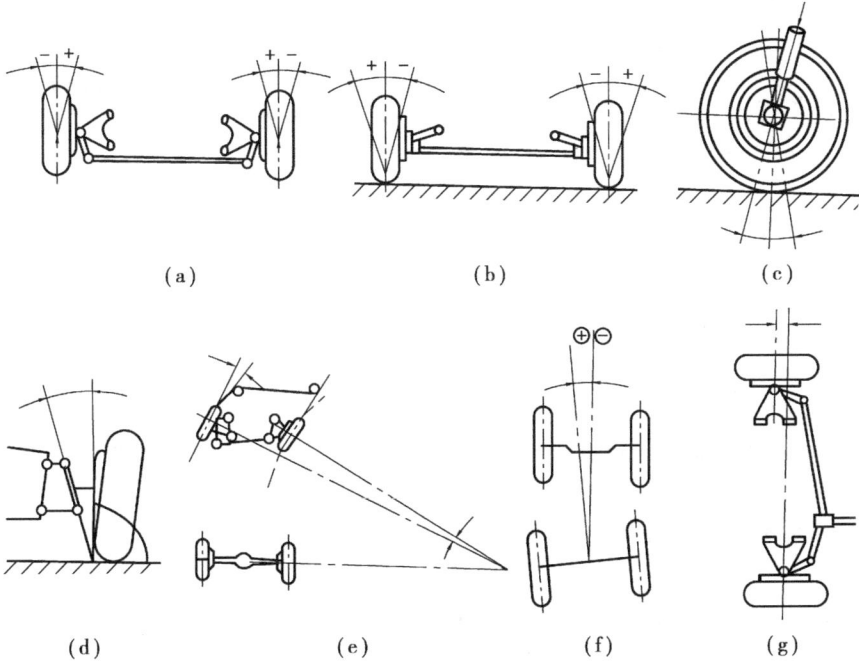

图4.2　四轮定位仪的检测项目

2)四轮定位仪的测量原理

目前常用的四轮定位仪有拉线式、光学式、电脑拉线式和电脑激光式4种,它们的测量原理是一致的,只是采用的测量方法(或使用的传感器的类型)及数据记录与传输的方式不同,限于篇幅,这里仅介绍四轮定位仪可测量的几个重要检测项目的测量原理。

(1)车轮前束和推力角的测量原理

在测量前束时,必须保证车体摆正且转向盘位于中间位置,为了提高车轮前束值(或前束角)的测量精度,无论是拉线式、光学式还是电脑式的四轮定位仪,在检测车轮前束之前,常通过拉线或光线照射或反射的方式形成一封闭的直角四边形。将待检车辆置于此四边形中,通过安装在车轮上的光学镜面或传感器不仅可以检测前轮前束、后轮前束,还可以检测出左右车轮的同轴度(即同一车轴上的左右车轮的同轴度)及推力角等。

因为四轮定位仪系统采用的传感器不同,其测量方法亦有所不同,这里仅就光敏三极管式传感器来说明一下车轮前束的测量原理。

光敏三极管为近红外线接收管,是一种光电变换器件。

其工作状态为:不加电压,利用P-N结在受光照射时产生正向电压的原理,把它作为微型光电池。在光敏三极管后面接一些用于接收信号的元件,以便及时对光敏三极管上所获得的信号进行分析处理。

安装在两前轮和两后轮上的光敏三极管式传感器均有光线的接收和发射(或反射)功能,通过它们间的发射和接收刚好能形成四边形。在传感器的受光平面上等距离地将光敏三极管排成一排,在不同位置上光敏三极管接收到光线照射时。该光敏管产生的电信号就代表了前束角或推力角的大小,下面进行具体说明。

当前束为零时,在同一轴左右车轮上的传感器发射(或反射)出的光束应重合。当检测出上述两条光束互相平行但不重合时,说明此时左右两车轮不同轴(即车轮发生了错位),可以依据此时光敏管输出偏移量的信息,测量出左右轮的轴距差。

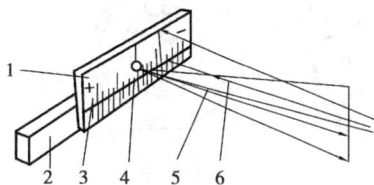

图 4.3 车轮前束角的测量原理
1—刻度板;2—投射器支臂;
3—光敏三极管;4—激光管;
5—投射激光束;6—接收激光束

当左右车轮存在前束时,在左轮传感器上接收到的光束位置会相对于原来的零点位置有一偏差值(注意正负号),这一偏差值即表示右侧车轮的前束值(或前束角);同理,在右传感器的接收的光束位置相对于原来零点位置的偏差值则表示左侧车轮的前束值(或前束角),其测量原理的简单示意图如图4.3所示。

依据上述检测原理,同时可以检测出位于该四边形内的待检车辆前后轴的平行度(即推力角的大小和方向)。

同理,通过安装在后轮上的传感器,我们可以测出后轮前束值(后轮前束角)的大小和方向。

(2)主销后倾角和主销内倾角的测量原理

车轮外倾角、主销后倾角和主销内倾角这三个测量参数的测量都是关于角度的测量。除了光学式四轮定位仪测量车轮外倾角和车轮前束时,采用的不是测量角度的传感器以外,其余各种类型的四轮定位仪均是采用测量角度的传感器,包括车轮前束角都可以用角度传感器直接或间接测量。

主销后倾角、主销内倾角的测量原理如下:

当车轮向左右各转动 $\delta = 20°$ 时,经一系列的公式推导,主销后倾角 γ 和主销内倾角 β 分别为实际测量角度 $\Delta\lambda$ 和实际测量角度 $\Delta\omega$ 的 1.461 倍,这样,用 1.461 倍的关系标定仪器,就可直接读出主销后倾角 γ 和主销内倾角 β 角度值。

必须指出,在上述两部分推导过程中提及的 λ_1、ω_1 是车轮向右转动20°时,传感器所测得的实际角度值 λ_2、ω_2 为车轮向左转动 20°时传感器所测得的实际角度值。在实际测量中,若使用普通量角仪测量主销后倾角及主销内倾角,只要进行公式换算即可。现在常见的四轮定位仪在出厂前就已用上述两式对仪表进行了标定,因此,可直接读出主销倾角实际测量值。

虽然四轮定位仪的类型有所不同,但它们测量主销倾角的原理是相同的,所不同的仅仅是它们各自所采用的测量角度的传感器不同而已。下面简单介绍几种常见的测量角度的传感器:

①光电编码器,基本上可分为两大类:圆光栅编码器和绝对式编码器。它们的特点是:结构紧凑、信号质量好、稳定可靠和抗干扰能力强。

②光电电位器式角度传感器,没有金属丝电刷造成的摩擦力矩。其优点是:分辨率高、寿命长、扫描速度快;缺点是:输出电阻大,输出信号要经过阻抗匹配变换器。

另外用于测量角度的传感器还有电感式倾斜传感器、小型双轴斜度传感器和电位器式传感器。

(3)转向20°时前张角的测量原理

汽车使用时,由于前轮的碰撞冲击、长期在凹凸不平的路面上行驶和经常采用紧急制动等,对车辆的冲击作用都可能引起转向梯形的变形。因此会造成汽车在转向行驶过程中前轮异常磨损、操纵性变差,并间接影响汽车的动力性和燃料的经济性。

为了检测汽车的转向梯形臂与各连杆是否发生变形,在四轮定位仪中均设置了转向 20° 时,前张角的检测项目。其测量方法为:让被检车辆前轮停在转盘中心处,右轮沿直线行驶方向向右转动 20° 时进行测量;左轮沿直线行驶方向向左转动 20° 时进行测量(该转向角可直接从转盘上的刻度读出)。具体做法如下:右前轮向右转 20°,读取左前轮下的转盘上的刻度值 X,则 $20° - X$ 即为所要检测的转向 20° 时的前张角。一般汽车在出厂时都已给出 $20° - X$ 的合格范围,将测量值与出厂标准进行比较即可检测出车轮的转向梯形臂与各连杆是否发生了变形。如果超出标准值或左右转向前张角不一致,则说明该车的转向梯形臂和各连杆已发生了变形,需要进行校正、调整或更换梯形臂和各连杆。

3)四轮定位的使用

由于篇幅所限,这时仅用电脑拉线式四轮定位仪说明四轮定位仪的结构与测量原理。

(1)电脑拉线式四轮定位仪的结构

电脑拉线式四轮定位仪,其主要结构由带微处理器的主机柜及彩色监视器、键盘、80 列(A4)打印机、红外电子测量尺(用来检测轮距)、红外遥控器、标准转盘或电子转盘、自定心卡盘、传感器、接线盒、电缆、传感器拉线、转向盘锁定杆和制动杆等组成。

(2)电脑拉线式四轮定位仪的使用的方法

①线路连接

a.将键盘、打印机、鼠标、彩色显示器与计算机连好。

b.将 220 V 电源线接到设备后的多孔插座上,电源应装有稳压器,并且应有效搭铁。

c.将四个传感器"F·L"(左前轮)、"F·R"(右前轮)、"R·L"(左后轮)、"R·R"(右后轮)和转盘导线连接到接线盒上,再通过导线与主机相连(图4.4)。

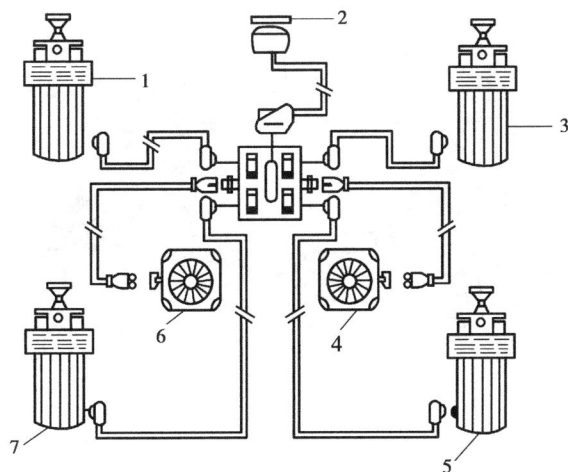

图 4.4 四个传感器和两个电子转盘的接线圈
1—后右轮传感器;2—计算机接口;3—前右轮传感器;
4—左转盘;5—前左轮传感器;6—右转盘;7—后左轮传感器

51

传感器应按其上所标字母安装在车轮上。

②开启设备

开启主电源开关,在运行自检程序之后,计算机显示厂商标记。按回车键,使用鼠标,单击左键,屏幕上即显示主菜单,用户可以使用鼠标完成所有功能。传感器应在打开主机电源之前接好,避免电子冲击。

(3)键盘、鼠标及遥控器的使用

①使用键盘右下角的箭头键(上、下、左、右),将光标(红色)移到所需程序名,再回车,程序运行。

②在工作台面上移动鼠标来选择所需程序,在选择所需程序后,轻击鼠标任意键运行所需程序。

③遥控器用于测量程序及打印,遥控器上每个键可提供不同的测量程序。

遥控器的功能有:

①前轴及后轴上的读数处理转换。

②用户可从读取前轴上的前束角一外倾角转换到读取转向角,反之亦然。

③可选择各轮前束值或总前束值。

④主销后倾角一转向角、主销内倾角一转向角读数的转换。

⑤打印测量值。

⑥可从任何测量程序转到偏摆校正程序,给前束角和外倾角置相对零;在测量主销后倾角时,给主销后倾角置相对零。

⑦在测前束角时,可将图像放大,便于在远处读数。在偏摆补偿校正程序中,用车轮旋转180°后测得的前束角值和外倾角值,与车轮在0°时的测量值做平均计算后,得到偏摆补偿值。

(4)传感器的校准

传感器的校准要在专用校准架上进行(图4.5),用拉线校准前束角,用标准倾斜角校准主销倾角。

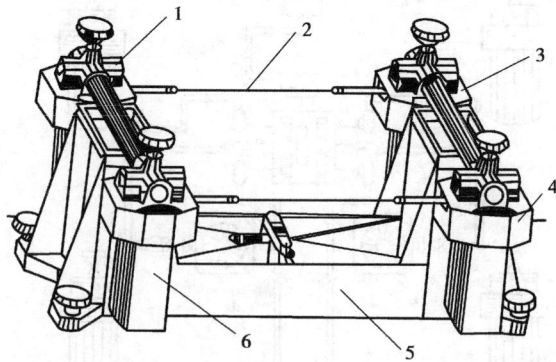

图4.5
1,3,4,6—车轮传感器;2—拉线;5—校准架

(5)四轮定位仪的使用安装

①汽车的准备

需做四轮定位的汽车,汽车大梁必须先经过矫正,且主销没有损坏,保证车身左右对称点处于同一平面上,将汽车驶到升降台上或地沟上,使前轮正好位于转盘中心。汽车驶入前,用

锁紧销将转盘锁紧,防止转动;汽车驶入后,则松开锁紧销。

②安装卡盘

卡盘的卡爪头有多种形式,需要依据轮辋类型选择合适的卡爪头:

a.用于钢或铝合金轮辋,通常无需补偿;

b.用于钢或铝合金轮辋,需要进行补偿;

c.用于钢制轮辋,无需补偿;

d.用于钢制轮辋需补偿;

e.钩形丝杆,用于钢或铝合金轮辋,需补偿;

f.同 e;

g.橡胶螺钉用于铝合金轮辋,无需补偿;

h.橡胶螺钉用于铝合金,需补偿。

将卡盘装在车轮上,通过转动手柄夹紧卡盘,卡爪头一般要固定在轮辋圈内侧,避免装在外侧时,由于轮辋外侧变形,而使测量不准。

当卡盘不能很好地固定在轮辋内圈上时,也可锁在轮辋外缘,使用钩形丝杠,以免损坏铝合金轮辋。

③安装传感器

将传感器安装在卡盘轴上,保证各传感器的位置正确(如前左、前右等)。

传统的传感器根据测量对象不同,对于主销内倾角、主销后倾角、外倾角、前束角等,要求的安装方式不同。在进行各定位角测量时,参见各检测项目传感器安装图。

a.调整传感器水平,观察水平仪,气泡调到中间位置,则传感器水平。

b.转动卡盘轴端头的偏心挡块,轴向固定传感器,以免传感器意外坠下。

c.连接传感器之间的拉线(当测量主销后倾角时无需连接)。

d.安装转向盘锁定杆(需要时使用):转向盘锁定杆带有弹簧。将锁定杆放在驾驶室内坐椅上,压下手把,使之顶住转向盘,锁定转向盘。

e.安装制动杆大端顶在制动踏板上,制动杆靠在坐椅上撑紧。

④从数据库中选择汽车制造厂及车型

a.在主菜单上选择车轮定位仪类型,既能提供各种车型数据库,又能提供三类汽车车轮定位:轿车车轮定位、货车车轮定位、用户文件(可选项)。

b.若选择"轿车车轮定位",则出现轿车制造厂商名。

如果数据库中无轿车项选择"其他"项,转到定位尺寸测量菜单上,则轿车的定位尺寸进入屏幕。测量值一定要存入轿车的用户手册的技术参数上,新车的技术参数也应输入数据库。

c.选择相应的汽车制造商名,则显示其生产的各种车型号。

d.选择对应的车型,回车后,程序将进入"标准参数选项单"。

⑤输入/修正特征参数

以下说明也适用于数据库中没有的车型。在这种情况下,特征参数需按屏幕提示输入,说明如下:

a.输入/修正车轮直径:如果车轮直径没有显示(数据库中没有的小型汽车型号)或车轮直径与数据库中的车轮直径不符,选"直径"项。从键盘上输入实际直径值,输入结束,使用"ENTER"键,则直径的正确值用绿色字显示在屏幕上。

b.输入/修正轴距:如果轴距与数据库中数据不符,选"轴距"项,并从键盘上输入对应的实际轴距(轿车使用手册上有),结束时使用回车键,正确的轴距用绿色字显示在屏幕上。

c.输入/修正前(后)轮距:如果前(后)轮距与数据库中数值不符,选"前(后)轮距"项,从键盘上输入对应的实际轮距,回车结束,则正确的轮距值用绿色字显示在屏幕上。

⑥自动偏摆补偿

如果自定心卡盘定位正确或轮辋边缘平滑,自定心卡盘可以保证传感器与轮辋同轴,一般不需要自动补偿;如果轮辋损坏了或不平整,还是需要偏摆补偿。传感器的安装见图4.6所示。

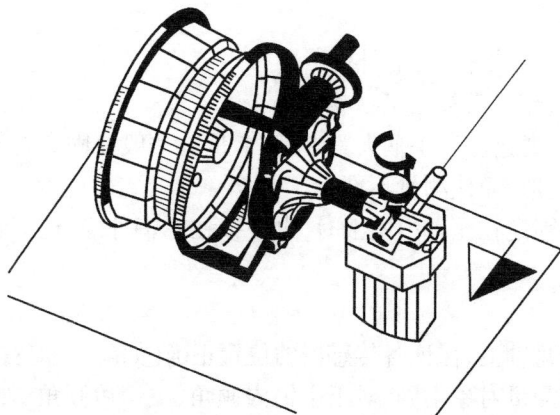

图4.6　偏摆补偿时传感安装

a.选择偏摆补偿校正程序:从角度测量选项单选择"偏摆补偿"项,它将提供前(后)轮偏摆补偿程序。另外,还可以在角度测量菜单中选择"RUN OUT"(偏摆补偿)程序。

b.汽车举升:分别升起前后轮,待稳定后测量。

c.车轮初始0°位置的偏摆补偿校正:按遥控器上的控制键(左轮用6,右轮用8),将初始值置于零位,高亮度显示绿色时,则车轮偏摆校正置相对值零,设备自动准备校正偏差。

d.车轮旋转180°位置时的偏摆补偿校正:缓慢转动轮约定180°,按遥控器上键7或空格键或回车测量相对偏摆值,进行平均运算后,显示高亮度绿色时,则该轮已补偿校正完毕。注意放下车轮时,应保证车轮在0°或180°的位置落地。

e.重复遥控器上的6、7、2程序,给所有的轮子进行偏摆补偿校正。

f.一旦补偿程序完成,程序将自动回到定位参数测量菜单。

⑦车轮定位测量

a.测量前轮左/右主销内倾角:前轮安装传感器及配件(图4.7),锁紧前轮传感器,后轮传感器可不用,转盘不锁紧,不用转向盘锁定杆,使用制动杆,以防车轮滚动,不用拉线。

从角度测量选项单中选择主销内倾角程序,转动车轮使转向角显示0°等待测量。

使左轮向左转动20°,转向角度显示在屏幕上,主销内倾角将相对"0°"值自动存储,听到声响后,即完成。

转动转向盘,车轮继续向左转动,直到右边车轮也转过20°,转向角的值显示在屏幕上,存储器自动将右主销内倾角以"0°"存储。

然后将车轮右转20°,转向角显示在屏幕上,右轮主销内倾角测量值也显示在屏幕上方,

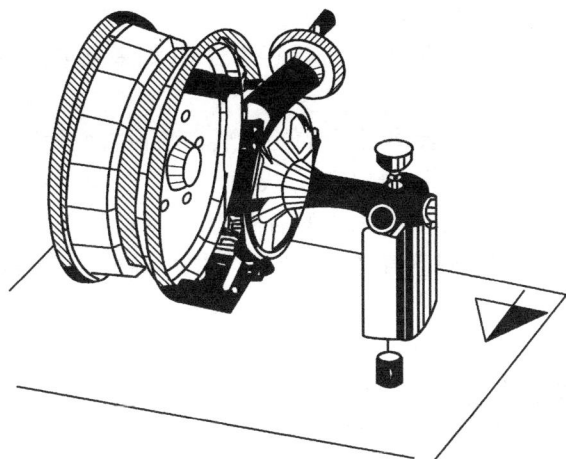

图 4.7　测量主销内倾角传感器安置图

右主销内倾角测量完毕。

继续右转转向盘,使左轮右转到 20°。

左轮主销内倾角测量值也就显示在屏幕上,左主销内倾角测量完毕。

比较各测量值,白色值表示测量值与基准值无偏差;绿色值表示测量值在公差范围内;红色值表示测量值在公差范围外。

b. 测量前轮左/右主销后倾角:测量主销后倾角所用传感器及附件如图 4.8 所示,要用前轮传感器,不需锁紧,可不用后轮传感器,转盘不需锁紧,不用转向盘锁定杆,用制动杆,防止车轮滚动,不用拉线。

图 4.8　测量主销后倾角传感器安置图

从测量角度选项单中选主销后倾角项,主销后倾角区清屏幕等待测量。

转动转向盘使左轮左转 20°,转向角显示在显示器上,左轮主销后倾角相对"0°"值被自动存储。

继续左转使右轮也左转到 20°,右轮主销后倾角相对"0°"值被自动存储。

然后车轮右转 20°,转向角显示在显示器上,屏幕上显示右轮主销后倾角测量值,右轮主销后倾角测量完毕。

操纵转向盘,继续右转,使左轮转向角达到 20°,屏幕上显示左轮主销后倾角测量值,左轮主销后倾角测量完毕。

比较测量值,如果测量值合乎要求,可进行其他测量,如果测量值不对,一定要进行调整,使测量值位于公差值之内。

c. 主销后倾角的调整:将车轮转回到直行位置,转向角值将变为绿色,接近0°。将传感器转动90°安装,如同主销内倾角测量时的安装方式。

锁紧传感器后,按相应键存储相对"0°"的后倾角,启动调整程序。观察屏幕调节汽车悬架零件直到获得正确的调整值(调整值是指测量值与原车标准值的偏差值)。为了保证调整精度,必须使前轮处于直行状态。

d. 测量左(右)后轮前束角/外倾角:测量后轮前束角和外倾角时,要使用四个传感器,传感器之间要连接拉线,使用转向盘锁定杆防止车轮转向,使用制动杆,防止车轮滚动。

在"角度测量选项单"中选后轮倾角测量程序,在屏幕上显示左、右侧后轮前束角及外倾角,还可以进一步显示出推力角(由两后轮前束角算出)。用测量值与原厂值比较,如果测量值正确,可进行下一步操作,如果测量值不正确,一定要进行调整。

⑧测量左(右)前轮前束角/外倾角:测量前轮前束角和外倾角的方法与测量后轮前束角和外倾角的方法完全相同。

4)其他类型的四轮定位仪

前面已讲述了光学式四轮定位仪和计算机拉线式四轮定位仪,目前常用的还有计算机激光式四轮定位仪和运用 CCD 技术的定位仪。

计算机激光式四轮定位仪运用激光束来代替拉线并形成一四边矩形。

待检查车辆置于这一四边形内进行所有定位参数的测量,提高了测试精度,并使测试更方便。

计算机激光式四轮定位仪配备了更好更精密的测量角度的传感器,同时采用计算机实时采样处理,使操作起来更为方便,使用方法基本与拉线式四轮定位仪相同,限于篇幅,这里不一一说明。

电荷耦合器件图像传感器具有尺寸小、工作电压低、使用寿命长,且坚固耐冲击及电子自动扫描等优点。另外 CCD 是一种无增益器件,它具有存储电荷的能力,因而可利用光作为输入信号完成摄像功能。使用 CCD 图像传感器的数字式摄像头可直接输出图像的数字量,由计算机直接接收和处理。

由于采样按像元一一对应的采样,因而在水平和垂直方向的最高分辨率上可基本接近 CCD 芯片水平和垂直像元数,最充分地利用了 CCD 芯片的分辨率。而且各像元信号之间的相关性也降低到最低程度,使摄到的数字图像在空间频率的高频段的响应也大大提高。由于数字式的 CCD 摄像头采用数字化模式,因而能够由输出的数字图像,直接计算出所需空间的绝对尺寸,其误差是确定且已知的,再加上线性好的优点,使其输出的数字图像可提高测量精度,从而使测量水平进一步提高。另外,数字式 CCD 摄像头具有数字接口,可方便地与存储器、计算机或数字处理器(DSP)等相连接,因而采用这种技术的四轮定位仪测试精度可以达到很高。

1997 年美国 JOHNBEAN 公司生产的 3D 四轮定位仪,利用计算机三维图像处理技术和用 CCD 图像传感器拍摄装在车轮上的多点反光板随车轮滚动和转向的空间运动图像,由计算机对空间运动图像进行处理和坐标变换,计算出车轮前束角、车轮外倾角、主销后倾角和主销内倾角。实现了非接触测量,提高了检测速度,可在 4 min 之内检测完一辆车。

5）四轮定位仪的使用注意事项

因四轮定位仪是一种较精密的检测设备，要求操作人员在使用前需经过专业培训，并且在使用定位仪前应先查阅四轮定位仪的产品说明书，以便更好地了解四轮定位仪的操作过程。注意事项如下：

①使用前，检查四轮定位仪所配附件是否与说明书上列出的清单相符；

②在安装设备时一定要按照产品说明书上的要求去做；

③对于光学式四轮定位仪中的投影仪（或投光器），需要细心维护，并经常进行调整；

④在四轮定位仪的安装地点，应在墙上（或其他的地方）安装一个带熔断丝的开关盒，同时要求开关盒内配带有四轮定位仪的过载保护装置；

⑤传感器是计算机式四轮定位仪的核心元件，在使用前需要进行校正，以保证测试精度；

⑥传感器在卡盘轴上安装要妥当，在不用时应妥善保存，避免受到损害，电测类传感器在通电前应该接线安装完毕，不要带电接线，以避免电子震荡，冲击损坏器件；

⑦四轮定位仪需要移动时，注意不要使其受到震动，否则可能会损坏传感器及计算机等部件；

⑧四轮定位仪应半年检验标定一次，标定工作应该在专用标定器具上进行；注意在购买四轮定位仪时应带专用标定器具和标定程序；

⑨在用四轮定位仪检测车轮定位角之前，一定要进行车轮传感器安装夹具偏摆补偿操作，否则会引起相当大的测量误差。

4.3 车轮动平衡检测

随着高速公路和城市道路立交系统的兴建，汽车高速能力得到了充分地发挥，但在运输效率和交通秩序得到相应改善的同时，长期掩盖在低速行驶工况下的一些机构装置的隐患也逐渐暴露出来。在众多的弊病中，车轮不平衡的危害当属突出现象之一。因不平衡的车轮不仅加剧其本身的磨损，影响转向系、行驶系和传动系的正常工作，同时也是整车振动的激振源。车轮的平衡与否与汽车的平顺性、操稳性、安全性息息相关，这已成为人们的共识，因此，车轮平衡问题愈来愈引起人们的重视，已成为汽车检测项目之一。

4.3.1 概述

车轮不平衡质量 m 在高速旋转时所形成的不平衡力 F 在水平方向的分压力 F_h（图4.9）将牵动转向轮在力矩 $F_h \cdot L$（图4.10）的作用下左右摆动，影响汽车的操纵稳定性，当干扰力矩 $F_h \cdot L$ 的主频在一定的车速下接近汽车的悬架或操纵系的共振频率时将诱发汽车摇头或转向器抖动。

不平衡力 F 在垂直方向的分力 F_v，是激发车身角振动的主要干扰力，当其频率 f 超过7 Hz时，乘员的不舒适感已十分明显。同样当产生接近车身的自振频率时，不仅会激发强烈的振动和噪声，而且车辆的疲劳强度和使用寿命也将相应下降，车辆运行的舒适性和平顺性必然遭到严重破坏。

跳振旋转的车轮对地面的冲击力为正常载荷的几十倍，加剧了轮胎的噪声和不均匀磨损。

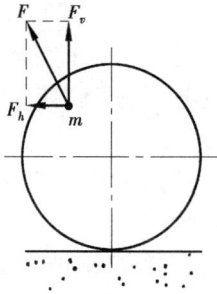

图 4.9　车轮的不平衡力　　　　　图 4.10　不平衡力对转向的影响

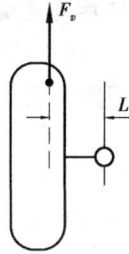

不平衡车轮旋转时形成等幅定周期振动,驾驶员在这种单调的外界刺激下,易产生困惫感而出现意外交通事故。

引起车轮不平衡的主要原因如下:

①前轮定位不当,尤其是前束和主销倾角,不仅影响汽车的操纵性和行驶稳定性,而且会造成轮胎偏磨,这种胎冠的不均匀磨损与轮胎不平衡形成恶性循环,因而使用中出现车轮不平衡,也可能是车轮定位角失准的信号。

②轮胎和轮辋以及挡圈等因几何形状失准或密度不均匀而先天形成的质心偏离。

③因轮毂和轮辋定位误差使安装中心与旋转中心难以重合。

④维修过程的拆装破坏了原有的整体综合质心。

⑤轮辋直径过小,运行中轮胎相对于轮辋在圆周方面滑移,从而发生波状不均匀磨损。

⑥车轮碰撞造成的变形引起的质心位移。

⑦轮胎翻新中因定位精度不高而造成新胎冠厚度不均匀而使质心改变。

⑧高速行驶中制动抱死而引起的纵向和横向滑移,会造成局部的不均匀磨损。

为了对车轮平衡作业有一个更深入的了解,我们首先研究一下车轮平衡与飞轮、陀螺仪、汽轮机转子等旋转体平衡的不同之处:

①轮胎为弹性体,为了避免高速旋转时离心力引起的变形干扰平衡进程,其平衡转速不能太高,一般为 200 r/min,这一转速远低于平衡机支承系统的固有频率,即所谓"硬支承系统"。但车轮工作转速远离这一转速,因离心力随转速的平方而增加,在低速下微小的不平衡质量在高速时将形成很大的干扰力。这就要求车轮平衡作业时必须精心操作使其达到更高的精度。

②根据检测类型的不同,如在汽车检测线上,车轮不能卸离车体,只能在其工作状态下汇同其安装系统紧固件及制动鼓等一同平衡,即所谓"就车平衡"。

③一般被平衡的旋转体都是金属件,可以用去除金属的方法来补偿平衡量,为此有的平衡机还备有激光不停车去除金属的功能,以达到旋转中除去金属,以达到检测和补偿平衡量一次完成的目的。而车轮只能加补质量,且加补位置一般只能在轮辋周边或内侧。

④一般旋转机件制造出厂前,一次平衡即可。除特殊情况外,在使用中极少有参数变化,而车轮在使用和维修过程中常常会导致一些影响平衡的参数变化,因而对汽车车轮的平衡状态必须定期进行检测。对维修维护后的车轮以及事故碰撞后的车轮,更须进行例行检测。

4.3.2　车轮平衡机理

平衡的目的在于确定不平衡的量值及其相位。基于这一点,车轮平衡机的工作原理与通用平衡机并无差异,但车轮平衡机因车轮是悬臂地装于转轴的一端,不平衡信号只能从悬臂轴固定端平面上采集(图4.11)。不平衡信号中的不平衡力及力矩依靠解算电路分离(见下文),这与通用平衡机可以从左右两个平面独立地分别采集不平衡信号相比,难度要大得多(图4.12)。

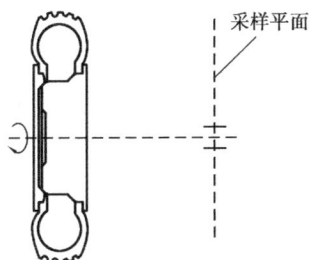

图4.11　车轮平衡机示意图

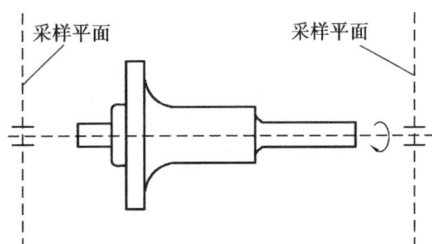

图4.12　通用平衡机示意图

1)车轮静平衡原理

车轮就车平衡时,平衡机对车轮实施平衡,只在一个平面内(即车轮外侧)加装平衡重来完成,也就是不考虑不平衡质量在车轮宽度上的分布,即忽略不平衡质量在轮宽上形成的力矩,这就是静平衡。静平衡的车轮可视为其旋转中心支承在一个弹性体(应变梁)上的无厚度圆盘。

图4.13中,不平衡质量 m 假设集中在 r 处,以角速度 ω 旋转时在应变梁 γ 方向产生应变力

图4.13　静平衡原理

$f \cdot \sin \omega t$,在此力的作用下应变梁在 γ 方向按二阶系统模式振动,其方程为:

$$M \frac{\mathrm{d}^2 \gamma}{\mathrm{d}t^2} + c \frac{\mathrm{d}\gamma}{\mathrm{d}t} + ky = F \cdot \cos \omega t \qquad (4.5)$$

式中,M 为系统质量,c 和 k 分别为应变梁的阻尼和 γ 方向的刚度,因阻尼很小,可以忽略,则式(4.5)可简化为:

$$M \frac{\mathrm{d}^2 \gamma}{\mathrm{d}t^2} + ky = F \cdot \cos \omega t \qquad (4.6)$$

位移 $y = y_0 \cos \omega t$,离心力 $F = m \cdot r \cdot \omega^2$ 代入得:

$$M(-\omega^2 \cdot y_0 \cos t\omega t) + k \cdot y_0 \cos \omega t = m \cdot r \cdot \omega^2 \cdot \cos \omega t$$

整理后得:

$$y_0 = \frac{mr\omega^2}{k - M\omega^2} = \frac{\dfrac{mr\omega^2}{k}}{1 - \left[\dfrac{\overline{\omega}}{\sqrt{\dfrac{k}{M}}}\right]^2}$$

由振动学知 $\dfrac{\overline{\omega}}{\sqrt{\dfrac{k}{M}}}$ 即为系统的固有频率 ω_0,代入得:

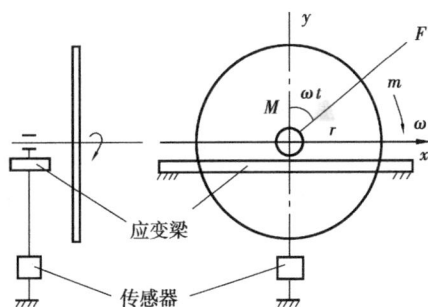

$$y_0 = \frac{\dfrac{mr\omega^2}{k}}{1 - \left(\dfrac{\omega}{\omega_0}\right)^2}$$

对于硬支承系统 ω_0 远大于 ω(一般 $\omega/\omega_0 \ll 0.3$),则上式可近似为:

$$y_0 \approx \frac{mr\omega^2}{k} = \frac{F}{k} \tag{4.7}$$

由式(4.7)可见,平衡机的应变位移正比于车轮的不平衡力,它是轮胎平衡机正确工作的重要理论依据,检测线上使用的就车式车轮平衡机就是按照这一原理工作的,这一结论同样也适用于下面讨论的车轮动平衡机。

2)车轮动平衡原理

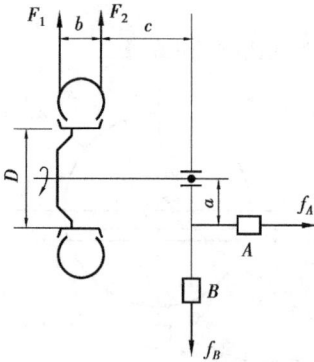

图 4.14 动平衡原理图

离车式车轮平衡机按动平衡原理工作,汽车修理和维护作业中因车轮已拆离车桥,其平衡检测都在离车式平衡机上进行。与静平衡不同,动平衡将轮胎视为一个有限宽度 b 的回旋体(图 4.14),并假设不平衡质量 m 分别为 m_1 和 m_2 两部分,集中在轮辋的边缘处,该两平面称为校正面,旋转时形成两个离心力,图中 F_1 和 F_2 为这两个离心力在传感器平面的投影,当 $F_1 \neq F_2$ 或 $F_1 = F_2$,但两者相位不同时,不仅形成不平衡力,还要形成不平衡力矩,因而动平衡机必须设置两个相互垂直的传感器 A 和 B 以采集支反力 f_A 和 f_B,建立系统的动静力学平等方程式,以求取 F_1 和 F_2,从而计算不平衡质量 m_1 和 m_2。

$$\sum x = 0$$

$$f_B = F_1 + F_2$$

$$\sum M_0 = 0$$

$$f_A \cdot a = F_1 \cdot (b + c) + F_2 \cdot C$$

解出 F_1 和 F_2 为:

$$F_2 = \frac{1}{b}\Big(f_B(b+c) - f_A \cdot a\Big) \tag{4.8}$$

式(4.7)和式(4.8)是车轮动平衡机的基本检测依据,式中支反力 f_A 和 f_B 由传感器 A 和 B 测得,a 为平衡机的结构参数。使用者只要将被检车轮的宽度 b 和轮辋直径 D 以及在平衡机上的安装尺寸 c(由平衡机制造厂家随机提供的专用工具测得)键入解算电路,平衡机解算电路自会按照式(4.7)和式(4.8)运算出离心力 F_1、F_2,再依据 $F = m \cdot r \cdot \omega^2$ $(r = D/2)$ 计算不平衡质量 m_1 和 m_2。根据 DB 44/86—1995 车轮动不平衡量的评定标准为:车轮内径 $\leqslant 700$ mm,其不平衡值 $\leqslant 600$ g·cm;车轮外径 $\geqslant 700$ mm,其不平衡值 $\leqslant 1\,000$ g·cm。

3)检测电路基本工作原理

传感器接受应变梁的位移(位移传感器)或其相应的位移加速度(加速度传感器)随着车轮的旋转而转换成交变电量 $e(t)$:

$$e(t) = E_0 + E \cdot \sin(\omega t + \phi) + \sum_{i=2}^{N} E_i \sin(\omega t + \phi_i) \tag{4.9}$$

式中第一项为传感器的直流分量,第二项就是待测不平衡信号的基波分量,其中 E 为幅值,它正比于不平衡力的量值,ϕ 为初相位,它是确定配重安装位置的主要参数,第三项为各次谐波分量,N 为正整数(随机噪声干扰从略)。

测量系统的目的在于抑制传感器输出信号的直流分量和各次谐波,因为它们与不平衡力的量值和相位无关,只有第二项基波分量中的幅值 E 和初相位 ϕ 才是平衡机所要检测的目的参数,为解出 E 和 ϕ,可将第二项用三角公式展开:

$$E \cdot \sin(\omega t + \phi) = E \cdot \cos \phi \cdot \sin \omega t + E \cdot \sin \phi \cdot \cos \omega t$$
$$= \text{Re} \cdot \sin \omega t + \text{Im} \cdot \cos \omega t$$

式中　$\text{Re} = E \cdot \cos \phi$ 为同相分量,即信号的实部。

$\text{Im} = E \cdot \sin \phi$ 为正交分量,即信号的虚部。

得到这两个分量即可计算幅值 E 和相位角 ϕ:

$$E = \sqrt{\text{R}^2\text{e} + \text{I}^2\text{m}} \tag{4.10}$$

$$\phi = \arctan \frac{\text{Im}}{\text{Re}} \tag{4.11}$$

现代平衡机大多采用相关滤波法抑制直流分量 E_0 和谐波分量 $\sum E_i \sin(\omega t + \phi_i)$,方法是由数字电路产生一路正弦基准信号 $e_x(t) = E_x \sin \omega t$ 和一路余弦基准信号 $e_x(t) = E_x \cos \omega t$($E_x$ 和 E_y 为基准信号幅值),使之与传感器输出的交变电量 $E(t)$ 相乘。并在足够多的整数周期内 NT(T 为基波信号周期)内积分,再求其平均值,结果直流分量和谐波分量的上述积分平均值为零而被消除,传感器输出电信号 $e(t)$ 在式(4.9)中只保留了有用的待测信号 $E \cdot \sin(\omega t + \phi)$,从而得到基波的两个分量为(数学推导从略):

$$\text{Re} = \frac{2}{NT}\int e(t) \cdot \sin \omega t \, dt \tag{4.12}$$

$$\text{Im} = \frac{2}{NT}\int e(t) \cdot \cos \omega t \, dt \tag{4.13}$$

这样就可以利用式(6.21)、式(6.22)的值通过式(6.19)、式(6.20)计算不平衡信号的幅值和相位。

式(4.12)、式(4.13)也说明车轮平衡机在作业时要等候较长时间才能显示测量结果,这并非电路计算速度慢所致,而是要累积足够长的周期数 NT 以提高精度。

4.3.3　车轮平衡机的结构与使用

1)就车式车轮平衡机的结构与使用

汽车检测线是对汽车整车进行不解体检测,并且各工位和各检测项目按照一定的节奏连续进行作业,因而车轮是不可能拆离车桥的,必须就车对其平衡状态进行检测,已规定就车平衡机为 A 级汽车综合性能检测站车轮平衡检测的指定设备。

就车平衡机按静平衡原理工作已如前述,因不平衡车轮是在其原车桥上振动,不平衡力传感器是装在车桥支架内(图4.15),它是汇同制动鼓和车轮紧固件甚至传动系统(驱动轴)一起进行平衡,是真正解决车轮实际使用状态时的平衡方法。

（1）就车式车轮平衡机的结构和就车式车轮平衡机

除力传感器外,其他如电测系统和光电相位装置以及显示仪表板和摩擦轮驱动电机等均装在一个驱动小车内。车桥支架是一个复杂的力传感器,它有两种形式,一种供轻型小客车使用,如图 4.15 中 6 所示;另一种为中型车设计,如图 4.16 所示,支架高度可由顶杆 2 和销钉 3 来调整以适应不同车型的要求,支架在车桥下就位,车桥压下后,小轮弹簧 4 即被压下缩小,底板 7 直接接触地面,以增加支架的承载能力。车体质量和不平衡振动力的主要部分由应变梁 9 通过支柱 8 和底板 7 传向地面,小部分力由传感器 6 感知,达到不平衡力采样的目的,应变梁 9 不仅可以减小传感器受力以避免压损,更重要的是应变梁必须正比地将不平衡力传递给传感器 6。因此,应变梁是由应变线性良好的材料制成,使用中严格避免锤击和加热,因为任何改变应变梁弹性模数的操作都将危及应变梁的线性,从而完全破坏电测系统软件所预设的标定系数。

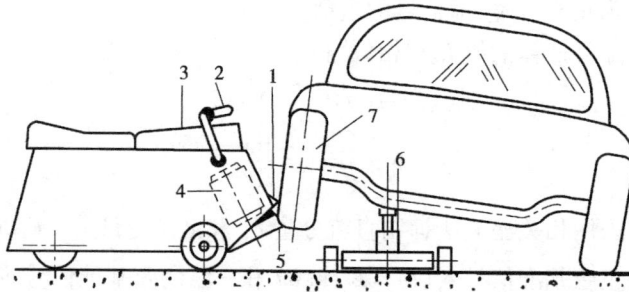

图 4.15　就车增衡机作业图
1—光电传感器;2—手柄;3—仪表板;4—驱动电机;5—摩擦轮;
6—传感器支架;7—被测车轮

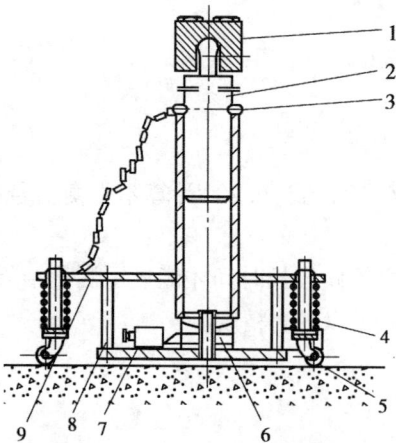

图 4.16　传感器支架
1—顶靴;2—顶杆;3—销钉;4—弹簧;5—脚轮;
6—传感器;7—底板;8—支柱;9—应变梁

传感器支架的安装位置随被测车型和操作人员的习惯及现场条件而定,完全是随机的,因此就车平衡机电测系统的计算机软件必须具有自标定功能。这一功能是智能化的,它能根据事先设定的已知不平衡量值(一般为 30 g)反算出支架支点与车轮的悬臂和轮毂直径等参数,这是就车平衡机的一大特点。

驱动小车前下部靠近被测轮胎处有一光电传感器组,它包括一个强光源 4 和两个光电管 3 和 5,如图 4.17 所示。强光用以照射轮胎上的反光标志,为光电管提供相位信号以供计算机识别,计算机同时根据两个光电管接受反光信号的前后来判断车轮的旋转方向。

（2）就车式车轮平衡机的工作过程

被测车轮事先由举升器举离地面,并将车桥坐落于传感器支架上(图 4.15)。操作人员骑于车上推动手把,使摩擦轮紧压于被测车轮上,启动电机带动摩擦轮拖动车轮以相当于 110 km/h 的车速旋转,这时车轮的不平衡质量产生的

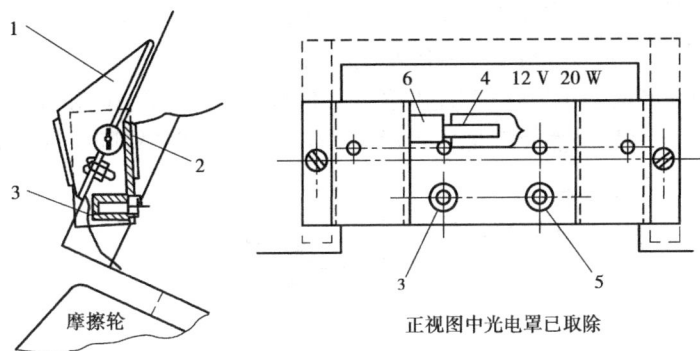

图 4.17　就车式车轮平衡机光电传感器组

1—光电罩;2—光电线路板;3—光电二极管;4—指形灯;5—光电二极管;6—灯座

不平衡力随即被力传感器感知并转变成电量,这一电信号由电缆传入驱动小车内的电测系统予以计量和处理。光电传感器拾取车轮的初相位信号和转速信号,经电测电路处理后得到不平衡质量的量值和相位值,显示于仪表板的两组数码管上。测试前须在被测轮胎侧面任意处贴装白色反光标志,为使光电元件正常工作,胎侧距光电管不得超过 5 cm,检测程序分三次进行。

第一次:待摩擦轮与轮胎压紧后按下右按钮(左按钮也可),同时按压第一次试验按钮驱动车轮旋转,待转速上升到适当转速时,即分离摩擦轮同时释放按钮,电路即记录与不平衡力及其相位有关的原始量并存入 CPU,仪表的 4 与 5 闪烁显示这组未标定的不平衡数值和相位。

第二次:在反光标志处加装计算机预设的标定质量,如有的规定轿车为 30 g,大货车为 300 g,按下第二次试验按钮,重复上述操作,即用这已知预设质量对振动系统的刚性和结构参数进行计算。当转速上升到设定值时显示灯即被点亮,计算机即将第一次所测得的变量自动处理成常量显示于仪表板上,这就是就车式平衡机的自标定功能。这时将显示的质量加装在所显示的相位处,然后除去标定重块。

第三次:剩余不平衡量检测,以证实剩余不平衡量是否满足有关法规的要求,如果达不到要求,可进行第二次复试,如仍达不到标准要求,只能拆下轮胎使用较高精度的离车式车轮平衡机进行平衡。

如果是驱动桥,则可用发动机拖动车轮旋转,其他操作如同前述。对于平衡要求较高的车辆,为了消除阻尼造成的相位误差,平衡时可令车轮左右各转一次,取两次的平均值为最后测定值。

这里必须着重指出,所有平衡机都有最大不平衡量限值,严重失衡的车轮是不能上机平衡的。

2)离车式车轮平衡机的结构与使用

离车式车轮平衡机按动平衡原理工作,即可以检测不平衡力,也可用以测定不平衡力矩,车轮拆离车桥装于平衡主轴上,一切结构和安装基准都已确定,所以无须自标定过程。因此平衡机的构造和电测系统都较简单,平衡操作时只要将被测车轮的轮辋直径和轮胎宽度以及安装尺寸输入电测电路即可完成平衡作业,平衡机仪表即会自动显示(图 4.18)轮胎两侧的不平衡质量 m_1 和 m_2 及其相位。

离车式平衡机的主轴为卧式布置称卧式平衡机,如图 4.18 所示。卧式平衡机最大的优点是被测车轮装卸方便,机械结构和传感装置也较简单,造价也较低廉,因此深受修理维护厂家欢迎,同时也是制造厂家的首选机型。但因车轮在悬臂较长的主轴上形成很大的静态力矩,影响传感系统的初始设定状态,尤其是垂直传感器 B 的预紧状态,长时间使用后精度难以保证,零漂也较大,但其平衡精度仍然能满足一般营运车辆的要求,其灵敏度能达到 10 g。

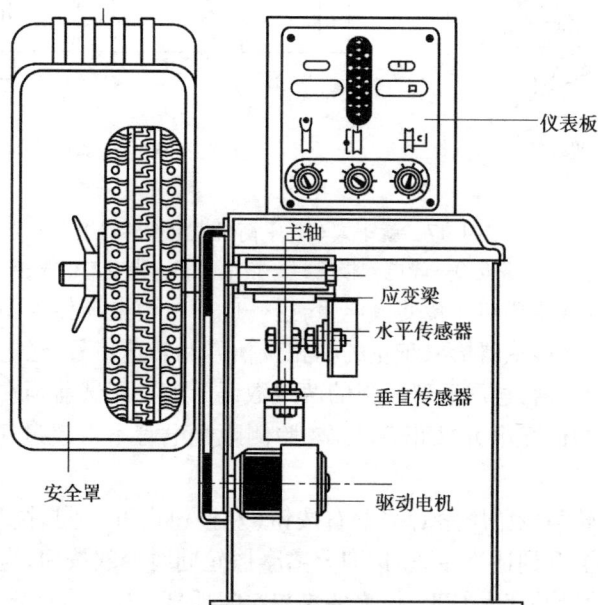

图 4.18　卧式车轮平衡机

立式平衡机的主轴垂直布置。立式平衡机虽然装卸车轮不如卧式平衡机方便,但其车轮重量直压在主轴中心线上,不但不形成强大的力矩,垂直传感器受到的静载反而比车轮重量还小。应变件是一块与工作台面同大的方形应变板,水平传感器设计成左右各一个,比卧式平衡机的单个水平传感器的力学结构要稳定得多,方形应变板上开有多个空槽以减小应变板的刚性,从而大大地提高了传感系统的灵敏度。因此立式平衡机的精度极高,灵敏度可达到 3 g,且具有良好的重复性和稳定性。

离车式平衡机的参数显示和操作系统因采用 CRT 显示,或用发光二极管显示,其外形结构差异很大,但其基本操作内容则大同小异。前者显示形象美观,并有屏幕提示便于操作,但造价较高;后者结构简单,工作可靠,参数调整方便,成本低廉。如图 4.19 所示就是最为典型的一种操作面板,旋钮 8 设定轮胎宽度 B,旋钮 7 设定轮辋直径 D,旋钮 6 则设定安装尺寸 C。对于立式平衡机是胎面至顶面安全罩的距离(安全罩转下处于工作状态),对于卧式平衡机 C 值是胎面至平衡机箱体的距离,B、C、D 三个参数相当于原理图 4.14 中的 D、b、c 三值,C 值是一当量值,是图 4.14 中 c 值伸向机体外的部分,所余部分已固化在电算电路中。

车轮由专用定位锥和紧固件安装就绪后即可启动电机实施平衡,待转数周期累积足够时,上下(或左右)不平衡值 m_1 和 m_2 即有数字显示,届时即可停车。待车轮完全停止后即可用手转动车轮,这时发光二极管即会随转动而左右(或上下)跳闪,如将上排光点调至中点,这时就可在车轮的轮辋上平面正对外缘(操作者方向)处加装 m_1,显示的平衡重见图 4.20,用同样方法加装 m_2 值平衡重。加装完毕后进行第二次试验观察剩余不平衡量是否满足法规要求。具体的操作步骤各机型略有差异,使用者应按所用机型的使用说明书进行操作。

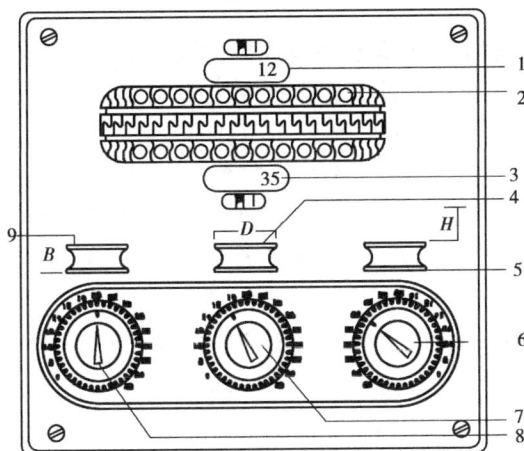

图 4.19　显示面板
1—上平衡量;2—平衡相位指示;3—下平衡量;4—轮辋直径;5—安装位置;
6—安装位置设定;7—轮辋直径设定;8—轮胎厚度设定;9—轮胎厚度

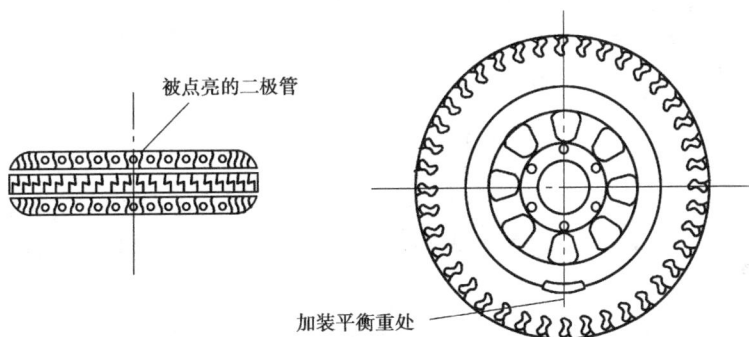

图 4.20　装平衡重处

车轮在平衡机主轴上的定位至关重要,为了确保不同形式和不同规格的车轮的中心都能与主轴中心严格重合,所有离车式车轮平衡机均配有数个大小不等的定位锥体。锥体内孔与主轴高精度配套,外锥面与轮辋中心孔紧密接合,并由专用快速蝶形压紧螺母紧压于主轴定位平台上。注意车轮的外侧向下(立式平衡机)或向内(卧式平衡机)。

为了方便用户,离车式平衡机都随机配备一个专用卡尺,以用户测量轮辋直径 D 和轮胎宽度 B,因为轮胎宽度用直尺是难以测量的。为了适应不同计量制式和国度,平衡机上的所有标尺一般都同时标有英制和公制刻度。

3)平衡重

车轮平衡机的平衡重也称配重。目前通常使用卡夹式配重和粘贴式配重两种形式。卡夹式配重,用于大多数轮辋有卷边的车轮,对于铝镁合金轮辋,因无卷边可夹,则使用粘贴式配重,其外弯面有不干胶粘贴于轮辋内表面。

标准的配重有两种系列。一种系列以盎司(oz)为基础单位,分 9 挡,最小为 14.2 g(0.5oz),最大为 107.1 g(6oz),间隔为 14.2 g(0.5oz)。另一种以克(g)为基础单位,分 14 挡,最小为 5 g,最大为 80 g,60 g 以上以每 10 g 分为一挡。

4)几点重要说明

(1)离车式平衡机的主轴固定装置和就车式平衡机的支架上都装入精密的位移传感器和易碎裂的压电晶体传感器,因此严禁冲击和敲打主轴或传感器支架。

(2)在检修平衡机时,传感器的固定螺栓不得任意松动。因为这一螺栓不是一般的紧固件,由它向传感晶体提供必要的预紧力,当这一预紧力发生变化时,电算过程将完全失准。

(3)商业系统供给的配重最小间隔为 5 g,因此过分苛求车轮平衡机的精度和灵敏度并无太大的实际意义。特殊情况下,如高速轿车和赛车,则可使用特制的平衡重块。

(4)必须明确平衡机的机械系统和电算电路都是针对正常车轮使用条件下平衡失准或轻微受损但仍能使用的车轮而设计的,对因交通事故而严重变形的轮辋或胎面大面积剥离的车轮是不能上机进行平衡作业的。一方面不平衡量过大的车轮旋转时的离心力可能损伤平衡机的传感系统,另一方面超值的不平衡力可能溢出电算范围而使设备自动拒绝工作。

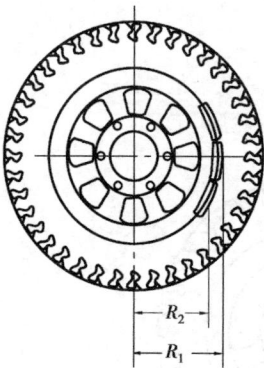

图 4.21 多个平衡的并用

(5)当不平衡量超过最大配重时可用两个以上配重并列使用,但这时要注意因多个配重占用较大的扇面会使其有效质量低于实际质量。因扇面的边缘的质量所处半径 R_2 小于计算半径 R_1。如图 4.21 所示,这种情况不仅影响该面的平衡力,而且还波及左右两面的力矩值(即动平衡量)。因此,在使用多个平衡量时须慎重处理。

4.3.4 车轮平衡机的测试

车轮平衡机的机械系统比较简单,但其主轴的固定部分有应变装置和压电晶体等非电量的电测系统,其应变常数和预紧力等在出厂时已调试就绪,并将有关参数输入电控系统,因而用户不得对主轴进行任何拆卸与调整。事实上车轮平衡机内,尤其是微处理系统并没有供用户调整和维修的部件。

用户可以按以下两种简易方法对新机进行验收或对失准的车轮平衡机进行测试。

首先可以将车轮平衡机不装车轮空机开动,观看仪表面板显示的不平衡量值和相位是否为零,此法可初步检验平衡主轴系统包括主轴、定位锥和快速压紧螺母自身是否平衡,必要时可以找一新车轮并在高一级精度的通用平衡机上平衡后来检测车轮平衡机的平衡结果。第二种方法是将上述平衡良好的车轮在已知相位上装上已知量值的配重,然后测试该车轮平衡机的显示值是否与已知值吻合,如果该差值超过标准只能由供货厂家进行保修。

如果车轮平衡机故障状态超出失准范围而无法工作,可用如图 4.22 所示的方法检测压电传感器是否工作。即将压电晶体线路接上一个 RC 滤波电路,经电荷放大器后通向示波器,在力传感器上施加压力,观察示波器上是否有信号输出,以此来证明传感器是否工作正常。光电脉冲信号也可用示波器测试,其他如开关电路和显示仪表等常规电路用万用表即可测试。各型车轮平衡机的电路不尽相同,图 4.23 提供一个就车车轮平衡机的微处理机系统的构成模块,供检测时参考。当所有输入信号和操作显示电路均正常而平衡机仍不能工作时,只有与厂家联系更换主板或 CPU 一试。

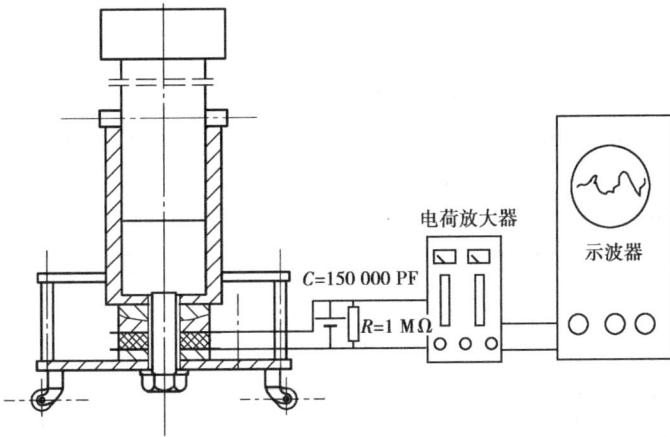

图 4.22 力传感器输出信号检测

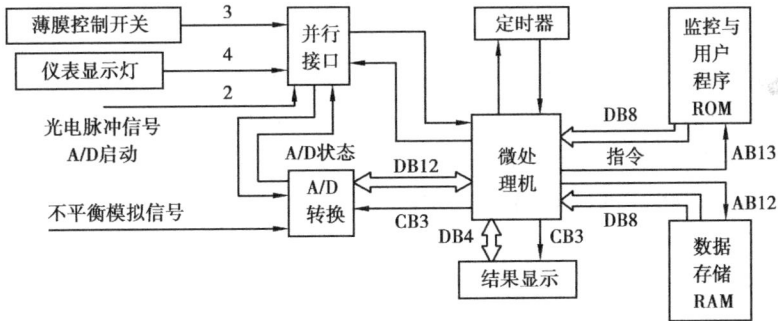

图 4.23 微处理机系统构成模块

4.4 汽车车速表的检测

汽车的行驶速度对交通安全和运输生产率影响很大。为了保证汽车行驶的安全性,提高汽车运输生产率,充分发挥汽车的动力性,正确掌握行车速度是非常重要的。因此,车速表本身一定要准确可靠。由于使用的原因,车速表的指示误差会越来越大,如果超过限度就会对驾驶员的正确判断造成影响,严重者甚至引起交通事故。为保证行车安全,确保车速表的指示精度,在相应安全法规中要求对车速表进行定期的检测。

4.4.1 汽车车速表的检测方法与有关标准

1)汽车车速表误差形成原因及危害

车速表误差主要由使用原因所致,一般有两个方面:一是车速表传动或本身机件损坏;二是轮胎磨损或气压不符合规定引起的误差。

车速表是利用磁电互感作用原理,通过指针摆动来显示汽车行驶速度的。车速表内有带指针的活动转盘、带永久磁铁的转轴以及轴承、齿轮、游丝等零件和磁性元件,这些零件在工作过程中不可避免地要产生自然磨损,磁性元件日久也会退磁、老化,都会造成车速表的指示误差。

汽车行驶速度 U_a 是通过下式计算的：

$$U_a \approx 0.377 r_k n / i_k i_o$$

由上式可知，汽车实际行驶速度不但与发动机转速 n、变速器传动比 i_k 主减速器传动比 i_o 有关，而且还与车轮滚动的半径 r_k 有关。在汽车行驶过程中，轮胎会随行驶里程的增加而逐渐磨损。在变速器输出轴转速不变的情况下，汽车的实际行驶速度会因轮胎滚动半径的变化而变化，而车速表的软轴是与变速器或分动器输出轴相联的，因此车速表的指示值不能反映出这种变化，所以指示值与实际车速就会形成误差。同理，轮胎气压的高低也影响滚动半径的大小，也同样会形成误差。

如果车速表的指示误差大，驾驶员就很难准确地掌握车速，使行车安全没有保障，甚至导致交通事故。为消除上述原因引起的车速表指示值误差，就必须定期对车速表进行检验和校正。

2）车速表的检验方法及有关标准

（1）车速表的检验方法

车速表检验方法通常有道路试验法和室内台架试验法两种。

道路试验法可采用测速法（即用五轮仪或非接触测速仪测定实际汽车行驶速度）和测时间法两种方法，这里主要介绍测时间法。当汽车以不同的车速（如 20 km/h、30 km/h、40 km/h）等速通过 500 m 的试验路段，测出通过 500 m 的时间 $t(s)$，然后用下式计算实际车速：

$$U_实 = 3.6 \times 500 / t (\text{km/h})$$

把计算得到的实际车速与驾驶室内车速表指示的车速相对照，即可求出不同车速下车速表的指示误差。台架试验法是在滚筒式车速表试验台上进行。

（2）有关标准

国标 GB 7258—2004《机动车运行安全技术条件》中规定：车速表允许误差为 +20% ~ -5%。

例如：当实际车速为 40 km/h 时，根据规定允许误差为 +20% ~ -5%，车速表指示误差的上限 u_{max} 与下限 u_{min} 分别为：

$$u_{max} = u + u \times 20\% = (40 + 40 \times 20\%)\text{km/h} = 48 \text{ km/h}$$

$$u_{min} = u - u \times 5\% = (40 - 40 \times 5\%)\text{km/h} = 38 \text{ km/h}$$

或当该车速表的指示值为 40 km/h 时，设实际车速为 u，则车速表试验台速度指示仪表指示值的上限 u_{max} 和下限 u_{min} 分别为：

$$u_{max} - u_{min} \times 5\% = 40，则 u_{max} = 42.1 \text{ km/h}$$

$$u_{min} + u_{min} \times 20\% = 40，则 u_{min} = 33.3 \text{ km/h}$$

4.4.2 车速表试验台

常见的车速表试验台有三种类型：无驱动装置的标准型，它依靠被测车轮带动滚筒旋转；有驱动装置的驱动型，它由电动机驱动滚筒旋转；把车速表试验台与制动试验台或底盘测功试验台组合在一起的综合型。

滚筒式车速表检测台的误差测量原理：以滚筒作为连续移动的路面，把被测车轮置于滚筒上旋转,来模拟汽车在路面上行驶时的实际状态,进行车速表误差的测量,如图4.24所示。试验时,将汽车的驱动轮置于滚筒上,由发动机经传动系驱动车轮旋转,车轮借助于轮胎的摩擦力带动滚筒旋转。滚筒端部装有测速发电机(即速度传感器,现在用得较多的是光敏管、霍尔传感器等)。测速发电机所发出的电压(或光敏管、霍尔传感器等发出的脉冲数)随滚筒转速的增高而增加,而滚筒的转速与车速成正比,因此测速发电机的电压与车速成正比。

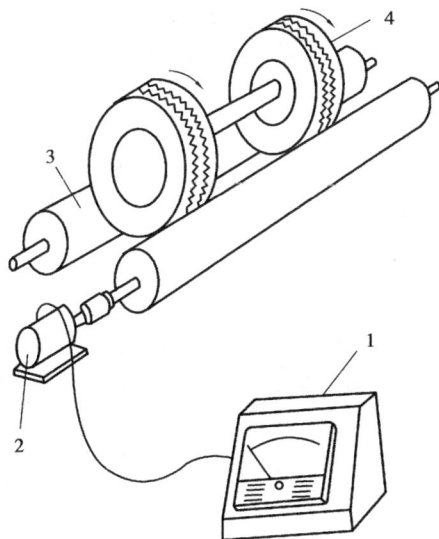

图4.24 车速表误差的测量原理

1—车速指示仪表;2—速度传感器;3—滚筒;4—驱动车轮

滚筒的线速度、圆周长和转速之间的关系可用下式表达:

$$u = L \times n \times 60 \times 10^{-6}$$

式中 u——滚筒的线速度,km/h;

   L——滚筒的圆周长,mm;

   n——滚筒的转速,r/min。

因车轮的线速度与滚筒的线速度相等,故上述的计算值即为汽车的真正车速值,该值在试验时由试验台上的速度指示仪表显示。

车轮在滚筒上转动的同时,车速表的软轴由变速器或分动器输出轴带动旋转,并在车速表上显示车速值,即车速表指示值。将上述试验台上速度指示仪表上显示的真正车速值与车速表上显示的车速指示值相比较,即可求出车速表的误差。

1)标准型车速表试验台

该试验台由速度测量装置、速度指示装置和速度警报装置等组成,如图4.25所示。

(1)速度测量装置

速度测量装置主要由滚筒、速度传感器和举升器等组成。滚筒一般为两组共四个,直径多为185 mm,通过滚动轴承安装在框架上。试验时为防止汽车差速器齿轮的滑转,试验台的两前滚筒用联轴器连在一起。

速度传感器一般采用测速发电机(现在较多用光敏管或霍尔传感器),装在滚筒的一端,将对应于滚筒转速所发出的电压信号(或脉冲信号经处理后)送到速度指示装置。

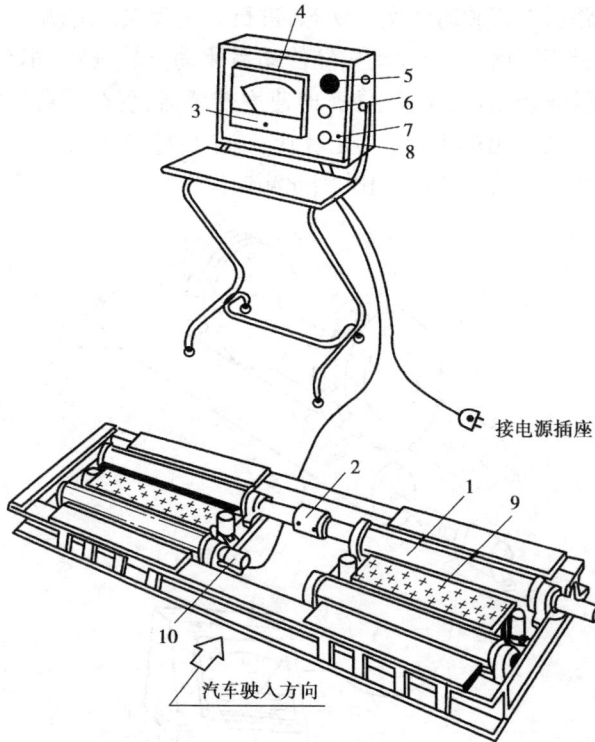

图 4.25 标准型车速表试验台

1—滚筒;2—联轴器;3—零点校正螺钉;4—速度指示表;5—蜂鸣器;
6—报警灯;7—电源灯;8—电源开关;9—举升器;10—速度传感器

为使汽车进出试验台方便,在前、后滚筒之间设有举升器。举升器与滚筒制动装置联动,举升器升起时,滚筒不会转动。

(2)速度指示装置

速度指示装置根据速度传感器传来的电信号(如电压或脉冲数)与滚筒外圆周长等参数算出其线速度,并以"km/h"为单位在仪表上进行指示。

(3)速度警报装置

速度警报装置是为在测量时,便于判明车速表误差是否在合格范围之内而设置的,一般有下列三种形式:

①用试验台警报装置指示检测车速。当汽车实际车速达到某一规定值(如 40 km/h)时,警报装置的警报灯发亮或蜂鸣器发响,提示驾驶员已达到检测车速,注意观察驾驶室车速表指示值是否在合格范围内(如合格范围为 38 ~ 48 km/h)。

②将试验台指示仪表上某一合格范围涂成绿色(如车速表指示值为 40 km/h 时,绿色区域应为 33.3 ~ 42.1 km/h)。试验时车速表指示值达到某一检测车速(如 40 km/h)时,同时观察试验台速度指示仪表的指示值是否在合格的绿色区域(33.3 ~ 42.1 km/h)内。

③同时具备上述两种装置的警报装置。

2)驱动型车速表试验台

车速表的转速信号多数取自汽车变速器或分动器的输出轴,但对于后置发动机的汽车,由于驱动车速表的软轴过长会出现传动精度和寿命等方面的问题,所以转速信号取自前轮。驱动型车速表试验台就是为适应这种汽车的试验而制造的,其结构如图4.26所示。这种试验台在滚筒的一端装有电动机,由它来驱动滚筒旋转,并用滚筒与电动机之间装有离合器。若试验时将离合器分离,这种试验台又可作为标准型试验台使用。

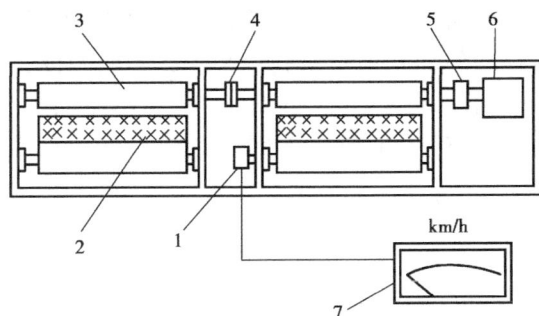

图4.26　驱动型车速表试验台
1—测速发电机;2—举升器;3—滚筒;4—联轴器;5—离合器;
6—电动机;7—车速指示仪表

3)车速表试验台的测试方法

车速表试验台的型式、牌号不同,其使用方法也不同。因此在使用前一定要认真阅读试验台的《使用说明书》,按《使用说明书》的规定正确使用。

一般的使用方法如下:

(1)检测前准备

①试验台的准备

a. 使滚筒处于静止状态,检查指示仪表是否处于零点位置,若有偏差可用零点调整螺钉予以调整。

b. 检查滚筒是否沾有油、水、泥等杂物,若有应予以清除。

c. 检查举升器的动作是否运动自如,并检查有无漏气(或漏油)部位,否则应予以修理。

d. 检查导线的连接情况。若有接触不良或断路,应予以修理或更换。经常使用的试验台,不一定每次使用前都要进行上述检查。

②被检查车辆的准备

a. 按照汽车制造厂的规定调整好轮胎气压。

b. 轮胎若沾有水、油、泥等或轮胎花纹沟槽内嵌有小石子等杂物时,应先清除干净。

(2)检测方法

①接通试验台电源。

②升起滚筒间举升器。

③将被测车辆输出车速信号的车轮尽可能与滚筒成垂直状态地放在试验台上。

④降下滚筒间的举升器,至轮胎与举升器托板完全脱离为止。

⑤用挡块抵住滚筒外的那对车轮。车辆前方禁止站人以防意外事故发生。

⑥对于标准型车速表试验台:

a. 启动汽车,待汽车驱动轮在滚筒上稳定后,挂入最高挡,踏下加速踏板使驱动轮平稳地加速运转。

b. 当汽车车速表的指示值达到规定的检测车速(40 km/h)时,读取试验台速度表指示值;

或当试验台速度表的指示值达到检测车速时,读取汽车车速表指示值。

⑦对于驱动型车速表试验台:

a.接合试验台离合器,使滚筒轴与电动机枢轴相连接。

b.将汽车的变速器挂入空挡,接通试验台电源,让电动机驱动滚筒旋转。

c.当汽车车速表达到检测车速时,读取试验台速度表指示值;或当试验台速度表指示值达到检测车速时,读取汽车车速表的指示值。

⑧检测结束后,轻轻踩下汽车制动踏板,使滚筒停止转动。对于驱动型试验台,必须先关电源再踩制动踏板。

⑨升起举升器,去掉挡块,将汽车驶离试验台。

⑩切断试验台电源。

4)使用注意事项与试验台的维护

(1)使用注意事项

①测试前应先检查车辆的轴重应在试验台的允许范围之内。

②严禁车辆在试验台上作紧急制动。

③测试过程中严禁升起举升器。

④对于前轮驱动车辆,应操纵转向盘确保汽车在测试过程中前轮保持直线行驶状态。

⑤驱动型车速表试验台作为标准型试验台使用时,一定要将离合器分离,使滚筒与电动机脱开。

⑥如果举升器是气压的,则在测试完毕后务必使举升器汽缸处于充气状态。

⑦试验台不检测时,禁止在上面停放车辆。

(2)试验台的维护

①每日维护

a.检查并调整滚筒静止时仪表的零点位置。

b.检查滚筒表面是否沾有油、水、泥等杂物,若有予以清除。

c.检查举升器动作是否自如和有无漏气(或漏油)部位,否则予以修复。

d.检查导线的连接情况,若有接触不良或断路应予修复。

②季度维护

除每日检查内容外还应进行下列检查:

a.检查滚筒的运转状况有无异响、损伤,运转是否平稳。

b.检查联轴节是否松旷。

c.检查传感器固定情况,接头有无松动。

d.检查滚筒制动器的磨损情况,当举升器升起后,被检车辆驶离试验台时,车轮不应带动滚筒旋转。

(3)年度维护

按滚筒式汽车车速表检验台使用说明书规定内容逐项检查,并进行相应的维护。

该检定规程对滚筒式车速表检验台的技术要求如下:

(4)外观及性能:

①车速表试验台应有清晰的铭牌和标志。

②仪表为数字显示时,显示应正确、清晰,显示值保留时间不少于 8 s。配有打印装置时,

其打印结果应清楚,不应有缺笔短划的现象。

③显示仪表为指针式时,表盘应清晰,指针运转平稳,不允许有松动和弯曲现象。

④机械、电气部分应完整无损,工作可靠。

⑤升降机构工作应协调平稳,不漏气(油)。

⑥滚筒表面完好,运转自如,轴承工作时无异响。

⑦外露焊缝平整,涂漆色泽均匀、光滑、美观。

(5)零值允许误差应小于±1 km/h。

(6)示值允许误差,在30 km/h以上时,新制造的车速试验台不大于±1%;使用中的车速试验台不大于±3%。

(7)滚筒表面的径向圆跳动量:新制造的不大于0.40 mm;使用中的不大于1.00 mm。

(8)滚筒表面局部磨损率不得超过其标称直径的1%。

(9)平均每个轴承的启动转矩不大于0.50 N·m。

5)应用实例

本试验利用轿车驶上车速试验台,待汽车驱动轮在滚筒上稳定后,挂入最高挡,踏下加速踏板使驱动轮平稳地加速运转,当汽车实际车速达到某一规定值(如40 km/h)时,在车速表上测量真正车速值,求出车速表的误差。

测量次数	1	2	3	4	5
速度指示仪表的指示值 km/h	38.2	38.6	37.8	37.9	38.5
速度指示仪表的指示平均值:38.2 km/h		车速指示值偏移率:1.04%			

复 习 题

1. 无外负荷测功的两种方法及其依据的基本原理是什么?

2. 车轮不平衡的产生原因及其危害是什么?

3. 四轮定位仪检测哪些项目?

4. 就车式平衡机的基本工作原理是什么?

5. 离车式平衡机的基本工作原理是什么?

6. 车速表允许误差产生的原因和危害有哪些?

7. 滚筒式车速表试验台的测量原理是什么?

8. 标准型车速表试验台由哪几个部分组成?其作用是什么?

第**5**章
汽车前照灯检测

5.1 概　述

为了适应汽车在夜间或光线不足的情况下,保证驾驶员能及时发现情况以及被其他车辆所识别,以保障行车安全,提高运输生产率,汽车必须自身装备有夜间行车使用的照明灯具——前照灯。如果前照灯发光强度不足或照射方向不合适,将使驾驶员在夜间或光线不足的情况下行车无法辨认前方道路情况,或安全会车时造成对方驾驶员眩目等,从而导致交通事故的发生。因此,国家标准 GB 7258—2004《机动车运行安全技术条件》对前照灯的发光强度和光束照射位置做了具体规定,并将其列为汽车安全性能的必检项目。

5.1.1　汽车照明及信号装置的必要性

为了保证汽车在夜间或白天能见度较低的条件下的行车安全,需要在汽车有关部位安装多种照明及信号装置。这些装置的具体功能是:第一,在夜间或能见度较低的条件下,用灯光给行驶车辆照明道路;第二,夜间行车时,车厢、驾驶室及仪表照明;第三,用发出的标志和信号达到联络、警示,以保证行车安全。现代汽车照明及信号装置主要包括:前照灯、前位灯、后位灯、示廓灯、牌照灯、仪表灯、转向灯、倒车灯、危险报警闪光灯、制动灯、前雾灯、后雾灯以及挂车标志灯等。

5.1.2　前照灯一般规定和要求

前照灯是汽车的主要照明装置。前照灯的配光性能应使其远、近光均具有足够的发光强度,且近光不眩目。近光是车辆交会车或不尾随其他车辆时使用的近距离照明光束,近光应能照明车前40 m远的道路。为保证夜间行车安全,前照灯主要从发光强度和光束照射位置两个方面作出如下规定:

1)前照灯光束照射位置要求

(1)机动车在检验前照灯的近光光束照射位置时,前照灯在距离屏幕10 m处,光束明暗截止线转角或中点的高度应为 $0.6 \sim 0.8H$(H 为前照灯基准中心高度,下同),其水平方向位置向左向右偏差均不得超过 100 mm。

(2)四灯制前照灯其远光单光束灯的调整,要求在屏幕上光束中心离地高度为 $0.85 \sim 0.9H$,水平位置要求左灯向左偏不得大于 100 mm,向右偏不得大于 170 mm;右灯向左或向右偏均不得大于 170 mm。

(3)机动车装用远光和近光双光束灯时以调整近光光束为主。对于只能调整远光单光束的灯,调整远光单光束。

2)前照灯发光强度要求

(1)对于两灯制的车辆,新车每只灯的发光强度应为 15 000 cd(坎德拉)以上,在用车每只灯的发光强度应为 12 000 cd(坎德拉)以上。

(2)对于四灯制的车辆,新车每只灯的发光强度应为 12 000 cd(坎德拉)以上,在用车每只灯的发光强度应为 10 000 cd(坎德拉)以上。

(3)对于四灯制的车辆,其中两只对称的灯达到两灯制的要求也视为合格。

5.1.3　其他照明及信号装置一般规定和要求

汽车的前照灯、后位灯、示廓灯、牌照灯、仪表灯、前雾灯、后雾灯以及挂车标志灯等是保证汽车夜间或能见度低的情况下安全行车的一组重要的信号装置。该组信号装置应能同时启闭,在前照灯关闭和发动机熄火时仍点亮。所有车辆均应装有危险报警闪光灯及制动灯,白天距 100 m 可见,侧转向信号灯白天 30 m 可见;前、后位置灯、示廓灯和挂车标志灯夜间好天气距 300 m 可见;后牌照灯夜间好天气距 20 m 能看清牌照号码。制动灯的亮度明显大于后位灯。车辆照明和信号装置的任一条线路出现故障,不得干扰其他线路的正常工作。

5.2　汽车灯光基础及检测原理

5.2.1　光的基础知识

机动车上所用照明装置都是电光源形式。电光源是指当通以电流使金属物体(灯丝)发热变为光能后,通过辐射方式向外界发光的器件。光是一种电磁波,它以 3×10^5 km/s 的速度沿直线传播。电磁波的波长范围很广,车上各种照明装置所发出的光线均为可见光,其波长范围为 380 ~ 780 mm。

光的物理量与单位

(1)电光源功率是指加在灯泡灯丝上的端电压和流经灯丝上的电流的乘积。单位是瓦特,简称:"瓦",用符号 W 表示。灯丝的电功率越大,它的发光强度就越大,灯就越亮。

(2)发光强度表示光源发出的光强弱的程度。单位是坎德拉,简称"坎",用符号 cd 表示。在国际单位制 SI 中规定:一光源在给定方向上发出频率为 540×10^{12} Hz 的单色辐射,且在此方向上的辐射强度为 1/683 W/sr(瓦特每球面度),则此光源在该方向上的发光强度为 1 cd。

(3)光通量是指光源在单位时间内发出的总的可见光能量。单位是流明,用符号 1 m 表示。1 m 规定为:发光强度为 1.02 cd 的点光源,在单位立体角内发出的光通量。

(4)照度表明受光物体被光源照明的程度。单位是勒克斯,用符号 lx 表示。1 lx(为 1 lm

的光通量均匀分布在 1 m² 表面上所产生的光照度,也等于是 1.02 cd 的点光源在半径为 1 m 的球面上产生的光照度。若用 S 代表被照明的面积,ϕ 代表照射到物体上的光通量,则照度为:$E = \phi/S$。

5.2.2 发光强度和照度的关系

在照明灯发光强度不变的情况下,物体离开光源越远,被照明的程度越差,说明被照明物照度的变化和光源的距离有关,如图 5.1 所示。在不计光源大小的情况下(看作点光源),照度与离开光源距离的平方成反比,与光源的发光强度成正比,简称倒数二次方法则。

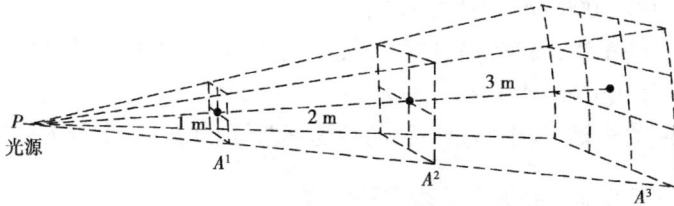

图 5.1 发光强度与照度的关系

即

$$照度(\text{lx}) = \frac{发光强度(\text{cd})}{离开光源距离的平方(\text{m}^2)}$$

如把前照灯看作是点光源,其发光强度为 15 000 cd,受照物体离前照灯远 100 m,则受照物体上得到的照度为:$15\ 000/100^2 = 1.5$ lx。一般人眼能看清物体时,该物体所需的最低照度约为 $(0.2 + 0.01L)$ lx,式中 L 为灯与物体间的距离(m)。现距离为 100 m,按该式计算所需照度为 1.2 lx,现物体能得到 1.5 lx 照度,表明人眼能看见 100 m 远处的物体。如该物体得到的照度越大,则人眼看得越清楚,或者说前照灯的发光强度越高,人眼能看清物体的距离就可以越远。

5.2.3 前照灯的光学特性

前照灯特性包括配光特性、全光束和照射方向三个方面。

1)配光特性(光束分布)

配光特性是指受照物体上各部位的照度大小。当汽车前照灯垂直地照射到前方的平滑表面后,被照射面上的照度是不均等的,中心区域较高,边缘区域较低。如果把各种相同照度的点用曲线连接起来,即可得到如图 5.2 所示的等照度曲线图。好的配光特性要求等照度曲线的分布在垂直方向窄,在水平方向宽,且左右对称,不偏向一边,上下扩展也不太宽,这叫对称式配光特性。

还有一种非对称式配光,即光形分布有一条明显的明暗截止线(灯光投射到配光屏幕上,眼睛感觉到的明暗陡变的分界线)。非对称式配光有两种:一种是在配光屏幕上,明暗截止线的水平部分在 V-V 线的左半边,右半边为水平线向上成 15°的斜线,如图 5.3(a)所示。另一种是明暗截止线右半边为水平线向上成 45°斜线至垂直距 25 cm 转向水平的折线,由于明暗截止线呈 Z 形,亦称 Z 形配光,如图 5.3(b)所示。我国前照灯的近光灯已采用这种 Z 形配光形式。

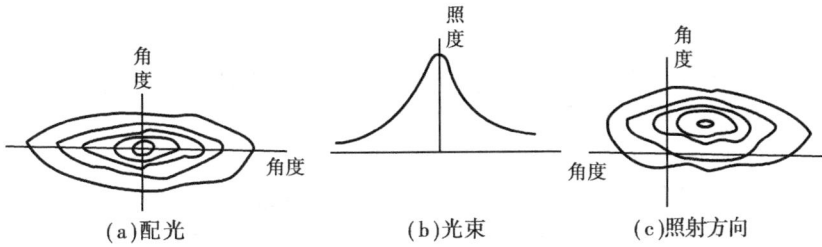

图 5.2　等照度曲线

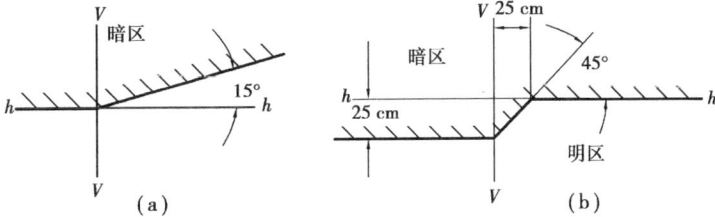

图 5.3　非对称式配光示意图

V-V—汽车纵向中心平面在屏幕上的投影线；h-h—汽车前照灯基准中心高度水平线

2)全光束(发光强度)

全光束是指前照灯照射物体后,物体上得到的总照度。它可以用明亮度分布纵断面的配光特性曲线来表示,如图 5.2(b)所示。该断面的积分值,即该曲线的旋转体积就是全光束,可以认为它是光源所发出光的总量。因为受照物体得到的照度或全光束与发光强度有关,因此,全光束的特性常用光源发光强度来表述。

3)照射方向

如果把前照灯光线最亮的地方看做是光轴的中心,则它对水平和垂直坐标轴交点的偏离就表示它的照射方向,如图 5.2(c)所示。光束与水平、垂直坐标轴交点的距离,就是光束照射的偏移量。

由于汽车前照灯不是一个理想的点光源,除透过前照灯散光玻璃各点的光线不均匀外,还有和主光轴相交的光线,因此前照灯的实际照射方向与上述点光源的照射方向有所差异。但是主光轴上的光线大部分都是穿过散光玻璃中心直射的,因此,在离开散光玻璃足够远的地方,可以近似地看做是由点光源发出来的散射光线,根据倒数二次方法则,随着离开光源距离的增加,照度是递减的。

图 5.4 所示为前照灯主光轴照度随距离变化的曲线。可以看出,距离超过 5 m 时,实测值和理论计算值基本一致;距离为 3 m 时,约产生 15% 左右的误差。可见距离越远,越能得到准确的测量值。但由于受场地限制,在用前照灯检测仪测量时,通常采用在前照灯前方 3 m, 1 m,0.5 m,0.3 m 的距离进行测量,并将该测量值当作前照灯前方 10 m 处的照度,换算成发光强度进行指示。

4)检测元件——光电池

光电池是一种光电变换器件,当光线照射到光电池的受光面时,光电池就会产生电动势,光线越强,电动势就越大。如果将它接入回路就会产生相应的回路电流,回路电流的大小即可反映照射到光电池上的光的强弱。

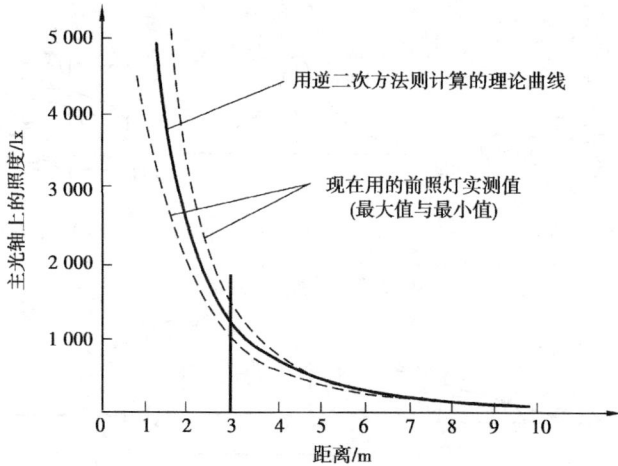

图 5.4　主光轴照度变化曲线

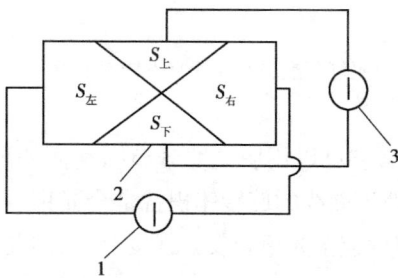

图 5.5　光轴偏斜的检测原理图
1—左右偏斜指示针;2—光电池;
3—上下偏斜指示针

前照灯检验时,采用聚光透镜将前照灯灯光聚送到光电池上,经过适当的信号处理,达到对前照灯发光强度与光轴偏移量的检测目的。

图 5.5 表示采用四象限光电池组测量光轴位置的原理。左右一对光电池检测光轴的左右位置,如果光轴偏离了中心位置,则左右光电池受到的光照度不等,于是就会产生一个偏差信号输出,使得左右偏斜指示计的指针偏离零点,其偏移量即反映了光轴的偏斜量。当通过适当的调节机构,调整光线照射光电池的光照位置,可使偏斜指示计的指针指向零位,那么,此调节量也就反映了光轴的偏斜量。而此时也可认为光电池受到最强的光照,四块光电池输出电流之和也就表明了前照灯发光强度的大小。利用这一原理制作的前照灯检测仪有多种形式。

5.2.4　用屏幕法检测光束照射位置

汽车空载停在水平坚硬的场地上,允许乘 1 名驾驶员,轮胎气压应符合汽车制造厂的规定。在距前照灯 10 m 处设一专用屏幕,如图 5.6 所示。专用屏幕应垂直地面,其上画有三条垂直线和三条水平线,中间垂直线 V-V 与被检车辆的纵向中心线对正,两侧的垂直线 $V_左$ - $V_左$ 和 $V_右$ - $V_右$ 分别为被检车辆的左右前照灯的中心线;水平线 h-h 与被检车辆的前照灯的中心等高,距地面高度为 $H(\text{mm})$,其值视被检车型而定;中间水平线的高度为 H_1,与被检车辆的前照灯远光光束中心的规定上限值($0.9H$)等高;下面水平线的高度为 H_2,与被检车辆的前照灯近光光束中心的规定上限值($0.8H$)等高。标准规定远近光光束中心高度的偏差范围分别为 $0.05H$ 与 $0.2H$,即其下限值分别为 $0.85H$ 和 $0.6H$。

检测时,先遮住一边的前照灯,然后打开前照灯的近光开关,未遮盖的前照灯的近光明暗截止线转角或光束中心应落在由高度为 $0.6H$、$0.8H(H_2)$ 的两条水平线及距汽车纵向中心线为 $(1/2)S + 100$、$(1/2)S - 100(\text{mm})$ 的两条垂直线所围的矩形面积内,否则表明近光光束照射位置不合格。用同样方法检测另一边前照灯近光光束的照射位置。因为我国规定"车辆夜间行驶会车时使用近光灯",所以近光光束照射位置正确与否,直接关系到夜间的行车安全。故在检测双光束前照灯时,以检测近光光束为主。

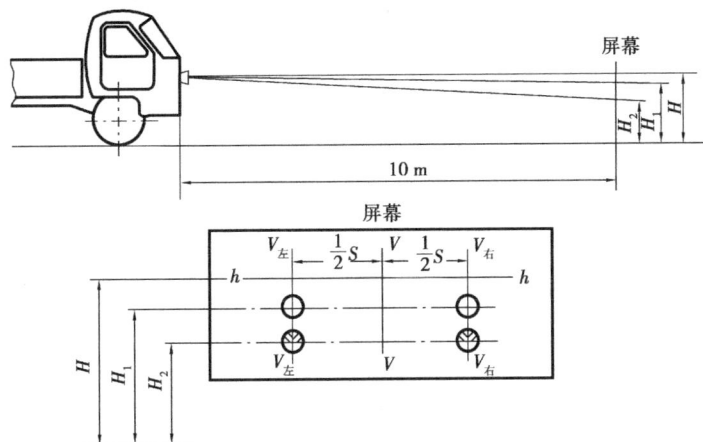

图 5.6　用屏幕法检测前照灯光束照射位置

对于远光单光束前照灯,则要检测远光光束的照射位置,检测方法同前,但其光束中心应落在高度为 $0.85H$、$0.9H(H_1)$ 的两条水平线及距汽车纵向中心线为 $(1/2)S + 100$,$(1/2)S - 170(\text{mm})$(左灯、右灯为 $(1/2)S + 170$、$(1/2)S - 170$)的两条垂直线所围的矩形面积内,方为合格。

用屏幕法检测前照灯,其方法简单易行,有一定的实用价值,但它只能检测出光束的偏斜方向和偏斜量,不能检测发光强度,而且为适应不同车型的检测,需经常更换屏幕,检测效率低,同时需占用较大场地。

5.3　汽车前照灯检测仪的分类

5.3.1　汽车前照灯检测仪按其操作方式分

可分为:
(1)手动式前照灯检测仪
(2)自动式前照灯检测仪
手动式前照灯检测仪主要由光学测量装置(又称受光箱或光接收箱)及行走机构,其与被检前照灯的对准及测量工作,均由人工进行。
自动式前照灯检测仪的结构与手动式相似,但具备自动跟踪被检前照灯,自动完成测量工作的功能。

5.3.2　汽车前照灯检测仪按其检测功能分

可分为:
(1)远光前照灯检测仪

（2）远、近光前照灯检测仪

顾名思义，远近光前照灯检测仪可对前照灯的远光和近光光束进行测量，而远光前照灯检测仪仅可测量前照灯的远光光束。

5.3.3 手动式汽车前照灯检测仪

QD—100 前照灯检测仪的结构和工作原理

（1）仪器主体由车架和受光箱两部分构成

受光箱用以接收被检前照灯的光束并进行检测。受光箱安装在车架上，可沿立柱上下移动，并可沿导轨左右移动，其外形结构及各部分名称如图5.7所示。

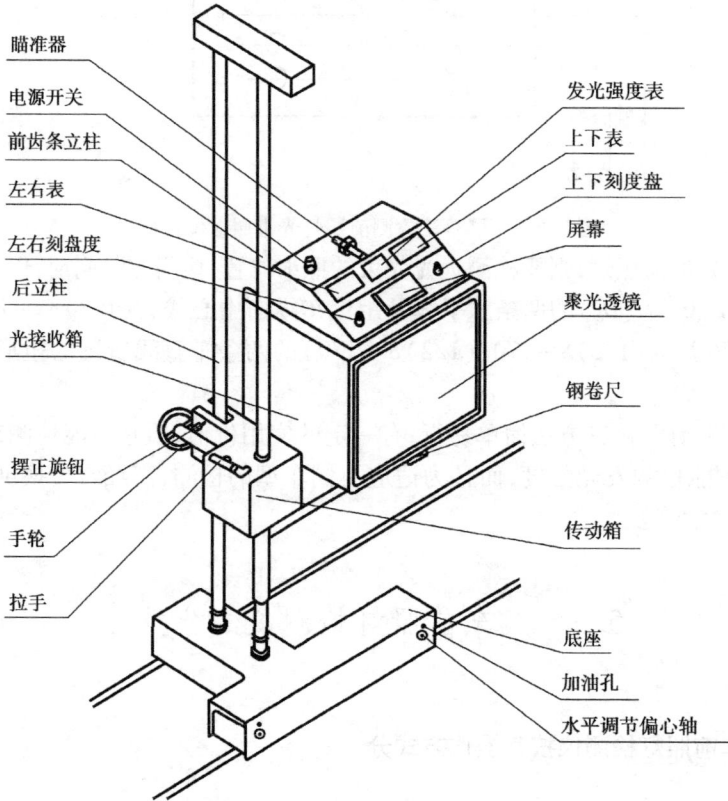

图5.7 前照灯监测仪结构图

（2）仪器的工作原理

由被检前照灯发出的光束经聚光镜会聚后由反射镜反射到屏幕上（图5.8所示）屏幕呈半透明状态，在屏幕上可看到光束的光分布图形。该图形近似于在 10 m 屏幕上观察的光分布特性。屏幕上对称地分布五个光检测器，如图5.9所示。NO_1 及 NO_2 用以检测水平方向的光分布，其输出电流经转换成电压后，分别连接到左右指示表的"＋"、"－"端，当 NO_1 及 NO_2 所接收的光能量相等时，左右指示表指示为零；反之则指示出偏摆方向。通过旋转左右刻度盘，使反射镜移动，从而使 NO_1 及 NO_2 输出信号相等，左右指示表为零，此时左右刻度盘指示光轴偏移量的数值。NO_3 和 NO_4 用以检测垂直方向的光分布情况，其原理同上，由上下刻度盘指示出垂直方向的光轴偏移量。NO_5 用以检测发光强度，其输出经放大后由发光强度指示表指示发光强度数值。

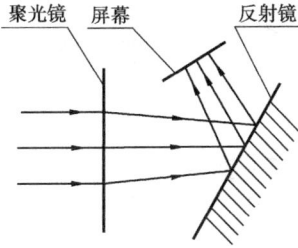

图 5.8

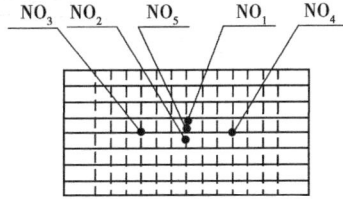

图 5.9

5.3.4 全自动汽车前照灯检测仪

全自动汽车前照灯检测仪由于具有自动搜寻被检前照灯,自动跟踪被检前照灯光轴,自动测量被检前照灯发光强度及照射位置等功能,因而被广泛应用在汽车性能检测站、汽车制造厂等场合的自动化检测线上。

近来,随着计算机技术的普及,全自动汽车前照灯检测仪的输出信号及功能控制,已逐步由模拟信号形式过渡到数字信号形式。检测站的主控计算机,可通过 RS 232 串行通信接口,向全自动汽车前照灯检测仪发送命令,接收数据,使全自动汽车前照灯检测仪作为检测站计算机联网控制系统的一个组成部分,发挥越来越重要的作用。

早期的全自动汽车前照灯检测仪,由于技术上的限制,只能对汽车前照灯的远光光束进行测量。随着计算机技术和电子技术的发展,采用 CCD 摄像技术及计算机图像处理技术的全自动汽车前照灯检测仪在 20 世纪 90 年代末期在我国研制成功并投入使用,解决了对前照灯近光光束进行自动测量的技术难题,为完整、准确地贯彻国标 GB—7258 提供了良好的技术手段。

(远光)全自动汽车前照灯检测仪

(1)QD—300A 型全自动前照灯检测仪的基本结构与工作原理

仪器主要由行走机构及光接收箱组成,见图 5.10 所示,以下分述各部件的名称及主要作用。

①底箱。底箱是整台仪器的基座,装有水平方向驱动系统及垂直方向驱动系统,以驱动仪器做水平方向运动及牵引光接收箱做垂直方向运动。

②右立柱。右立柱是光接收箱垂直运动的支承导向柱。

③支承座。支承座用以安装光接收箱,并带动光接收箱做垂直方向运动。

④光接收箱。光接收箱内装光电检测元件及光学测量系统,用以实现各有关参数检测。

⑤上支架。上支架立柱的上端作连接及固定用。

⑥接线盒。接线盒装有各连接电缆的插座及电源开关,保险丝盒。

⑦左立柱。左立柱上印有刻度尺,用以指示被检前照灯中心高。

⑧发光强度/灯高指示表。根据"光强/灯高"转换开关的位置,该指示表相应指示被检前照灯的远光发光强度或前照灯基准中心离地高度。

⑨垂直方向光轴角指示表。指示被检前照灯远光光束在垂直方向的偏移量,可用两种单位显示:a. 角度:°;b. 偏移量:mm。

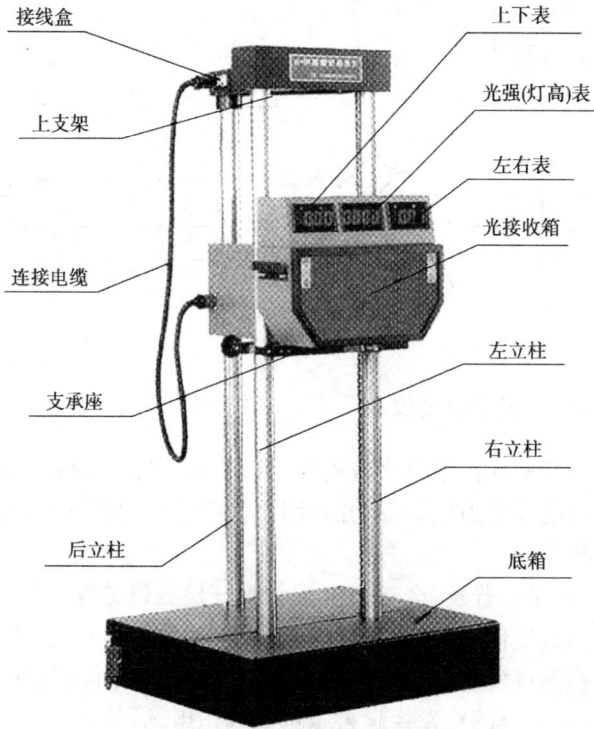

图 5.10　全自动前照灯检测仪

⑩水平方向光轴角指示表。指示被检前照灯远光光束在水平方向的偏移量,可用两种单位显示:①角度:°;②偏移量:mm。

⑪电源指示灯。接通电源时,此灯亮。

⑫测定指示灯。进入"测定"状态时,此灯亮。

⑬控制。控制盒上装有两个双掷钮子开关。当将"左、右"开关扳向"左"时,仪器向左移动;钮子开关回复至中间位置时,仪器停止移动;当将开关扳向"右"时,仪器向右移动;钮子开关回复至中间位置时,仪器停止。当仪器进入被检前照灯光照区时,按下"测定"按钮,仪器进入自动测定状态,对被检前照灯进行检测,此时,仪器光接收箱上的"测定"灯亮。当按下"输入"按钮时,仪器进入自动检测程序,当需要退出自动检测程序时,扳动"左"、"右"或"上"、"下"开关即可。图 5.11 所示为控制盒外形图。

（2）光轴自动对正仪器的工作原理

①光轴自动对正原理

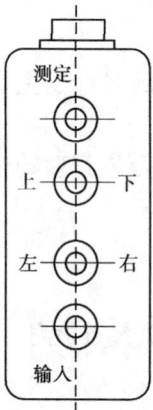

图 5.11

图 5.12 所示为前照灯远光光束在屏幕上的光分布图形,呈椭圆状。为了使仪器能找寻到该光束的中心,在仪器的光接收箱正面,布置有如图 5.13 所示的两组四个光电池,分别标注为 U,D（上、下）和 L,R（左、右）。当仪器的光接收箱未有对正光束中心时（例如偏左）,此时 L 光电池产生的电信号将大于 R 光电池,由这一组光电池及其他器件所构成的水平方向光照偏差检测电路将产生一个偏差信号。该信号经放大后,由三状态比较器判别其极性,从而使正转或反转控制继电器动作,使电机向相应方向

启动,通过传动机构的作用,使光接收箱向右移动,直至 L,R 两光电池所接收的光照度相等,此时偏差信号为零,光接收箱停止水平方向的运动。于是,在图 5.14 所示的控制系统作用下,光接收箱在水平方向与光束中心对正。同理,在垂直方向上,也有一套相同的控制系统,使光接收箱自动对正光束中心。

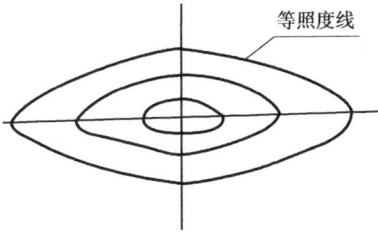

图 5.12　前照灯远光光束分布图　　　图 5.13　光电池分布图

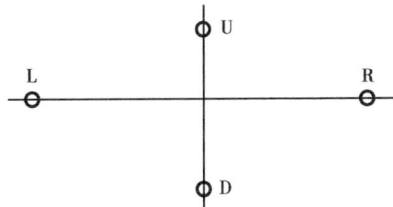

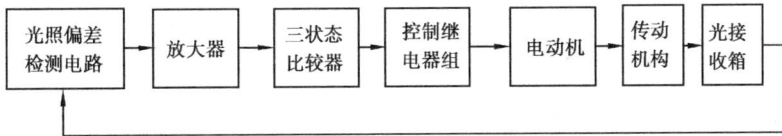

图 5.14　光轴自动跟踪控制框图

②光轴角测量原理

在仪器的光接收箱内,装有一套光轴角测量装置,其主要结构示意图如图 5.15 所示。

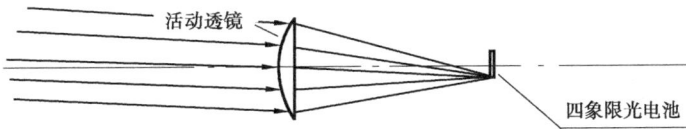

图 5.15　光轴角测量装置原理图

被检前照灯的光束经活动透镜会聚以后,照射至安装在光接收箱后部的四象限光电池组上。如果光束是向下偏斜的,则会聚后的光斑将落在四象限光电池组的下部,从而使 U,D 偏差检测电路输出一偏差信号,通过类似于图 5.15 所示的控制系统的作用,使活动透镜向上移动,从而使光斑向上移动,直到该光斑落在四象限光电池组的中心位置时为止(如图 5.16 虚线所示)。同理,如果光束在水平方向偏斜,活动透镜在控制系统的作用下,在水平方向作适当移动,从而使光斑落在四象限光电池组的中心位置。根据活动透镜水平方向(或垂直方向)的位移量,可得知被检前照灯光束在相应方向上的偏移角度(偏移量)。

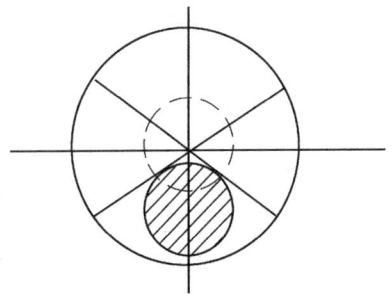

图 5.16　光轴角测量示意图

③发光强度测量原理

根据光度学上的反比平方定律:

$$E = \frac{I}{L^2}$$

式中　　E——受照面的照度,lx;

　　　　I——光源的发光强度,cd;

　　　　L——光源至受照面的距离,m。

在距离一定的前提下,受照面的光照度与光源的发光强度成正比。据此,测量受照面的光照度,就可获知光源的发光强度。

光电池的输出电流与表面照度成正比。在本仪器中,当前照灯光束通过活动透镜会聚至四象限光电池组的中央位置后,四象限硅光电池组的各单元光电池输出相应的电流,转换成电压信号后,由叠加器进行叠加,并经放大器放大后,通过指示电表指示出相应的发光强度值。

5.3.5　(远、近光)全自动汽车前照灯检测仪

汽车前照灯近光光束的光形是非对称的(参看图5.1),且由于制造工艺的制约,前照灯近光光束的明暗截止线不可能像理想中的那样呈现明、暗陡变的变化(见图5.17),而是在明区和暗区之间有一个逐渐变化的过程(见图5.18)。而且,明暗截止线的转角点,也不可能非常清晰,这都给前照灯近光光束照射位置的准确测量带来了很大困难。此外,前照灯近光光束在受照区上的照度比远光光束要低,而通常前照灯的检测都是在白天进行,如何排除室内环境背景光的影响,也是一个需要解决的问题。

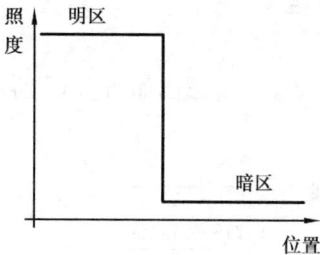

图5.17　理想状态下的明、暗变化　　　　图5.18　实际状态下的明、暗变化

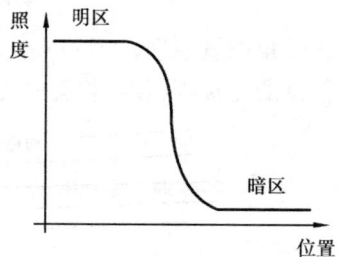

为了解决以上难题,在技术手段上采取了以下的措施:

1)缩短检测距离

检测距离是指前照灯检测仪光接收箱正面至被检前照灯的距离。通常在远光自动式前照灯检测仪中,这个检测距离为3 m。在远、近光全自动汽车前照灯检测仪中,这个距离缩短为1 m,有的厂家(比如比利时的 L. E. T)缩短为0.5~0.7 m。缩短距离之后,仪器光接收箱接收到的前照灯近光光束的照度更强。明、暗区的对比度增加,有利于近光光形的分析与处理。

2)采用CCD摄像技术与计算机图像处理技术

下面以 QD—1003 型全自动前照灯检测仪为例(参见图5.19),叙述远、近光全自动检测仪的工作原理及结构(参见图5.20)。

(1)光接收箱结构

①大口径菲涅尔透镜:对被检前照灯光束进行会聚。

②半反射镜:将会聚后的入射光分成两路,一路穿过半反射镜到达光传感器 A,一路反射到屏幕及光传感器 B。

③小菲涅尔透镜:将穿过半反射镜的入射光再次会聚,减小物理光程,缩短光接收箱尺寸。

④光传感器 A:由四个光电池组合而成,检测入射光的偏移情况。

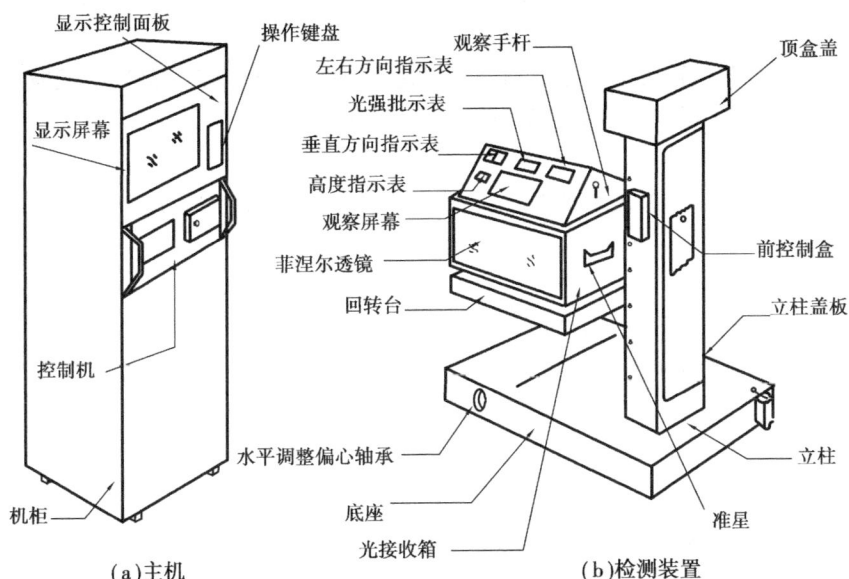

图 5.19　QD—1003 型全自动前照灯检测仪外形结构

⑤屏幕:入射光由半反射镜反射投影在屏幕上,形成光斑,屏幕由半透光材料做成。

⑥光传感器 B:由五个光电池组合而成,检测入射光的偏移情况及发光强度。

⑦CCD 摄像机:把屏幕上形成的光斑图形拍摄下来,送计算机处理。

(2)光接收箱及其回转机构

①光接收箱:装有图 5.21 所示光学系统的全部部件。

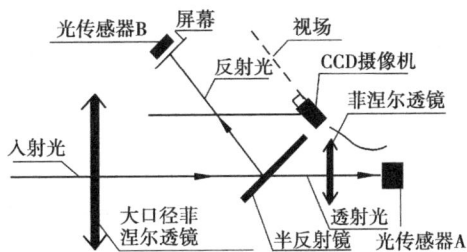

图 5.20　光学系统结构图

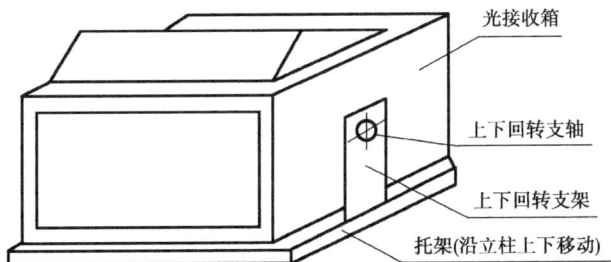

图 5.21　光接收箱及回转机构

②上下回转支轴:光接收箱做上下方向回转时的支点。

③上下回转支架:通过左右回转支轴(在上下回转支架中部,图中未能画出)与托架相连接。

④托架:通过左右回转支轴与上下回转支架连接,使上下回转支架连同光接收箱可在水平方向回转。托架可沿仪器立柱上下移动,使光接收箱上下移动。

(3)立柱和底座

支承光接收箱,并使其可在水平方向(沿导轨)和垂直方向(沿立柱)做左右或上下移动,详见使用说明书。

(4)主机

主机装有工业控制计算机,用以对 CCD 摄像机传输过来的图像信号进行分析处理,求出测量结果。同时还负责对有关检测参数、条件进行设定,指挥检测装置按规定程序进行检测工作。

(5)远光测量原理

①开亮汽车前照灯远光。

②仪器从导轨起始端向前照灯方位运行,仪器立柱上垂直安置的 8 个光电器件探测前照灯光束的位置,仪器在自动控制系统作用下,使光接收箱进入前照灯光照区。

③前照灯光束进入光接收箱,经透镜会聚后,一路到达光传感器 A,如果落在光传感器 A 上的光斑偏下(如图 5.22),则 D 的输出大于 U 的输出,仪器驱动光接收箱往下运动,直到 D 的输出与 U 的输出相等时为止。光接收箱左右方向的移动控制同理。

④前照灯光束进入光接收箱,经透镜会聚后,另一路经半反射镜反射后到达光传感器 B(穿过屏幕)。如果落在光传感器 B 上的光斑偏上(如图 5.23 所示),则 U 的输出大于 D 的输出,仪器驱动光接收箱以上下回转支轴为中心向下回转,直到 U 的输出与 D 的输出相等为止。光接收箱左右方向的回转移动的控制同理。

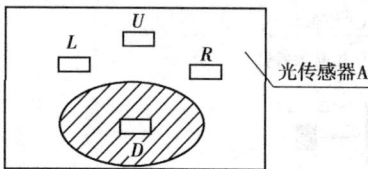

图 5.22　光斑偏下　　　　　　　　　　图 5.23　光斑偏上

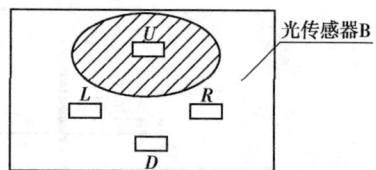

⑤当测量结束时,前照灯光束中心的方向,与光接收箱光学中心线的方向重合,此时,光接收箱回转的角度(在水平方向及垂直方向)表征了前照灯远光光束的偏移角度。见图 5.24,图 5.25 所示。

⑥当测量结束时,光传感器 B 中部安放的光强检测传感器(图 5.20 中没有示出)将输出光强相应信号,从而得出被检前照灯的远光光强数值。

⑦当测量结束时,被检前照灯基准中心的高度:

$$H = h + L \tan \theta$$

式中　h——光接收箱光学中心高度(由高度传感器测出);

　　　L——检测距离;

　　　H——被检前照灯基准中心高度。

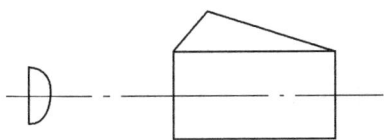

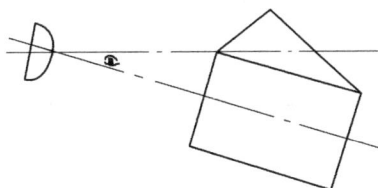

图 5.24　前照灯远光光束偏移量为零　　　　图 5.25　前照灯远光光束下偏

（6）近光测量原理

①在完成远光测量后,锁定光接收箱的位置。

②汽车前照灯转为近光。

③近光光束经透镜会聚,由半反射镜反射到屏幕上。

④如果近光光束明暗截止线转角点(中点)的照射位置与远光光束中心的照射位置相同,则投影到屏幕上的光斑其明暗截止线转角点(中点)将落在屏幕的原点上,如图 5.26 所示。此时近光明暗截止线转角点照射位置的偏移量等于远光光束中心偏移量 θ。

⑤如果近光光束明暗截止线转角点(中点)的照射位置与远光光束中心的照射位置不相同,则投影到屏幕上的光斑其明暗截止线转角点(中点)将偏离屏幕原点一段距离,如图 5.27所示。此时,近光明暗截止线转角点照射位置的偏移量等于远光光束中心偏移量 θ 与屏幕偏移量 $\Delta\theta$ 之和。

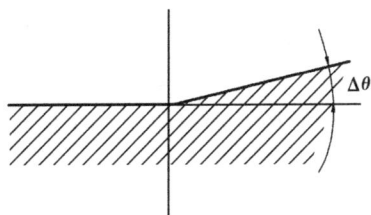

图 5.26　明暗截止线转角点落在屏幕原点　　　　图 5.27　明暗截止线转角点偏离屏幕原点

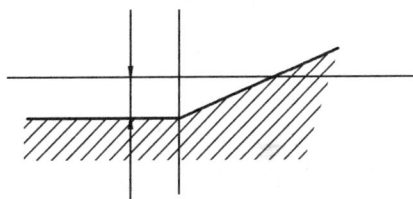

⑥CCD摄像机将屏幕上的光斑图像拍摄后,送到计算机进行图像处理,求出明暗截止线转角点偏离屏幕原点的距离,从而得出 $\Delta\theta$ 的数值,最后得出近光光束明暗截止线转角点照射位置的偏移量:

$$\alpha = \theta + \Delta\theta$$

式中　θ——远光光束中心偏移量;

　　　　$\Delta\theta$——近光明暗截止线转角点照射方向与远光光束中心照射方向的差值。

（7）近光光斑图像计算机处理方法

①把图像每一个像素信号数字化,按 256 灰度等级。

②对光斑形状进行初步判别,剔除明显不符合国家标准特征的光形。

③对数据按纵向排列进行分类,求出每列数据的明暗分界点。

④把明暗分界点连成一体,形成明暗分界线。

⑤对明暗分界线水平部分分界点进行拟合,求出水平部分明暗分界线直线方程。

⑥对明暗分界线斜线部分分界点进行拟合,求出斜线部分明暗分界线斜线方程。

⑦求直线与斜线交点为明暗截止线转角点。

⑧求转角点在屏幕上的位置。

5.4 前照灯检测仪的使用方法及应用实例

全自动智能化功能的前照灯检测仪配有计算机数据处理及自动控制系统,在无人干预的情况下,可自动导入被检前照灯光照区自动跟踪远光及近光光轴,自动检测被检前照灯发光强度,车灯高度及远、近光照射方向。并可对四灯制或两灯的前照灯进行自动测量,检测完成后,自动返回初始位置,检测结果可自动送出。该检测仪有使用方便,测量准确,工作可靠,自动化程度高等优点。

1)检测前的准备

使用前照灯检测仪之前,对被检汽车做必要的准备,除去前照灯的污垢,使轮胎气压符合规定值,蓄电池应处于充电状态,灯光电路完好。

2)检测步骤

CCD前照灯检测仪:

①被检车辆的到位:仪器的光电箱在安装时已经与行驶标志垂直,因此要求被检车辆停放时应使其纵向线与检车场地的行驶标志线平行。即将被车辆沿行驶标志线平行驶入检测位置,在此情况下,可认为被检车辆停放已符合要求。否则,应调整被检车辆。

②测量:被检车辆开亮前照灯后,打开"灯光测量"程序设置好参数,仪器自动进入前照灯的光区,搜寻灯光位置,对被检的前照灯进行自动跟踪。光接收箱准确地到达被检前照灯光轴所对应的位置,检测发光强度、光轴角的偏移量和方向以及车灯高度,并通过数字显示部件显示,若通过计算机联线检测则无需手动操作。

3)前照灯检测仪应用实例

首先用同一远光标准光源对四台仪器进行校准,然后在检测位置摆放另一个远光标准光源,仪器置于检测位置,打开1 m处的远光光源,启动检测仪进行检测。调整远光标准光源的光强分别为10 000 cd,15 000 cd,30 000 cd,检测数据如表5.1所示。

表5.1 远光光强度检测数据   计量单位:cd

设 定 值		1#仪器	2#仪器	3#仪器	4#仪器	均 值	偏 差	标准差
光强/cd	工作电压/V	远光光强度检测数据						
10 000	7.67	9 600	9 600	8 400	7 900	8 875	10.99%	862
15 000	8.63	14 400	14 300	12 700	11 900	13 325	10.69%	1 228
30 000	10.68	28 800	28 900	25 600	23 800	26 775	12.50%	2 506
35 000	11.22	33 800	33 600	29 600	27 900	31 225	10.65%	2 942

从表5.1可知,在不同光强的光源条件下,对四台前照灯检测仪分别进行试验,并对检测数据进行分析和研究。分别计算检测数据的平均值、偏差值和标准差,通过平均值计算样本值的平均值,计算其数据分布情况;通过计算其偏差值且4个偏差值相差较小;计算其标准差研

究计算样本的分散程度,标准差越大,样本越分散。

复　习　题

1. 前照灯检测的目的是什么?
2. 对前照灯灯光的检测有哪些要求? 四灯制与两灯制的要求有什么不同?
3. 前照灯的光学特性有哪些?
4. 比较屏幕法检测和检测仪检测的特点?
5. 全自动前照灯检测仪是如何实现自动追踪光轴的?

第**6**章

汽车动力性检测

汽车动力性是指汽车在良好路面上直线行驶时,由汽车受到的纵向外力作用的、所能达到的平均行驶速度。汽车是一种高效的运输工具,运输效率的高低主要取决于汽车的动力性。动力性能好,汽车具有较高的行驶速度,较好的加速能力和上坡能力。提高汽车平均行驶速度,就会提高汽车的运输效率,所以动力性是汽车各种性能中最基本、最重要的性能。

6.1 道路试验检测动力性

国家标准 GB/T 12534—90《汽车道路试验方法通则》中规定了汽车道路试验方法中通用的试验条件和试验车辆的准备工作。

试验车辆的装载质量为厂定最大装载质量,装载物应均匀分布且固定牢靠,试验过程中不得晃动和颠离;不应因潮湿、散失等条件变化而改变其质量,以保证装载质量的大小、分布不变。乘员质量和替代重物分布应符合表6.1规定。

表6.1 乘员质量 单位:kg

车 型			每人平均质量	行李质量	替代重物分布			
					座椅上	座椅前的地板上	吊在车顶的拉手上	行李舱(架)
载货汽车 越野汽车,专用汽车 自卸汽车,牵引汽车			65	—	55	10	—	—
客车	长途		60	13	50	10	—	13
	公共	坐客	60	—	50	10	—	—
		站客	60	—		55	5	—
	旅游		60	22	50	10	—	22
轿车			60	5	50	10	—	5

轮胎气压应符合该车技术条件的规定,误差不超过 ±10 kPa。

试验汽车使用的燃料、润滑油(脂)和制动液的牌号和规格,应符合该车技术条件或其试验项目标准的规定。除可靠性行驶试验、耐久性道路试验以及使用试验外,同一次试验的各项性能测定必须使用同一批燃料、润滑油(脂)和制动液。

除对气象有特殊要求的试验项目外,试验应在无雨无雾,相对湿度小于95%,气温0 ~ 40 ℃,风速不大于 3 m/s 的天气条件下进行。

试验仪器、设备须经计量检定,在有效期内使用,并在使用前进行调整,确保功能正常,符合试验项目的精度要求。

当使用汽车上安装的速度表、里程表测定车速和里程时,应按国家标准进行误差校正。

除对道路有特殊要求的试验项目外,试验道路应为用沥青或混凝土铺装的清洁、干燥、平坦的直线道路,道路长 2 ~ 3 km,宽不小于 8 m,纵向坡度在 0.1% 以内。

试验前,应记录试验样车的生产厂名、牌号、型号、发动机号、底盘号、各主要总成号和出厂日期等。

检查车辆装备完整性及装配调整情况,使之符合该车装配调整技术条件及国家标准的有关规定,并经行驶里程不大于 100 km 的行驶检查,方可进行道路试验。

试验前,应根据试验要求,对试验的车辆进行磨合,除另有规定外,磨合规范按该车使用说明书的规定进行。试验时,试验车辆必须进行预热行驶,使发动机、传动系及其他部分预热到规定的温度状态。

6.1.1 道路试验项目及规程

1)最高车速试验

最高车速是指汽车在无风情况下,在水平良好的路面(混凝土或沥青)上汽车能达到的最大行驶速度。它不是瞬时值,而是可连续行驶一定距离的最高速度。最高车速反映了车辆依靠动力所能达到的车速极限,试验时应关闭汽车门窗和空调系统等附加设施,试验车辆按通用试验条件的规定进行准备。

试验在符合试验条件的道路上,选择中间 200 m 为测量路段,并用标杆做好标志,测量路段两端为试验加速区间。根据试验汽车加速性能的优劣,选定充足的加速区间(包括试车场内环形高速跑道),使汽车在驶入测量路段前能够达到最高的稳定车速。试验汽车在加速区间以最佳的加速状态行驶,在到达测量路段前保持变速器(及分动器)在汽车设计最高车速的相应挡位,油门全开,使汽车以最高的稳定车速通过测量路段。试验过程中注意观察汽车各总成、部件的工作状况并记录异常现象。

试验往返各进行一次,测定汽车通过测量路段的时间,并按下式计算试验结果:

$$v = \frac{720}{t} \tag{6.1}$$

式中　v——汽车最高车速,km/h;

　　　t——往返试验所测时间的算术平均值,s。

测量仪器可采用钢卷尺和计时器(如秒表或其他光电管式计时装置,最小读数为0.01 s),现在多选用第五轮仪或非接触式汽车速度仪,直接得出汽车速度。

2)加速性能试验

汽车的加速能力对平均行驶车速有很大影响。由《汽车理论》可知,汽车在水平平坦路面上的加速度大小与动力因素成正比,因此加速度大小反映了车辆动力特性的好坏。从理论上讲,评价加速性,应该用加速度和时间的关系,但实用意义不大,不如采用速度或距离与时间的关系较直观,所以一般都是用汽车从某一条件下加速到某一距离或某一车速的时间表示。常用原地起步加速时间与超车加速时间这两项指标来表明汽车的加速能力。

原地起步加速时间是指汽车由第一挡起步并以最大的加速度(包括选择适当的换挡时机)逐步换至高挡后到达某一预定的距离或车速所需的时间,采用起步连续换挡加速试验来测定。国外一般用 $0 \sim 400$ m, $0 \sim 500$ m 或 $0 \sim 1~000$ m 的原地起步加速时间来比较加速能力。

超车加速时间是指用最高挡或次高挡由某一中等车速全力加速至某一高速所需的时间,因为超车时汽车与被超车辆并行,容易发生安全事故,所以超车加速能力强,并行行程短,行驶就安全。超车加速能力还没有一致的规定,采用较多的是用最高挡或次高挡由预定车速全力加速行驶至某一高速所需的时间或由加速曲线即车速一时间关系曲线全面地反映加速能力。

试验分最高挡和次高挡加速性能试验以及起步连续换挡加速性能试验两种进行,装有自动变速器的汽车只进行原地起步加速试验。若自动变速器有两挡,则分别进行两次试验。

在进行最高挡和次高挡加速性能试验时,首先选取合适长度的加速性能试验路段,在两端各放置标杆作为记号。汽车在变速器预定挡位,以预定的车速(从稍高于该挡最低稳定车速起,选 5 的整数倍之速度如 20,25,30,35,40 km/h)作等速行驶,用第五轮仪监视初速度,当车速稳定后(偏差 1 km/h),驶入试验路段,迅速将加速踏板踩到底,使汽车加速行驶至该挡最大车速的 80% 以上,对于轿车应达到 100 km/h 以上。用第五轮仪记录汽车的初速度和加速行驶的全过程(图 6.1),试验往返各进行一次,往返加速试验的路段应重合。

起步连续换挡加速性能试验在同前一样的试验路段进行,汽车停于试验路段之一端,变速器置入该车的起步挡位,迅速起步并将加速踏板快速踩到底,使汽车尽快加速行驶。当发动机达到最大功率转速时,力求迅速无声地换挡,换挡后立即将油门全开,直至最高挡最高车速的 80% 以上,对于轿车应加速到 100 km/h 以上。用第五轮仪测定汽车加速行驶的全过程,往返各进行一次,往返试验的路段应重合。根据记录数据,分别绘制试验车往返两次的加速性能曲线(v-t 和 v-S)。取两次曲线的平均值绘制汽车的加速性能曲线,见图 6.2。

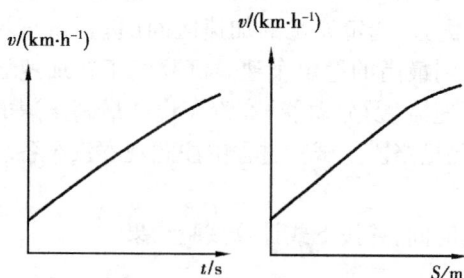

图 6.1　最高两挡加速性能曲线　　　　图 6.2　起步换挡加速性能曲线

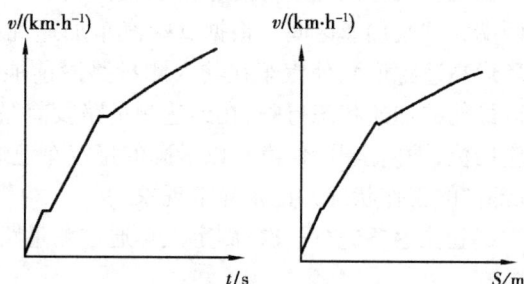

试验主要仪器有第五轮仪和发动机转速表,试验前应根据仪器的使用说明书对仪器进行标定。

3)爬陡坡性能试验

爬坡性能试验的目的是在各种坡度的坡道上测定汽车的起步能力和爬坡能力,其中分陡坡试验和长坡试验。

（1）陡坡试验

爬陡坡试验一般在专门设置的坡道上进行，坡道长度应大于汽车长度的 2~3 倍。车辆用最低挡开始爬坡，其所能克服的最大坡度值即为最大爬坡能力，用角度或纵向升高百分比表示。道路坡度、坡道角和斜度的对应关系，见图 6.3。轿车的最大爬坡度一般在 20% 以上，货车爬坡度在 20%~30%，越野车爬坡能力是重要指标，一般最大爬坡度不小于 60%。而液力传动车辆，其最大爬坡度可达很大值，但仅具有极低的车速，因此一般以克服一定的坡度时的车速来评价其爬坡性能。

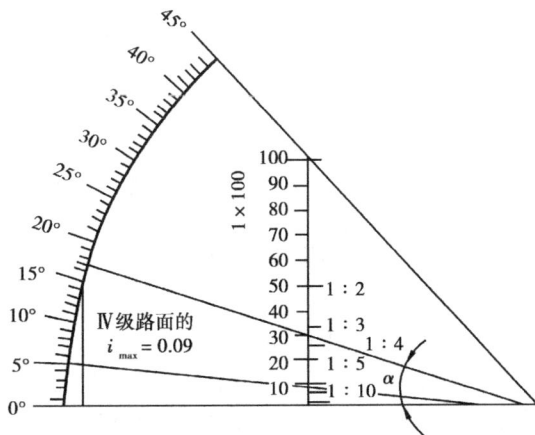

图 6.3 道路坡度、坡道角和斜度的对应关系

试验车辆按通用试验条件的规定进行准备。试验时的坡道坡度应接近于试验车的最大爬坡度。坡道长不小于 25 m，坡前应有 8~10 m 的平直路段。试验车停于平直路段上，起步后，将油门全开进行爬坡。测量并记录汽车通过测速路段的时间及发动机转速，爬坡过程中监视各仪表（如水温、机油压力等）的工作情况；爬至坡顶后，停车检查各部位有无异常现象发生，并做详细记录。如第一次爬不上，可进行第二次，但不超过两次。爬不上坡时，测量停车点（后轮触地中心）到坡底的距离，并记录爬不上的原因。

如没有规定坡度的坡道，可增减装载质量或采用变速器较高一挡（如 2 挡）进行试验，再按式（6.2）折算为厂定最大总质量下，变速器使用最低挡时的最大爬坡度：

$$a_{max} = \arcsin\left(\frac{m_a'}{m_a} \cdot \frac{i_1}{i'} \cdot \sin\alpha\right) \tag{6.2}$$

式中 α——试验时的实际坡度，(°)；

m_a'——汽车实际总质量，kg；

m_a——汽车厂定最大总质量，kg；

i_1——最低挡总速比；

i——实际总速比。

10 m 的测速路段内的平均爬坡车速：

$$V = 36/t \qquad km/h \tag{6.3}$$

式中 t——通过测速路段的时间，s。

最大爬坡度也可用负荷拖车法进行测量。方法是在平直铺装的路面上，用负荷拖车测量

汽车最低挡的最大拖钩牵引力,按下式计算出最大爬坡度:

$$a_{max} = \arcsin\left(\frac{P_{max}}{9.8m_a}\right) \tag{6.4}$$

式中 P_{max}——汽车最低挡最大拖钩牵引力,N。

若试验车为越野车,则变速器使用最低挡,分动器亦置于最低挡,全轮驱动,停于接近坡道的平直路段上,起步后,将油门全开进行爬坡;当试验车处于坡道上,停住车辆,变速器放入空挡,发动机熄火 2 min,再起步爬坡。测量并记录通过测速路段的时间及发动机转速,爬坡过程中监视各仪表的工作状况,爬至坡顶后,检查各部位有无异常现象,并做详细记录。

试验常用仪器有:坡度仪、发动机转速表、秒表、钢卷尺(50 m)等。

(2)长坡试验

爬长坡试验的目的是综合考验汽车的动力性和燃油经济性能,并对发动机冷却系冷却能力,发动机热状况和传动系统等在低转速,大转矩工作条件下的性能加以考验,也可通过测定挡位利用率,对传动系速比的合理设置进行分析比较。

爬长坡试验在最大纵向坡度为 7% ~ 10%、长 10 km 以上的连续长坡上进行,一般要求上坡路段应占坡道 90% 以上。试验时,根据道路情况和汽车的动力状况,以合适的变速器挡位爬坡,原则上在保证安全和交通法规允许的前提下,尽可能以较高车速行驶。注意观察发动机水温及底盘零部件工作状态,当有"开锅"等异常情况时,应停止试验。记录从起点到终点行驶过程各挡位使用次数和时间、行驶里程、燃油消耗量,计算出各挡位时间(或里程)利用率、汽车行驶平均车速和百公里油耗。

针对发动机冷却系统冷却能力的试验,也可采用负荷拖车法进行。

4)滑行试验

所谓滑行是指汽车加速到某预定速度后,摘挡脱开发动机,利用汽车的动能继续行驶直到停车的过程。汽车滑行性能的好坏,对其动力性和燃油经济性有重要的影响。滑行试验的目的一般是为了检查汽车底盘的技术状况和调整状况,同时也是在道路上测定汽车行驶阻力的方法之一,可作为室内台架试验时,设定底盘测功机系数的依据。

汽车的行驶阻力是汽车在行驶过程中滚动阻力、空气阻力、传动系内摩擦阻力、轮毂轴承摩擦阻力和车轮定位前束阻力等多种阻力作用的结果。通常因为传动系内摩擦阻力、轮毂轴承摩擦阻力和车轮定位前束阻力等数值较小,常忽略不计。在此前提下,可采用低速滑行试验方法,测量出行驶阻力系数,可近似为滚动阻力系数;用高速滑行试验测出行驶阻力系数,它可近似地看成由滚动阻力和空气阻力两部分组成,进而可求出空气阻力系数。

(1)滑行试验方法

试验时,关闭汽车门窗,其他试验条件及试验车辆的准备按通用试验条件的规定。选择长约 1 000 m 的平整路段作为滑行区段,汽车在进入滑行区段前,车速应稍大于 50 km/h 此时驾驶员将变速器排挡置入空挡,并松开离合器踏板,汽车开始滑行,在滑行过程中,驾驶员不得转动转向盘,直至完全停车为止。记录从车速为 50 km/h 开始,到汽车停止的整个滑行过程的滑行时间和滑行距离。试验至少往返各滑行一次,往返区段尽量重合。

国家标准规定滑行试验的标准初速度 $v_0 = 50$ km/h,而实测的滑行初速度 v_0' 与标准初速度总有出入,故需对实测的滑行距离 S' 进行校正,以算出标准初速度 $v_0 = 50$ km/h 的滑行距离 S,其公式为:

$$S = \frac{-b + \sqrt{b^2 + ac}}{2a} \tag{6.5}$$

式中　$a = \dfrac{v_0'^2 - bS'}{S'^2}$（$1/s^2$）

$b = 0.2 \text{ m/s}^2$，当车重 $\leqslant 4\ 000 \text{ kg}$ 且滑行距离 $\leqslant 600 \text{ m}$ 时，$b = 0.3 \text{ m/s}^2$；

$c = 771.6 \text{ m/s}^2$。

测量仪器采用车速、行程记录装置，精度不低于 0.5%，现在多选用第五轮仪或非接触式汽车速度仪。

（2）滑行阻力系数的测定

按上述滑行试验方法，分别测定从指定车速加 5 km/h 开始到指定车速减 5 km/h 时的滑行时间，指定车速分别为 20 km/h、30 km/h、40 km/h、50 km/h、60 km/h 等，然后用下式计算各指定车速时的行驶阻力：

$$F = \frac{2.78(M + M')}{t} \tag{6.6}$$

式中　t——从指定车速加 5 km/h 开始到指定车速减 5 km/h 时的滑行时间，s。

M——试验时汽车的总质量，kg；

M'——旋转部件的当量质量，kg，（一般载货汽车取 $M' = 0.07M_0$，轿车、轻型客车及客车取 $M' = 0.05M_0$，其中，M_0 为汽车整备质量，kg）。

6.1.2　室外道路试验的主要仪器设备

1）第五轮仪

在进行车辆道路试验时，为了测量车辆的行程和速度，虽然可以利用由传动系驱动的里程表和速度表，但这种方法不准确。因为车辆驱动轮的滚动半径直接受着驱动力矩、地面对轮胎的切向反作用力、车轴载荷、轮胎气压及其磨损程度等的影响，此外，车用里程表和速度表的精度也较低。为消除这些因素对测量精度的影响，在车辆旁边附加一个测量用的轮子，故称第五轮仪。第五轮是从动轮，行驶中无滑转，故能在平坦的路面上精确测量距离。

第五轮仪有两种类型。一种是机械式第五轮仪，它由传动机构、机械记录机构、时间信号发生器（机械式电时钟机构）等部分组成，有的还附带有踏板压力记录机构，机械式第五轮仪现在已被淘汰了。

另一种是电子式第五轮仪，其核心元件是安装在第五轮轮轴上的脉冲信号发生器。有磁电式和光电式两种，目前常见的是磁电式脉冲信号发生器。它实际上是一个磁电式传感器，由磁极、线圈、齿盘、支架等组成，如图 6.4 所示。

其中，齿盘由导磁材料制成，与第五轮的车轴固定连接并随车轮旋转，而由磁极和线圈组成的电磁头固定不动，电磁头与齿盘的齿顶间隙约为 1 mm。当第五轮旋转时，齿盘与电磁头的间隙发生变化，使闭合磁路的磁阻产生变化，导致通过线圈的磁通量发生变化，从而在线圈中感应出一个近似正弦波的信号。该信号经整形后呈矩形波脉冲信号进入测量仪，若齿盘有 156 个齿，当轮子旋转一周，便会产生 156 个信号，若轮子的周长为 156 cm，则每个信号就表示 1 cm 的距离（即 1 cm/信号）。轮胎圆周长与接地压力和气压有关，应予以修正。其脉冲数经修正圆周长后输入计数器，并由晶体振荡器控制时间，求得速度、距离、时间并显示在仪器上，

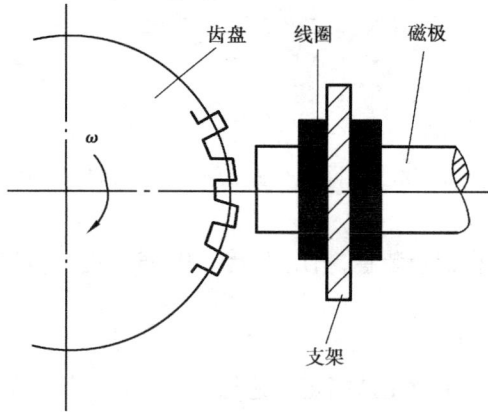

图 6.4　磁电式转速传感器

三种数据可以输出,继电器输出信号作为起始、停止等标志,仪器有遥控箱,可以作为外部控制输入,如图 6.5 所示。

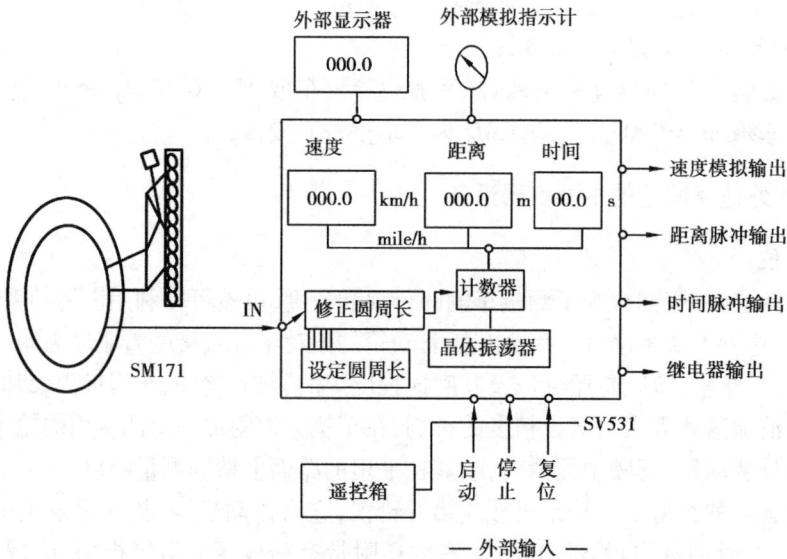

图 6.5　电子式第五轮仪的原理图

　　试验时,需采用夹具将第五轮与试验车辆牢固相连,夹具可视测试车型和连接部位进行自制。为减少第五轮的跳动,防止脱离地面,以保证测量精度,第五轮对地的压力需保持适中。调节对地压力机构是由壳体、丝杠、丝母、手把、弹簧等组成,转动手把可调整螺母,从而压缩弹簧以调整车轮对地面压力。

　　2)非接触式车速仪

　　第五轮仪因其结构上的限制,而不适用于 180 km/h 以上的高速测试。有时因打滑或轮胎气压等原因,从而使测试精度降低。非接触式车速仪采用光电相关滤波技术,是五轮仪换代产品。测试范围可达 1.5 ~ 250 km/h。其核心元件是 SF 系列空间滤波器,这是一种非常特殊的传感器,可从路面上的小石块、砂粒、沥青路面的各种粒子或轮胎印在路面上的不规则纹路中,提取特定的反射斑纹(色斑、凸凹斑等),并作出空间(地面)反射信息处理。

如图6.6所示为SF系列空间频率传感器的示意图。它由投光器和受光器组成,投光器将强光射在地面上,由于地面凹凸不平,形成阴暗对比度不同的反射,由受光器中梳状光电管接受。当单个受光光电管接受路面反射光时,其产生的光电流的频谱如图6.7(a)所示,可见,单个矩形光电管几乎没有滤波作用。如果受光器采用梳状光电管,则只允许与梳状光电管节距相对应的频率处光电流和低频光电流流通过,如图6.7(b)所示,从而产生滤波作用。若采用差动结构的梳状光电管,则滤波器特性可滤去低频成分,仅允许与梳形节距相对应的频率成分通过,以实现空间滤波,获得窄带信号,如图6.7(c)所示。

空间频率传感器就是利用空间滤波原理,来获得车辆行驶时的空间频率的光电流信号的。空间频率 f 与车速 v 的关系为:

$$v = \frac{P_0}{m} \cdot f \qquad (6.7)$$

式中　P_0——梳状光电管节距;
　　　f——光学系统放大率。

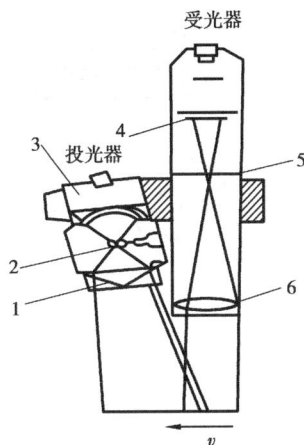

图6.6　空间频率传感器
1—透镜;2—灯;3—反射镜;
4—梳状光电管;5—光栅;
6—聚光透镜

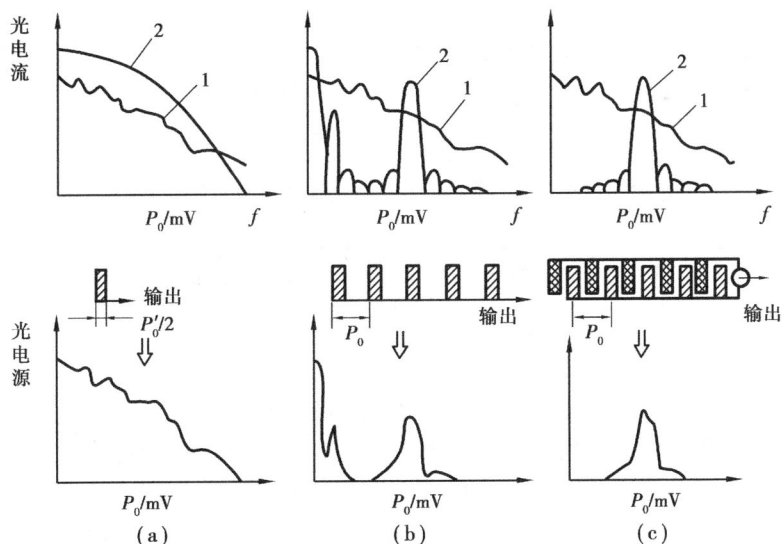

图6.7　空间频率传感器原理
1—反射光空间频谱;2—受光器滤波特性

空间频率传感器将采集的光电流信号经A/D转换,变成数字量送入车速仪,如图6.8所示。跟踪滤波器分析出中心频率 f 通过式(6.7)计算出车速 v 并作外部显示。脉冲时钟产生时标信号,由车速和时间可计算出行驶距离。

非接触车速仪在安装时,受光器的端面距离地面一般为 500 ± 100 mm,并垂直地面,其侧面的白色记号应与车辆前进方向保持严格一致。

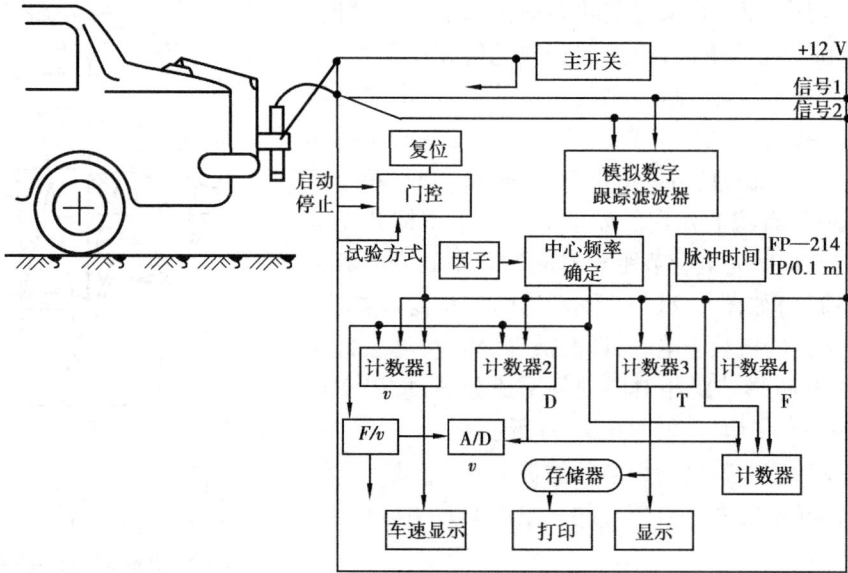

图6.8 车速仪原理框图

3)汽车综合测试仪

汽车综合测试仪是一种以微电脑为核心的智能化仪器,配以不同的传感器,可用于测定汽车、拖拉机、工程机械等车辆的动力性(如滑行性能、加速性能、最高车速、最小稳定车速等)、经济性(如等速油耗、加速油耗、多工况油耗、百公里油耗等)、制动性能、牵引性能等多种技术性能参数,并具有数据处理、显示、存储、打印等功能。图6.9是汽车综合测试仪的系统框图。

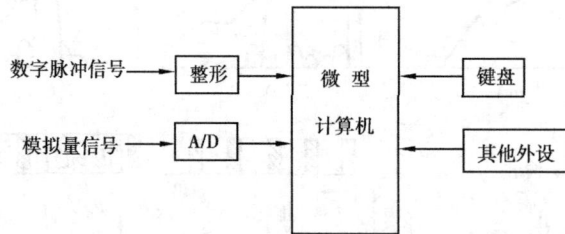

图6.9 汽车综合测试仪原理框图

用于道路试验的汽车综合测试仪,因受车上空间条件的限制以及存在供电、振动、冲击和电磁干扰等方面的问题,所以多采用单板机或单片机。利用接口电路可配接第五轮、油耗传感器、拉力传感器、转速传感器等,具有操作灵活、携带方便、测量准确、动作稳定、读数直观等优点,并可大大提高测试精度和效率。

近来,由于计算机技术的飞速发展,笔记本式计算机因其不需外界电源、耐振动、耐冲击、体积小等优点而日益受到人们关注。因其与PC机兼容,易与传统的外设(如磁盘驱动器、打印机、绘图机等)连接,并可采用高级语言(如C、C++等)来进行大型软件的编写,研制开发周期短、界面丰富多彩、人机对话效果好,已逐渐成为未来汽车综合测试仪的发展趋势。

各类汽车综合测试仪的操作规程大体可分以下6个阶段:

①初始阶段:开机或启动程序。

②选择工况,进行所需的试验项目。

③预置数据:根据各工况的试验规程,预先输入试验所需的有关数据。

④准备阶段:检测是否满足试验开始的条件。

⑤试验过程:自动进行有关数据的采集、存储、显示。

⑥打印阶段:自行打印试验结果和曲线,试验结束。

6.2　台架试验检测动力性

底盘测功机是一种不解体检测汽车性能的检测设备,它通过在室内台架上汽车模拟道路行驶工况的方法来检测汽车的动力性,而且还可以测量多工况排放指标及油耗,同时能方便地进行汽车的加载调试,诊断汽车负载条件下出现的故障。底盘测功机分为两类:单滚筒底盘测功机,滚筒直径大(1 500 ~ 2 500 mm),制造和安装费用高,但测试精度高;双滚筒底盘测功机,滚筒直径小(180 ~ 500 mm),成本低,使用方便,但测试精度差。

6.2.1　基本结构与原理

汽车底盘测功机主要由道路模拟系统、数据采集与控制系统、安全保障系统及引导系统等构成。

1)道路模拟系统

汽车在道路上运行过程中存在着运动惯性和行驶阻力,要在试验台上模拟汽车道路运行工况,首先要解决模拟汽车整车的运动惯性和行驶阻力问题,这样才能用台架测试汽车运行状况的动态性能。为此,在该试验台上利用惯性飞轮的转动惯量来模拟汽车旋转部件的转动惯量及汽车直线运动的惯量,采用电磁离合器自动或手动切换飞轮的组合,在允许的误差范围内满足汽车惯量模拟的需要。至于汽车在运行中所受的空气阻力、非驱动轮的滚动阻力及爬坡阻力等,则采用功率吸收加载装置来模拟。路面模拟是通过滚筒来实现的,即以滚筒表面取代路面,滚筒的表面相对于汽车作旋转运动,图6.10所示为道路模拟系统。

(1)滚筒

滚筒是底盘测功机路面模拟系统的主要部件,其主要结构参数有滚筒直径、滚筒表面状况与安置角。

①滚筒直径。汽车底盘测功机多采用双滚筒式路面模拟系统,其车轮安放定位方便、制造成本低,故使用较多。滚筒一般为直径180 ~ 400 mm 的钢滚筒,主滚筒与驱动及功率吸收装置相连,副滚筒起支承作用。双滚筒试验台可采用两滚筒结构,由贯通左右的主、副长滚筒组成,其特点是支承轴承和台架的机械损失少,但刚度较差;亦可采用四根短滚筒的结构,将主、副滚筒分别制成同轴的左、右两段,左、右主滚筒之间用联轴器相连,它较两滚筒多了四个支承轴承和一个联轴器,在检测过程中,其损失较大,但滚筒支承刚度好,被广泛采用。

②滚筒的表面状况。滚筒的表面状况是指滚筒表面的加工方法和清洁程度(水、油和橡胶粉末的污染等)。车轮在滚筒上的驱动过程是一个摩擦过程,总摩擦力等于车轮与滚筒间附着力和转动阻滞力之和。滚筒与车轮间的附着系数必须满足模拟道路附着系数的要求,但在使用中会随速度增加而下降,其原因较为复杂:一方面是由于滚筒圆周速度提高,橡胶块与

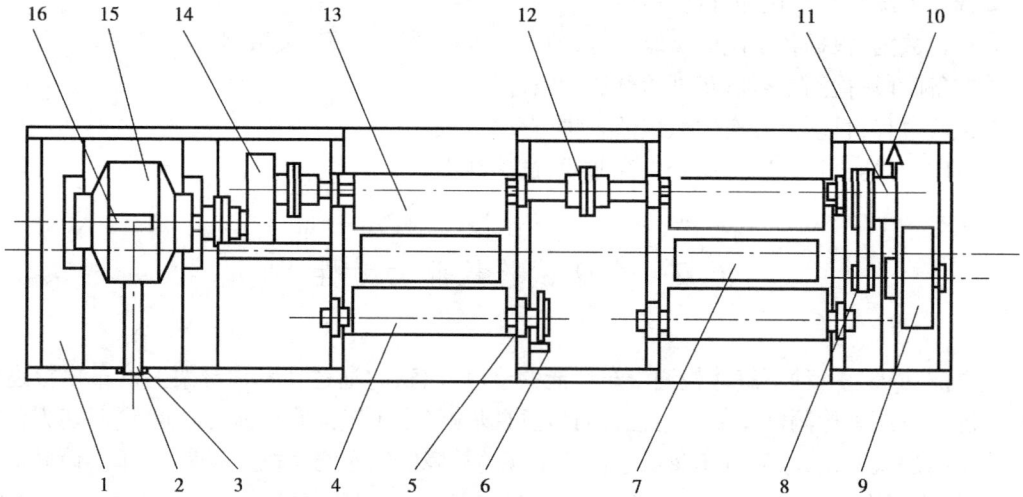

图 6.10　汽车底盘测功机道路模拟系统结构示意图

1—机架；2—测力杠杆；3—压力传感器；4—副滚筒；5—轴承座；6—速度传感器

7—举升器；8—传动带轮；9—飞轮；10—制动器；11—离合器；12—联轴节；

13—主滚筒；14—齿轮箱；15—电涡流功率吸收装置；16—冷却水

滚筒之间的嵌合程度越来越差，在未达到平衡状态之前便产生了滑动和振动；另一方面，随着速度的提高，接触面的温度上升加快，很快在滚筒表面形成了一层橡胶膜，降低了附着系数。

③安置角。所谓安置角是指车轮与滚筒接触点的切线方向与水平方向的夹角，如图 6.11 所示。车轮在滚筒上的受力情况如下：安置角对滚动阻力的影响：根据图 6.11，由力偶平衡定理，对车轮在滚筒上匀速旋转时的受力可作如下分析：

$$\sum T_0 = 0 \qquad (6.8)$$

$$T - T_{f1} - T_{f2} = (F_{x1} + F_{X2}) \cdot r \qquad (6.9)$$

其中滚动阻力矩

$$T_{f1} = f \cdot N_1 \cdot r$$

$$T_{f2} = f \cdot N_2 \cdot r$$

所以车轮的滚动阻力为

$$T_f = f \cdot (N_1 + N_2) \qquad (6.10)$$

式中　F_f——车轮的滚动阻力；

　　　　f——滚动阻力系数。

因此

$$N_1 + N_2 = G/\cos \beta \qquad (6.11)$$

$$F_f = f \cdot G/\cos \beta \qquad (6.12)$$

由上式可见，台架的滚动阻力系数随着安置角的增大而增大。

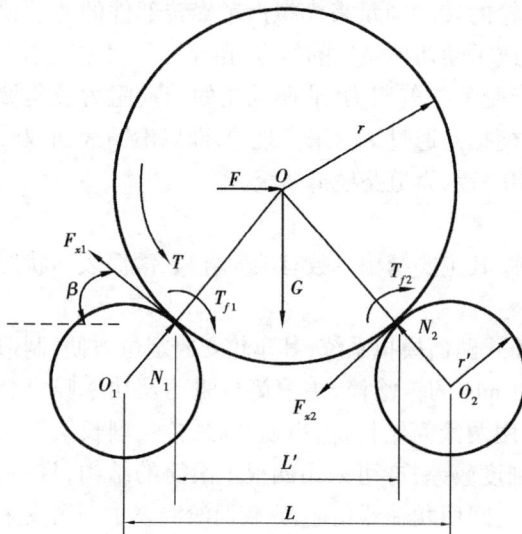

图 6.11　车轮在滚筒上的受力

试验过程对安置角的要求如下：

a.在装有惯性飞轮及吸收装置加载的条件下,汽车以最大加速度加速时,确保车轮不驶出滚筒,需按此条件确定最小安置角,所满足的条件表达式为

$$F_{r_{max}} < \frac{G}{2\sin\beta} \tag{6.13}$$

b.当台架滚筒制动后,保证车辆仍可驶出滚筒,需按此确定最大安置角。

由于安置角与滚筒直径、中心距以及轮胎尺寸有关,所以不同吨位级的汽车底盘测功机适应不同范围的轮胎尺寸。

(2)功率吸收装置(加载装置)

①底盘测功机功率吸收装置的类型。汽车检测线使用的底盘测功机功率吸收装置的类型有电涡流式、水力式和电力式。水力式功率吸收装置的可控性较电涡流式差,电力测功机的成本比较高,故一般采用电涡流式功率吸收装置。电涡流式功率吸收装置的基本结构分为水冷式和风冷式两种。

a.水冷式电涡流功率吸收装置。其基本结构如图 6.12 所示,主要由转子(包括带齿状凹凸的感应子 17、轴 7)和定子(包括作为磁轭的铁芯 1、涡流环 2、励磁绕组 18、端盖 3)组成。其特点是:

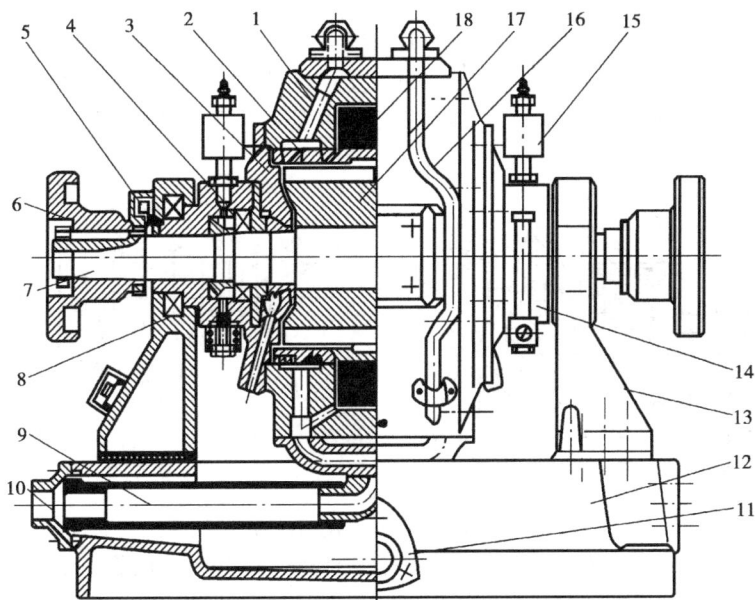

图 6.12　水冷式电涡流功率吸收装置
1—铁芯;2—涡流环;3—端盖;4—轴承;5—测速传感器;6—联轴器;7—主轴;
8—滚动轴承;9—进水软管;10—进水口;11—排水口;12—线圈;13—轴承架;
14—油面指示器;15—油杯;16—出水管;17—感应子;18—励磁绕组

结构复杂,安装不便;较风冷式测量精度高;冷却效率高,适合持续运行工况使用;冷却水温度一般不超过 60 ℃,以防结垢,冷却水 pH 值按说明书规定执行。

b.风冷式电涡流功率吸收装置。其基本结构如图 6.13 所示,主要由转子、定子、励磁线圈、支承轴承、冷却风扇叶片、力传感器等组成。其特点是:

结构简单,安装方便;冷却效率低,不宜长时间运行,一般在高转速、大负荷下工作时间不

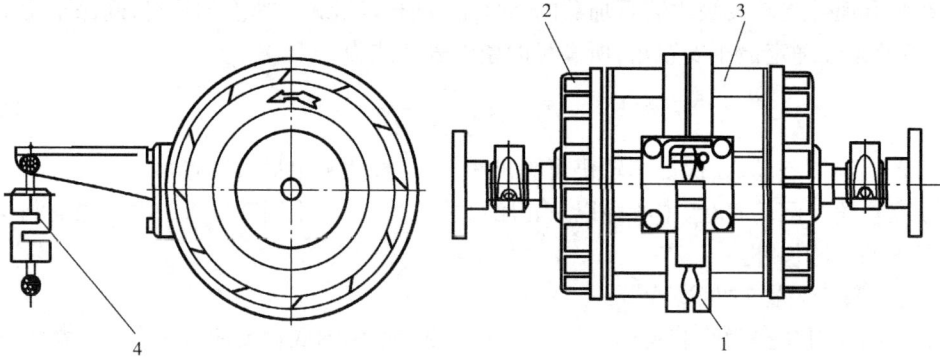

图 6.13　风冷式电涡流功率吸收装置
1—定子;2—转子(风扇);3—励磁线圈;4—拉压传感器

宜超过 5 min;冷却风扇在工作时消耗一定的功率,故应将此消耗的功率计入汽车底盘输出功率。

②电涡流式功率吸收装置的工作原理。电涡流式功率吸收装置的工作原理如图 6.14 所示。当励磁线圈通以直流电时,在转子与铁芯间的气隙就有磁力线通过,此气隙的磁通分布在转子齿顶处的密度最大,而通过齿槽处的磁通密度最小。当转子以转速 n 旋转时,在 A 处的磁通就减少。由磁感应定理可知,此时在定子的涡流环内产生感生电动势和电涡流,电涡流方向用右手定则判断,如图 6.14 中的⊗、⊙所示。同理,B 处产生的电涡流如图 3.5 中所示。

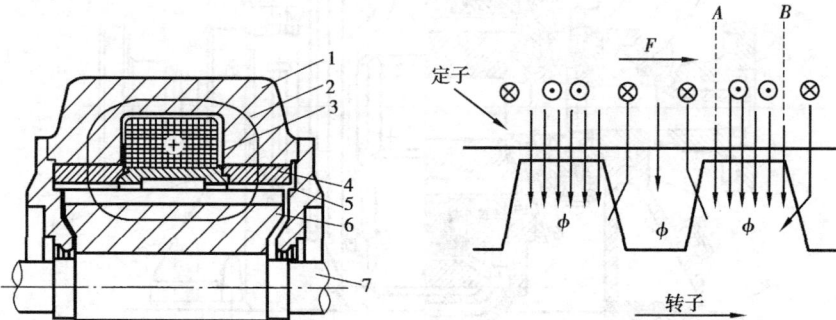

图 6.14　电涡流式功率吸收装置的工作原理
1—磁轭;2—磁路;3—励磁绕组;4—涡流环;5—气隙;6—感应子;7—主轴

由图 6.14 可见,在齿顶处的电涡流方向为⊙,因此用右手定则判定,此时定子受力方向如图所示。而在齿槽处由于磁通很小,所以受力也很小。因此总的受力 F 方向如图 6.14 右图中所示,此力由与可摆动的定子外壳相连的力臂传给测力装置,进行力矩测量并由指示装置显示出来。

当测功机转子以转速 $n(\text{r/min})$ 转动,且给励磁线圈加一定的电流时,可摆动的定子外壳就产生一定的阻力矩 $T(\text{N}\cdot\text{m})$,便得到吸收功率阻力矩 P。

$$P = T\cdot n/9\ 549(\text{kW}) \tag{6.14}$$

(3)惯性模拟装置

汽车在道路上行驶时汽车本身具有一定的惯性能,即汽车的动能;而汽车在底盘测功机上运行时车身静止不动,是车轮带动滚筒旋转,在汽车减速工况时,由于系统的惯量比较小,汽车很快停止运行,所以检测汽车的减速工况和加速工况时,汽车底盘测功机必须配备惯性模拟系统。惯性模拟系统的构造如图 6.15 所示。

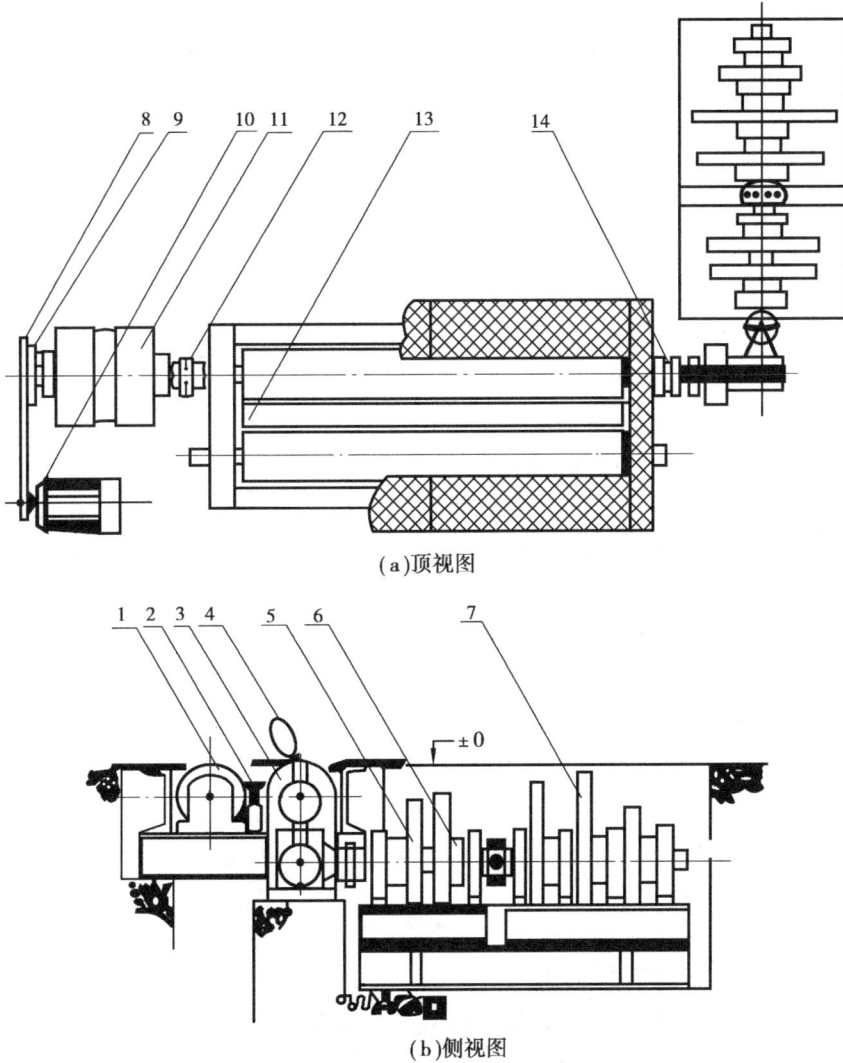

(a)顶视图

(b)侧视图

图 6.15 性模拟系统

1—滚筒;2—举升器;3—齿轮箱;4—挡轮;5—小飞轮;6—电磁离合器;
7—大飞轮;8—传动链;9—单向离合器;10—电动机;11—功率吸收装置;
12—双排联轴器;13—举升板;14—牙嵌离合器

汽车在道路上的平移动能是

$$E_1 = \frac{1}{2}mv^2 \tag{6.15}$$

底盘测功机运行时旋转元件具有的旋转动能是

$$E_2 = \sum \frac{1}{2}J \cdot w^2 \tag{6.16}$$

式中 m——汽车的质量;

v——汽车在道路上行驶的车速;

J——汽车底盘测功机台架旋转元件的转动惯量；

w——汽车底盘测功机台架旋转元件的角速度。

在忽略汽车非驱动轮的旋转惯量的前提下，为了模拟汽车在道路上行驶惯性，汽车底盘测功机台架必须满足的条件为

$$E_1 = E_2 \tag{6.17}$$

又因为

$$v = w \cdot R \tag{6.18}$$

式中 R 为滚筒半径，可得

$$J = m \cdot R \tag{6.19}$$

汽车底盘测功机台架转动惯量是通过飞轮来产生的，由于目前对汽车台架的惯量没有制定相应的标准，因而国产底盘测功机所装配的惯性飞轮的个数不同，且飞轮惯量的大小也不同。飞轮的个数越多，则检测精度愈高。

下面简单介绍一种带有反拖装置的底盘测功机。

所谓反拖系统是采用反拖电机带动功率吸收装置、滚筒、车轮以及汽车传动系的一种装置，如图6.16所示。其基本结构由反拖电机、滚筒、车轮、扭矩仪（或电机悬浮测力装置）等组成。其特点是：

①可以方便检测汽车底盘测功机台架的机械损失。

②可以检测汽车传动系、主减速器、车轮与滚筒以及台架机械系统的阻力损失，但值得注意的是，在检测过程中，主减速器、车轮与滚筒的正向拖动和反向拖动阻力有差异，目前尚未得到广泛应用。

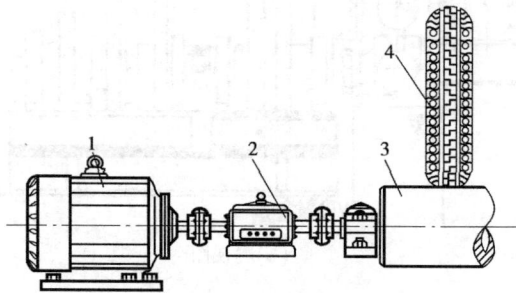

图6.16　带有反拖动装置的底盘测功机
1—变频电机；2—扭矩仪；3—滚筒；4—轮胎

2）底盘测功机数据采集与控制系统

（1）车速信号的采集

车速是底盘测功必须采集的基本信号。目前国内检测线用的汽车底盘测功机所采用的车速信号传感器可以分为以下几个类型：

①光电式车速信号传感器。图6.17为直射式光电车速传感器的工作示意图，它由光源、带孔圆盘（光栅）和光敏管组成。汽车车轮在光滚筒上滚动时，带动光栅以一定的转速旋转，光源连续发光。当光束通过光栅上的小孔时，光束照到光敏管上，使它产生相应的电脉冲信号，此信号送入计数器即可得到被测轴的转速。车速信号有两种：一是单位时间计数（频率）型；二是测脉宽（周期）型。两者均可得到滚筒的转速信号，根据滚筒的半径及光栅盘上小孔

的个数可得到车速信号。

②磁电式车速传感器。图 6.18 为磁电式传感器工作示意图,它由旋转信号盘和永久磁铁及感应线圈等组成。当信号盘随滚筒一起转动时,信号线圈将滚筒转速转变为交变电压信号,经过信号放大整形电路处理为脉冲信号后,送入 CPU 高速输入口(HSI),以获取车速信号。

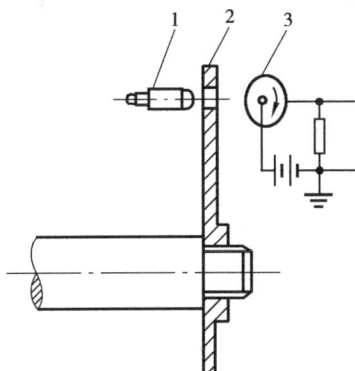

图 6.17 直射式光电车速传感器工作示意图
1—光源;2—光栅圆盘;3—光敏管

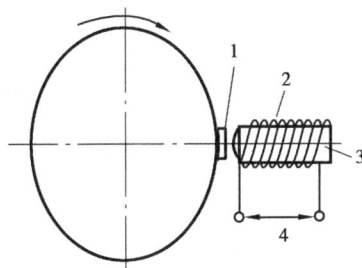

图 6.18 磁电式车速传感器工作示意图
1—销子;2—绕组;3—永久磁铁;4—脉冲电压变换器

③霍尔式传感器。图 6.19 为霍尔式车速传感器工作示意图。滚筒滚动时,带动转盘旋转,当霍尔传感器(霍尔元件)对准永久磁铁时,磁场强度增强,产生霍尔效应,输出电压可达 10 mV。当霍尔传感器远离磁场时,输出电压降至 0,这样可得到脉冲信号,送入 CPU 高速输入口(HSI),通过检测脉冲频率或周期可得到车速信号。

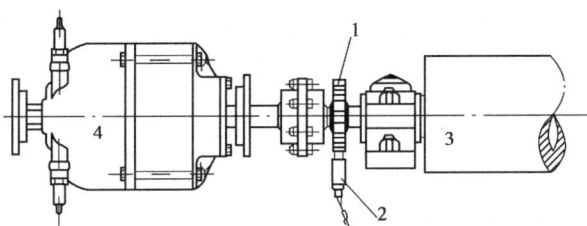

图 6.19 霍尔式车速传感器工作示意图
1—触发齿轮;2—霍尔传感器;3—滚筒;4—功率吸收装置

④测速电机。图 6.20 为测速电机工作示意图,车轮在滚筒上滚动时,带动测速电机旋转,测速电机产生的电压正比于滚筒转速,通过 A/D 采集可得到车速信号。

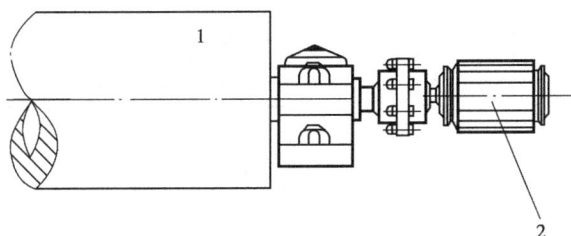

图 6.20 测速电机工作示意图
1—滚筒;2—测速电机

（2）驱动力信号的采集

驱动力是功率测定的必备信号。汽车底盘测功机驱动力传感器可分为两类：一是拉压传感器，如图6.21（a）所示；二是位移传感器，如图6.21（b）所示。它们一边连接功率吸收装置的外壳，另一边连接机体。

功率吸收装置在工作过程中，无论是水力式、电涡流式，还是电力式功率吸收装置，其外壳都是浮动的。装置工作时，电磁感应产生的力偶对外壳的作用方向与转子转动的方向相同，外壳上的力臂对传感器产生有一定的拉力或压力（与安装的位置有关）。拉压传感器在工作时，传感器受力产生应变，通过应变放大器可得到一定的输出电压，这样将力信号转变成电信号来处理，通过标定，可以得到传感器的受力数值。

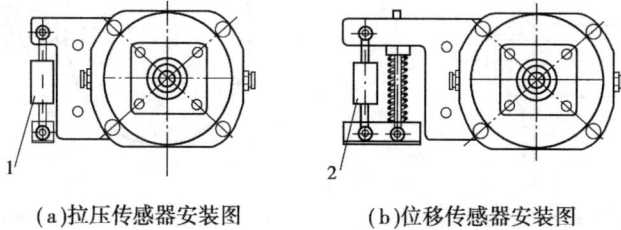

（a）拉压传感器安装图　　　　（b）位移传感器安装图

图6.21　驱动力传感器安装示意图
1—拉压传感器；2—位移传感器

（3）汽车底盘测功机控制系统

①加载控制系统。由于涡流式功率吸收装置可控性好、结构简单、质量轻、便于安装，在底盘测功机中得到广泛的应用。汽车在行驶过程中存在滚动阻力、加速阻力和坡道阻力。在底盘测功过程中，加速阻力是通过惯性飞轮来模拟的。通过台架模拟道路阻力必须选用加载装置，要想控制它，就必须知道控制电压及电流。电涡流式加载装置控制系统的框图如图6.22所示。

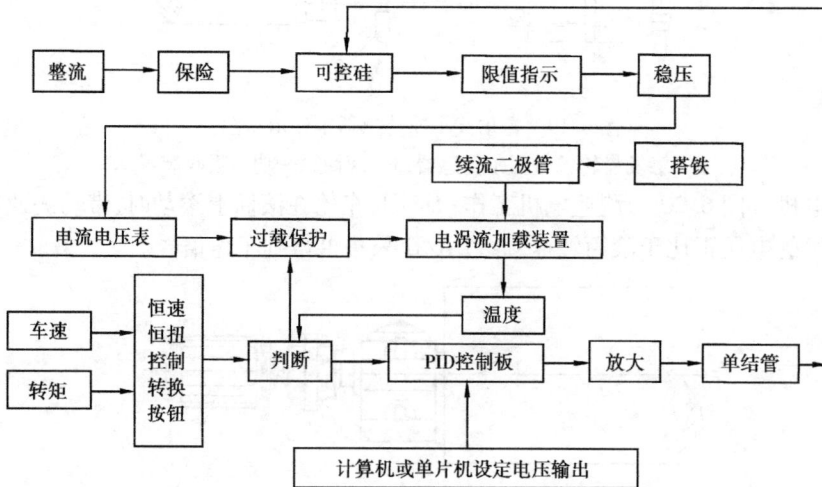

图6.22　电涡流式加载装置控制系统框图

②辅助装置及信号控制系统。汽车底盘测功机上常见的辅助装置与信号控制有举升机升降控制或滚筒锁定控制、电磁阀控制、飞轮控制、车辆检测灯控制、手动或自动控制等，它们常

通过计算机或单片机 I/O 输出板(8155 或 8255 等),再经过信号放大、驱动电路来实现。

3)**安全保障系统**

安全保障系统包括左右挡轮、系留装置、车偎、发动机与车轮冷风机,其作用如下:

①左右挡轮的目的是防止汽车车轮在旋转过程中在侧向风的作用下驶出滚筒,对前驱动车辆更应注意。

②系留装置是指地面上的固定盘与车辆相连,以防车辆高速行驶时由于滚筒的卡死飞出滚筒。

③车偎的作用一是防止车辆在运行过程中车体前后移动,同时也达到与系留作用相同的功能。

④发动机与车轮冷却风机是防止车辆在运行过程中发动机和车轮过热。

4)**引导与举升及滚筒锁定系统**

(1)引导系统

引导系统也称司机助手,其作用是引导驾驶员按提示进行操作。提示的方法有两种:一种是显示牌,另一种是大屏幕显示装置。

①显示牌。显示牌一般与计算机的串行通讯口相连,当计算机对显示牌初始化后,便可对显示牌发送 ASCII 码与汉字,以提示驾驶员如何操作车辆及显示检测结果。

②大屏幕显示器。大屏幕显示器通过 AV 转换盒与计算机相连,AV 转换盒的目的是将计算机的数字信号转换成视频信号供电视机用。

(2)举升装置

升降系统的类型较多,底盘测功机常用类型有:

①气压式升降机。气压式升降机如图 6.23 所示,它是由电磁阀、气动控制阀及双向汽缸或橡胶气囊组成的,在气压力的作用下,汽缸中的活塞便可上下运动以实现升降目的。

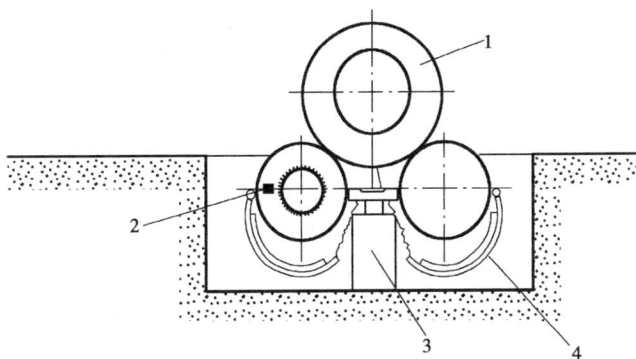

图 6.23 气压式升降机

1—车轮;2—滚筒转速传感器;3—举升器;4—滚筒制动装置

②液压举升装置。液压式举升装置通常由磁阀、分配阀、液压举升缸等组成。在液压作用下,举升缸活塞向上移动,实现举升目的。

(3)滚筒锁止系统

常用棘轮棘爪式锁止系统装置。它由双向汽缸、棘轮、棘爪、回位弹簧、杠杆及控制器组成,通过控制器控制压缩空气的通断,当某一方向通气后,空气推动汽缸活塞运动控制棘爪与棘轮离合以达到锁止或放松的目的。

6.2.2 检测功能与使用维护

1)汽车底盘测功机的主要功能

底盘测功机是一种不解体检测汽车性能的大型检测设备,现代电控底盘测功机都具有恒定车速测功和恒定电流测功的基本功能。使用中,当功能选择置于恒速,并将速度给定置于所需的车速时,可实现恒速测功;当功能选择置于恒流,并在电流给定选定所需的励磁电流值时,可实现人工调速加载条件下的测功。实际使用中可根据需要选定检测功能测定不同的项目使用变速器的最高挡,可以测定发动机全负荷工况额定转速(标定最高车速)下的驱动轮输出功率,发动机全负荷工况最大扭矩转速下的最大驱动力,还可测定发动机部分负荷及使用不同挡位时的驱动功率和驱动力,进行多工况油耗模拟试验、加速试验、滑行试验等。

2)影响底盘测功机测试精度的因素

为了保证底盘测功机的试验精度,必须分析在汽车检测过程中影响汽车底盘输出功率测定值的因素。

(1)机械阻力对汽车底盘输出功率测定值的影响

汽车底盘测功机的台架机械损失主要包括支承轴承、联轴器、升速器等,在车轮带动滚筒旋转过程中,由于摩擦力的存在要消耗一定的功率,机械损耗功率与车速成正比。

由于台架阻力消耗了汽车部分驱动力功率,在检测汽车底盘输出功率时,必须计入机械阻力所消耗的功率。

另外,有些底盘测功机在滚筒与功率吸收装置间安装有升速器,要求升速器外壳必须是浮动的,并安装拉压传感器以检测传动扭矩。由于升速器的搅油损失和机械损失不仅与加注润滑油量的多少有关,而且还随温度的变化而变化,使台架机械损失难以测得,增大了检测误差。

(2)风冷式电涡流功率吸收装置的冷却风扇对汽车底盘输出功率测定值的影响

风冷式电涡流功率吸收装置采用冷却风扇励磁线圈进行散热。由于冷却风扇与转子为一体,当转子转动时,冷却风扇自身将消耗一定的驱动功率,且与转子速度的三次方成正比。因此,当底盘测功机安装有风冷式电涡流功率吸收装置时,必须给出风扇消耗功率与转子转速(或车速)的数学模型,以便计入底盘输出功率中。

(3)滚动阻力对汽车底盘输出功率测定值的影响

由于滚动阻力系数与模拟道路面的滚筒种类、行驶车速以及轮胎的构造、材料、气压等有关,所以对其影响因素分析是必要的。具体分析如下:

①滚筒对滚动阻力系数的影响。一般来说,滚筒的直径越大,阻力越小,轮胎在滚筒上的运转就越平稳,滚动阻力系数的值和波动范围就越小;滚筒表面较光滑时,附着系数较小,有滑拖现象产生额外功耗;滚筒中心矩增加时,汽车车轮的安置角随之增大,前后滚筒对车轮支承力也随之增大,这样将导致车辆在测功机台架上运行滚动阻力增大。

②轮胎气压对滚动阻力系数的影响

轮胎气压对滚动阻力系数影响很大,气压低时在硬质路面上轮胎变形大,滚动时迟滞损失增加。为了减少该项所引起的检测误差,要求在动力性检测前必须将轮胎气压充至标准气压。

3)汽车底盘测功机的使用与维护

底盘测功机是汽车整车动力性检测的必备设备,必须由专人负责管理,定期进行检查、使用和维护。

（1）使用前的准备工作

①车辆外部清洗干净。

②不容许轮胎花纹中夹有石粒。

③轮胎气压符合标准。

④发动机底壳机油油面应在允许范围内。

⑤发动机机油压力应在允许范围内。

⑥自动变速器（液力变扭器）的液面应在规定的范围内。

（2）汽车底盘测功机的使用

①开机前必须按使用说明书的要求，对底盘测功机做好准备工作。

②按规定程序操作。

③惯性模拟系统除进行多工况油耗试验和加速、滑行试验外，不允许任意使用。

④突然停电时，引车驾驶员应即可松油门并挂空挡。

⑤被测汽车驾驶员必须严格按引导系统提示操作。

（3）定期检查

①例行检查项目。

a. 对于采用水冷电涡流式及水涡流功率吸收装置，要求检查冷却水管路是否有漏油现象。

b. 润滑系统是否有漏油现象。

c. 带有扭力箱、升速器的装置检查滚筒轴承、飞轮轴承是否有发热现象。

d. 是否有漏油、漏水及杂物。

②每六个月检查项目。

a. 各部螺栓紧固情况（紧固）。

b. 循环水池积垢情况（清除）。

c. 冷却水滤清器堵塞情况（清洗）（注：b.、c. 是对水冷式功率吸收装置）。

d. 定期润滑。系统各润滑点按说明书的要求进行润滑。

（4）定期标定

①车速传感器，1 次/年。

②牵引力传感器，1 次/年。

对于经常使用的汽车底盘测功机，严格按其说明书进行定期标定。未经法定标准计量部门标定，标定未取得合格证和标定过期的试验台测所形成的检测结果将不具有法律效力。

4）应用实例

在不同的负荷条件下，调节励磁线圈的电流，改变磁场和电涡流的强度，就可以改变驱动轮的负荷，测量出驱动轮所受到的阻力。以发动机为 3Y 丰田汽车为例，在底盘测功机上进行测量，测量结果如表 6.2 所示。

通过计算机控制电涡流测功机加载实现阻力模拟，可以测量不同的工况下汽车动力性和加速时间，测量的数据较接近汽车实际的行驶时的数据。

表 6.2　测量模拟阻力和加速时间

负荷率/%	车速/(km·h⁻¹)	阻力/N	加速时间/S
10	24.71	180	72.68
	24.82		72.39
	39.60		45.43
	39.49		45.54
25	24.77	460	72.63
	24.77		72.52
	39.38		45.64
	39.44		45.62
50	24.88	930	72.20
	24.82		72.48
	39.44		45.61
	39.60		45.43

复 习 题

1. 什么是滑行? 汽车进行滑行试验有何作用?
2. 电子式第五轮仪的结构和工作原理。
3. 叙述电涡流功率吸收装置的工作原理。
4. 在进行底盘测功时要注意哪些问题?
5. 叙述电涡流底盘测功机的基本结构和工作原理。

第**7**章
燃料经济性能检测

汽车的燃料经济性是指汽车以最小的燃料消耗完成单位运输工作量的能力,或指单位行程的燃料消耗量。

燃料经济性是汽车的主要性能之一。汽车的燃料经济性评价,一般是通过测定汽车的燃料消耗量来确定的。它是用以评价在用车辆技术状况和维修质量的重要参数,也是汽车故障诊断的重要参考。本章主要介绍汽车燃料经济性道路试验和台架试验的一般条件、试验规程、数据处理方法及仪器设备。

7.1 燃料消耗量道路试验

7.1.1 基本试验条件

试验前,应对试验的车辆进行磨合,乘用车至少应行驶 3 000 km。试验时,试验车辆必须进行预热行驶,使发动机、传动系及其他部分预热到规定的温度状态。轮胎充气压力应符合该车技术条件的规定,误差不超过 ±10 kPa(±0.1 kgf/cm²)。装载质量除有特殊规定外,乘用车试验质量为装备质量加上 180 kg,当车辆的 50% 载质量大于 180 kg 时,则车辆的试验质量为装备质量加上 50% 的载质量;商用车试验质量为:M_2、M_3 类城市客车为装载质量的 65%,其他车辆为满载。装载物应均匀分布且固定牢靠,试验过程中不得晃动和颠离;不应因潮湿、散失等条件变化而改变其质量,以保证装载质量的大小、分布不变。

试验车辆必须清洁,关闭车窗和驾驶室通风口,由恒温器控制的空气流必须处于正常调整状态,做各项燃料消耗量试验时,汽车发动机不得调整。

试验道路应为清洁、干燥、平坦的,用沥青或混凝土铺成的直线道路,道路长 2~3 km,而宽不小于 8 m,纵向坡度在 0.1% 以内。

试验应在无雨无雾,相对湿度小于 95%,气温 0~40 ℃,风速不大于 3 m/s 的天气条件下进行。

车速测定仪器和燃料流量计的精度为 0.5%;it 时器最小读数为 0.1 s。

7.1.2 试验项目及规程

1)乘用车 90 km/h 和 120 km/h 等速行驶燃料消耗量试验

(1)试验所用的挡位

如果车辆在最高挡(n)时的最大速度超过 130 km/h,则只能使用该挡位进行燃料消耗量的测定;如果在($n-1$)挡的最大速度超过 130 km/h,而 n 挡的最大速度仅为 120 km/h,则 120 km/h 的试验应在($n-1$)挡进行,但制造厂可要求 120 km/h 的燃料消耗量在($n-1$)挡和 n 挡同时测定。

为了确定在规定速度时的燃料消耗量,应至少在低于或等于规定速度时进行两次试验,并在至少等于或高于规定速度时进行另两次试验,但应满足下面规定的误差。

在每次试验行驶期间,速度误差为 ±2 km/h。每次试验的平均速度与试验规定速度之差不得超过 2 km/h。

(2)燃料消耗量的计算

①采用重量法确定燃料消耗量 C

$$C = \frac{M}{D \cdot S_g} \times 100 \, (\text{L/100 km})$$

式中　S_g——标准温度 20 ℃(293 K)下的燃料密度,km/dm³;

　　　D——试验期间的实际行驶距离, km;

　　　M——燃料消耗量测量值,kg。

②采用容积法确定燃料消耗量 C

$$C = \frac{V[1 + a(T_0 - T_F)]}{D} \times 100 \, (\text{L/100 km})$$

式中　V——燃料消耗量(体积)测量值,L;

　　　a——燃料容积膨胀系数,燃料为汽油和柴油时,该系数为 0.001 ℃;

　　　T_0——标准温度为 20 ℃(293 K),℃;

　　　T_F——燃料平均温度,即每次试验开始和结束时,在容积测量装置上读取的燃料温度的算术平均值,℃。

(3)指定速度的燃料消耗量按规定的方法取得的试验数据,用线性回归法来计算

在试验道路上的两个方向上进行试验时,应分别记录在每个方向上获得的值。为了使置信度达到 95% ,燃料消耗量的精度应达到 ±3%。为了得到此精度,可增加试验次数。

如果在平均速度等于指定速度 ±0.5 km/h 时测量燃料消耗量,可用获得的试验数据的平均值计算规定速度下的燃料消耗量。

(4)试验结果的校正

如果在等速试验时,当环境条件变化超过 2 ℃或 0.7 kPa 时,则在确定燃料消耗量和试验精度值之前采用下述给出的校正公式进行校正。

$$C_{校正} = K' \cdot C_{测量}$$

式中　$C_{校正}$——标准条件下的燃料消耗量,L/100 km;

　　　$C_{测量}$——在试验环境条件下测量的燃料消耗量,L/100 km;

　　　K'——校正系数。

2）商用车等速燃料消耗量试验

试验测试路段长度为 500 m,汽车用常用挡位,等速行驶,通过 500 m 的测试路段,测量通过该路段的时间及燃料消耗量。

试验车速从 20 km/h(最小稳定车速高于 20 km/h 时,从 30 km/h)开始,以每隔 10 km/h均匀选取车速,直至最高车速的 90%,至少测定 5 个试验车速,同一车速往返各进行两次。

以试验车速为横坐标,燃料消耗量为纵坐标,绘制等速燃料消耗量散点图,根据散点图绘制等速燃料消耗量的特性曲线。

3）商用车多工况燃料消耗量试验

（1）试验方法

汽车运行工况可分为匀速、加速、减速和怠速等几种,实际运行时,往往是上述几种工况的组合,并以此决定了汽车的油耗。所以,各国根据不同车型车辆的常用工况,制订了不同的试验循环,既使得试验结果比较接近于实际情况,又可缩短试验周期。

多工况燃料消耗量试验的方法就是将不同车型的车辆严格依据各自的试验循环进行燃料消耗量测定。

汽车尽量用高挡进行试验,当高挡位达不到工况要求,超出规定偏差时,应降低一挡进行,当车辆进入可使用高挡行驶的等速行驶段和减速行驶段时,再换入高挡进行试验。换挡应迅速、平稳。

减速行驶中,应完全放松加速踏板,离合器仍结合。当试验车速降至 10 km/h 时,分离离合器,必要时,减速工况允许使用车辆的制动器。

试验车辆在多工况的终速度的偏差为 ±3 km/h,其他各工况速度偏差为 1.5 km/h。在各种行驶工况改变过程中允许车速的偏差大于规定值,但在任何条件下超过车速偏差的时间不大于 1 s,即时间偏差为 ±1 s。

每次循环试验后,应记录通过循环试验的燃料消耗量和通过的时间。当按各试验循环完成一次试验后,车辆应迅速掉头,重复试验,试验往返各进行两次,取四次试验结果的算术平均值为多工况燃料消耗量试验的测定值。

（2）工况循环

①六工况循环如图 7.1 所示,具体说明如表 7.2 所示,适用于城市客车及双层客车除外的车辆。

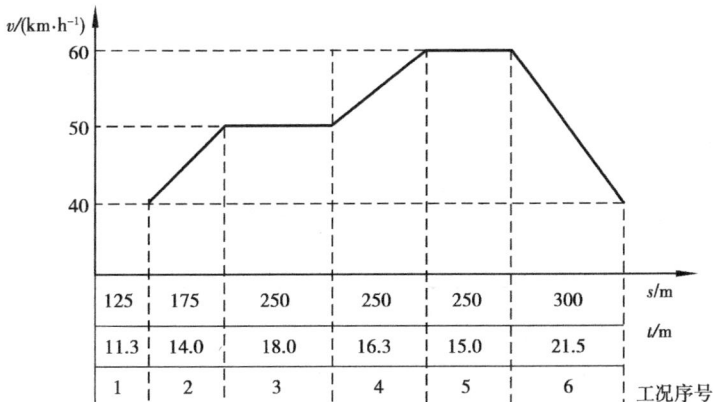

图 7.1 六工况循环

113

表7.1 六工况循环

工况序号	运行状态	行程/m	累计行程/m	时间/s	加速度/(m·s⁻²)
1	40	125	125	11.3	—
2	40~50	175	300	14.0	0.20
3	50	250	550	18.0	—
4	50~60	250	800	16.3	0.17
5	60	250	1 050	15.0	—
6	60~40	300	1 350	21.5	0.26

②四工况循环如图7.2所示,具体说明如表7.2所示,适用于城市客车和双层客车(包括城市铰接客车)。

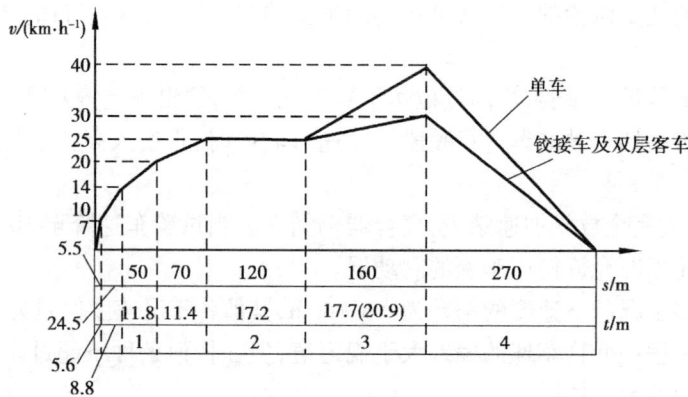

图7.2 四工况循环
表7.2 四工况循环

工况序号	运转状态/(km·h⁻¹)	行程/m	累积行程/m	时间/s	变速器挡位及换挡车速/(km·h⁻¹)	
					挡 位	换挡车速
1	0~25 换挡加速	5.5	5.5	5.6	Ⅱ~Ⅲ	6~8
		24.5	30	8.8	Ⅲ~Ⅳ	13~15
		50	80	11.8	Ⅳ~Ⅴ	19~21
		70	150	11.4	Ⅴ	
2	25	120	270	17.2	Ⅴ	
3	(30)25~40	160	430	(20,9)17.7	Ⅴ	
4	减速行驶	270	700		空挡	

注:①对于5挡以上变速器采用Ⅱ挡起步,按表中规定循环试验;对于4挡变速器Ⅰ挡起步,将Ⅳ挡代替表中Ⅴ挡,其他
　　依次代替,则按表中规定试验循环进行。
　　②括号内数字适用于铰接式客车及双层客车。

4）商用车试验数据的校正和重复性检验

为使试验具有可比性,燃料消耗量的测定值均应校正到 20 ℃、气压 100 kPa、汽油密度 0.742 g/mL、柴油密度 0.830 g/mL 状态下。

$$\varphi_0 = \frac{\overline{Q}}{C_1 \cdot C_2 \cdot C_3} \tag{7.1}$$

式中　Q_0——校正后的燃料消耗量,L/100 km；

　　　$\overline{Q}$——实测的燃油消耗量的均值,L；

　　　C_1——环境温度校正系数；

　　　C_2——大气压力的校正系数；

　　　C_3——燃料密度的校正系数。

商用车等速行驶燃料消耗量试验和多工况燃料消耗量试验的试验结果,须经重复性检验。若等速行驶燃料消耗量试验和多工况燃料消耗量试验是严格按基本实验条件进行的,则根据误差理论可认为试验是在等精度下进行的测量。测量结果符合正态概率分布规律,测量值的算术平均值最接近真值,试验的重复性可按第 95 百分位分布来判断。

第 95 百分位分布的标准差 R 与重复试验次数 n 有关,如表 7.3 所示。

表 7.3　标准差 R 与重复试验次数 n 的对应关系

n	1	2	3	4	5
R/（L/100 km）	$0.053\overline{Q}$	$0.063\overline{Q}$	$0.069\overline{Q}$	$0.073\overline{Q}$	$0.085\overline{Q}$

其中,$\overline{Q}$ 为每项试验时,n 次试验所测得燃料消耗量的算术平均值,单位 L/100 km。

设 ΔQ_{max} 为每项试验时,n 次试验结果中最大燃料消耗量值与最小燃料消耗量值之差。

当 $\Delta Q_{max} < R$ 时,认为试验结果的重复性好,不必增加试验次数。当 $\Delta Q_{max} > R$ 时,认为试验结果的重复性差,应增加试验次数。

试验结果的置信区间 ΔQ_v（置信度 90%）：

$$\Delta Q_v = \pm \frac{0.031}{\sqrt{n}}\overline{Q} \tag{7.2}$$

7.1.3　道路的主要仪器设备

在燃料消耗量测定的试验中主要测量车速、距离、时间和燃料消耗量等参数,车速、距离和时间的测量仍然用五轮仪或非接触式车速仪。燃料消耗量的检测仪器为油耗仪,它可测量某一段时间间隔或某一里程内,流体通过管道的总体积或总重。为提高测量精度,在流量仪表前应有足够的直管段长度或加装流量整流器,以使仪表前的流速分布保持稳定。最后用综合测试仪处理出试验结果。

由于实车道路试验的仪器布置和电源等问题,目前使用的流量计多半是活塞式的,它是容积式流量计的一种。

容积式流量计的工作原理是使被测流体充满一定容量的测量室,靠流体压差推动齿轮、腰轮、活塞或刮板等旋转,再由传动机构带动计算器累计液体充满测量室的次数,则可得出被测流体的总量,再除以测定时间间隔或行驶里程即可得平均燃料消耗量。

容积式流量计的量程比较宽,一般为 10:1,精度较高,可达 0.2 级,安装方便,仪表前后的直管段要求不高,但其结构较复杂,使用时需小心维护。

椭圆齿轮流量传感器是一种典型的容积式流量计,它对被测液体的黏度变化不敏感,故常用于黏度较大液体的流量测量,其结构原理如图 7.3 所示。在计量室内装有一对互相啮合的椭圆齿轮,在流体压差的作用下,它们交替地相互驱动,各自绕定轴旋转,每转一周,两齿轮从月牙空腔中排出液体,用齿轮传动和计算部分连接,由仪表指针直接指出被测流体总量。

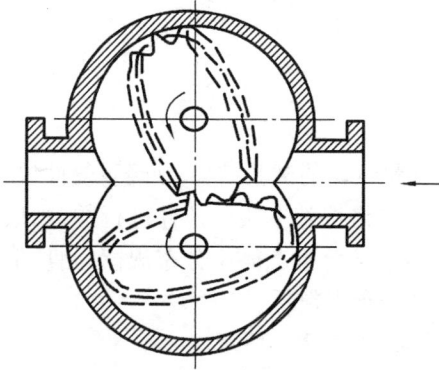

图 7.3 椭圆齿轮流量传感器

图 7.4 所示是另一种典型的容积式流量传感器——活塞流量传感器的结构原理图,它由传感器和二次仪表两部分组成。传感器是一小型四缸油压马达,当燃油通过时,传感器内的油压马达在油压作用下旋转。马达的活塞与缸套系精密加工磨合的,故马达每转排油量是恒定的。马达的转数与流量成正比,传感器结构简图如图 7.4 所示。其下面部分为测量器,燃料经滤油器 5 进入,推动四个活塞 4 运动,使曲柄轴 6 转动,曲柄轴每转一周,四个活塞各排油一次,经排油腔 3 排出定量燃油。四个活塞安装在一个曲柄轴上,活塞尾部进油,推动曲柄轴转动,图 7.4(b)中 1、2、3、4 为排油孔,与出油管相连;5、6、7、8 是油缸进、排油公用油路,旋转方向的前一活塞控制后一个油缸的进排油,起三通阀的作用,通过活塞的排油量与曲柄轴转速成正比。

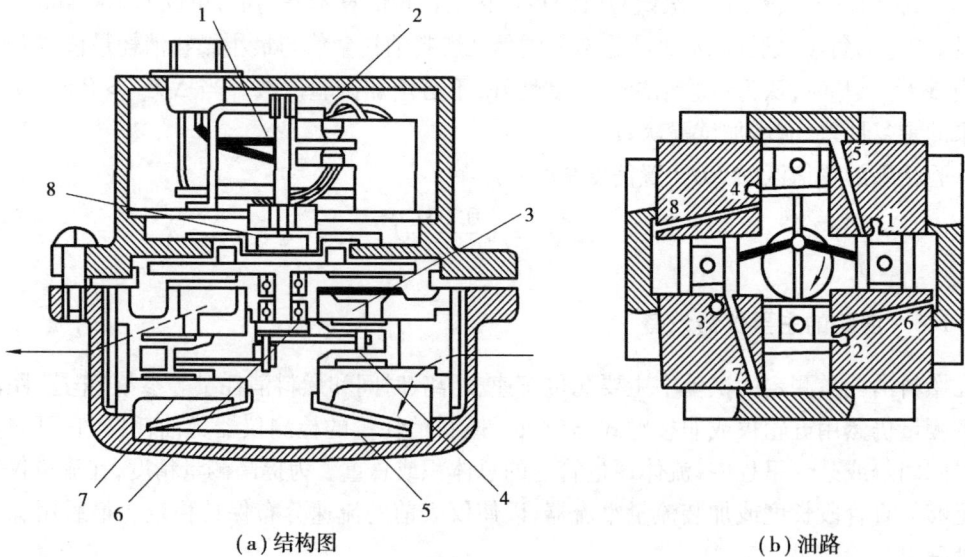

(a)结构图   (b)油路

图 7.4 活塞流量传感器

1—光隙板;2—光电管;3—排油腔;4—活塞;5—滤油器;6—曲柄轴;7—油缸体;8—磁耦合轴

上面部分为光电检测器,曲柄轴转动,经磁耦合联轴器带动控制器轴 8 转动,由轴上光隙板 1 经光电管 2 转换为电脉冲信号输出。

燃料流量传感器产生的脉冲信号经放大整形、分频,然后送入计数器,累计燃油消耗量。当车辆进入测量段起点时,油耗仪开始测量,当车辆离开测量段终点时,停止测量,则计算器记录了车辆通过测量段的累加燃油消耗量,如同时记录车辆通过测量段的时间,则可计算出车辆的百千米油耗。

传感器与二次仪表安装时,传感器串联在测量油路中,远离发动机热源,水平固定,流经传感器的燃油不准倒流,必要时应加单向阀或在光电检测器中增加回流流量的检测电路。

7.2 燃料消耗量台架试验

7.2.1 台架试验

1)概述

在汽车底盘测功机(即转鼓试验台)上进行循环试验(测定油耗)是近年来新发展的试验方法,已日益受到广泛重视。所用底盘测功机能反映汽车行驶阻力与加速时的惯性阻力以模拟道路上的行驶工况。

在室内底盘测功机上可以按照很复杂的循环进行试验。图7.5是美国UDDS循环的速度一时间关系曲线,整个循环费时23 min,行程12 km。它是根据美国洛杉矶市的交通情况拟订的,包含了一系列不重复的加速、减速、怠速和接近于等速的行驶过程。经过研究,UDDS循环确实能代表洛杉矶市中心的汽车运行状态,但比美国其他一些城市的平均速度要低些,怠速时间多一点。

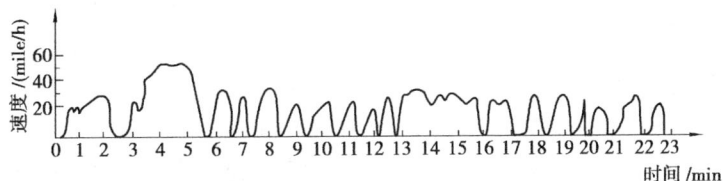

图7.5 美国市内测功机行驶循环(UDDS)的速度-时间曲线

如图7.6所示,将汽车驱动轮置于底盘测功机的转鼓之上,驱动轮既可拖动转鼓又可进行反拖。如果将底盘测功机装在有空调设施的试验室内,则就不会有风和气温的变化,使行驶阻力保持一定,所以试验具有良好的再现性。

10工况油耗和EPA油耗均是利用底盘测功机测定的。其中10工况油耗行驶规范是模拟东京市区汽车运行情况制定的,EPA油耗试验规定了市区和干线公路两种行驶规范。

(1)用底盘测功机测量油耗的优点

①在室内进行试验不受外界气候条件的限制,且油耗测量值重复性好。

②由于能控制试验条件,因此周围环境影响的修正系数可以减到最小。

③若能控制室温,可在不同气温条件下进行试验。

④由于室内便于控制行驶状况,因此能采用符合实际的复杂循环。

⑤可以同时进行燃料经济性与排气污染试验。

⑥能采用多种测量油耗的方法,如重量法、体积法与碳平衡法等。

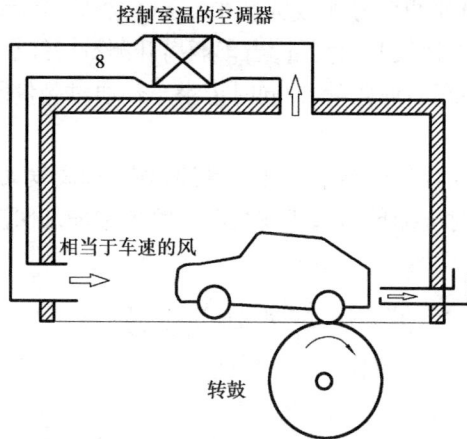

图 7.6　燃油消耗量台架试验示意图

（2）用底盘测功机测量油耗的缺点

①不易准确模拟路上的滚动阻力和空气阻力。

②室内冷却风扇产生的冷却气流与道路上行驶时的实际情况不一致。

③不易给出准确的惯性阻力。

可见，与其他方法相比，用测功器测量油耗优点较多。

2）负荷设定方法

在底盘测功机上进行油耗试验时的负荷设定根据发动机的形式，可选择负荷法和滑行法。

负荷法一般适用于汽油车的负荷设定。汽车行驶阻力随车速的提高而增加，所以一般节气门开度也要随之加大。在同一种速度下，如果汽车在底盘测功机上和在试车场跑道上的节气门开度是相同的话，则说明两者阻力是一样的，可利用其中之一原理确定底盘测功机的设定负荷。汽油车的节气门开度和负荷（进气管真空度）大致成正比，所以可控制节气门开度，使测功机负荷与跑道负荷相同，即控制了测功机的制动力矩。

柴油车不能用负荷法试验，需采用滑行法确定设定负荷。当汽车从某一车速脱挡滑行时，由于汽车行驶阻力特性不同，速度变化所需时间也不一样，利用这一原理，便可使底盘测功机试验和跑道试验保持同样的减速时间，从而控制了底盘测功机的制动力矩。

7.2.2　台架试验的测定方法

由于底盘测功机的燃料消耗试验是在室内进行的，仪器布置及电源问题比较容易解决，因而燃料消耗量的测定方法可采用容积法、质量法、速度法、排气法等多种方法。

1）容积法

容积式流量计的工作原理是使被测流体充满一定容量的测量室，靠流体的压差推动齿轮、腰轮、活塞或刮板等旋转，再由传动机构带动积算器，累计液体充满测量室的次数，则可得出被测流体的总量，再除以测定时间间隔即可得平均流量。

平衡电桥式油耗仪属容积式流量计，可测定汽车每消耗单位容积燃料所能行驶的里程（即千米/升），实际上这种油耗计是一种油耗率计。

平衡电桥式油耗仪由桥式电路、车速表 A、流量计 B 和电流表 C 组成，如图7.7所示。桥式电路的一只可调电阻臂 R 装在流量计 B 中,用以提供发动机燃料消耗量信号;桥式电路的另一只可调电阻臂 R_0,用于调整电桥平衡。桥式电路两对角线分别接车速表 A 和电流表 C,表 A 提供车速信号,表 C 指示测量结果。

　　流量传感器 B 的结构如图7.8所示。膜片盒(即图7.7中的7)上装有进油管8和限流出油管9。膜片盒内装有波纹膜片10,膜片下端支撑着一个板11,膜片上端作为密封垫夹在盒体与盖之间。电桥的可调电阻 R_1,装在膜片盒里面,可调电阻 R_1 的滑动臂12(如图7.7所示)与板11(如图7.8所示)相连,并由板推动。当燃油没有通过管8、膜片盒7和管9时,膜片处于自由伸展状态(图7.8右侧所示);当燃油通过上述途径时,膜片被压缩(图7.8左侧所示),并通过板11推动可调电阻 R_1 的滑动臂12移动。滑动臂12位移的大小,由膜片被压缩的程度而定,而膜片的压缩量取决于膜片两端的燃油压力差。燃油压力差与燃油流量有关,所以桥式电路可

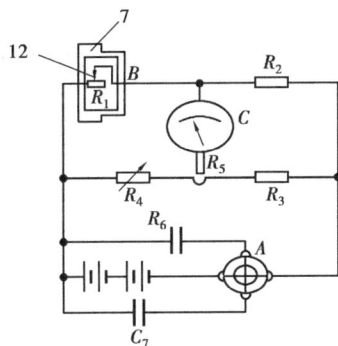

图7.7　平衡电桥式油耗仪电路图
7—膜片;8—进油管;9—出油管;
10—波纹膜片;11—板;12—滑动臂

调电阻 R_1 的值与燃油流量成反比。滑动臂移动时,R_1 阻值改变,破坏了桥式电路的平衡而推动电流表 C 偏转。

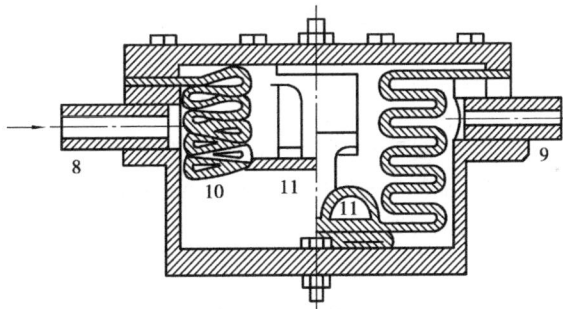

图7.8　流量传感器结构图

　　由于电流表 C 的读数近似与车速电流信号和流量传感器 B,与引起桥式电路不平衡电流信号的乘积成正比,所以电流表 C 的读数是汽车行驶时,消耗单位容积燃料所行驶的里程数,即以千米/升为计量单位。

　　2)**重量法**

　　按容积测定的燃料消耗量,会因燃料和环境温度的变化而引起测量误差。而按重量法测定燃料消耗量,则不受燃料密度等条件的影响,方法也比较简单,广泛用于油耗精密测量中。

　　图7.9是一种重量式油耗计简图,这种油耗计可用来测量汽油或柴油的消耗量。

　　重量式油耗计由称重装置、控制装置和记录装置等组成。燃油从储油箱经电磁阀4和管3注入称重装置秤盘上的油杯1中,通过油管2供给被测定的发动机。电磁阀的开闭由两个微型限位开关5和6来控制,而微型开关装在平衡块行程限位器7和微型开关6的继电器上。需要测量的油量由两个光电二极管8和9以及装在指针上的光源10来控制。光电二极管8是固定的,可用于控制记录装置。二极管9装在活动滑块上,滑块通过齿轮齿条移动,齿轮轴

与鼓轮 11 相连,鼓轮带有以克为单位的分度盘。燃料消耗量通过鼓轮 11 的转动,可显示在分度盘上。用这种油耗计自动测量燃料消耗量时,首先给油杯 1 充油,称量秤左端下沉。当平衡块行程限位器 7 到达微型开关 6 的位置时(微型开关 6 起挡块作用),开关 6 将关闭电磁阀 4 而停止充油。当油杯 1 中燃油流向被测发动机时,由于重量减轻而使称量秤左端上升,通过杠杆机构推动指针摆动,当光源 10 的光束射到光电二极管 8 上时发出信号,记录仪开始工作。当油杯中燃油耗尽,光束便射到二极管 9 上,它便发出信号使记录仪停止工作。记录仪由两个带数字显示的半导体计数器组成:一个用于计算发动机曲轴的转速;另一个计数器起秒表作用。

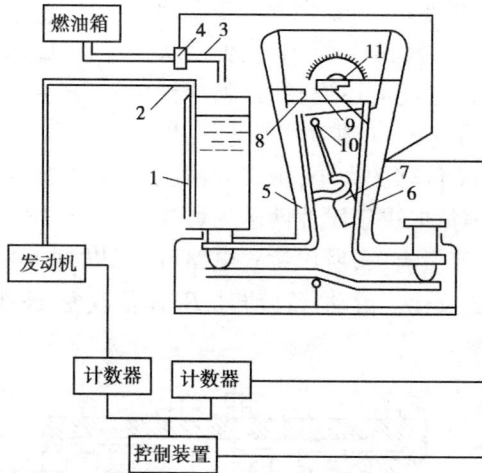

图 7.9　重量式油耗仪简图

1—油杯;2—油管;3—管;4—电磁阀;5,6—微型限位开关;
7—平衡块行程限位器;8,9—光电二极管;10—光源;11—鼓轮

3)排气法

排气法也称"碳平衡"法,所谓碳平衡,就是指所耗燃油中的碳量与排气中 CO,CO_2,HC 所含碳的总量相等。根据这个道理,可应用排气分析的结果计算出燃料消耗量。

试验时,将排出气体采集装置装在试验汽车排气管的开口处,连接部应安装固定好,不能有排气泄漏。采集分析所需的排气量(100 L 左右),用非分散型红外线分析仪和氢火焰离子化型分析仪分别分析排气中 CO,CO_2 和 HC 成分,并按照下式计算出燃料消耗量。

$$Q = \frac{0.866 \times G}{0.429 \times CO_{mass} + 0.866 \times HC_{mass} + 0.273 \times CO_{2mass}} \tag{7.3}$$

式中　Q——燃油消耗量, km/L;

　　　G——1 升燃油的质量,g;

　　　CO_{mass}——CO 的排出量,g/ km;

　　　HC_{mass}——HC 的排出量,g/ km;

　　　CO_{2mass}——CO₂ 的排出量,g/ km。

7.2.3　应用实例

汽车燃料经济性的试验是在底盘测功机上测量油耗,利用调节励磁线圈的电流,改变磁场和电涡流的强度,就可以改变驱动轮的负荷,测量出驱动轮所受到的阻力和排放污染物的浓度。下面以发动机为 DLV02C 的小货车为例,在底盘测功机上进行行驶阻力检测,利用滤纸式烟度计 FBY—200 检测排放污染物。测量结果如表 7.4 所示。

表 7.4　测量阻力和排放污染物浓度

车速/(km·h⁻¹)	阻力 F/N	滤纸式烟度计(FSN)			
		第 1 次	第 2 次	第 3 次	平均值
20	150	0.8	0.9	0.8	0.8
25	120	0.5	0.4	0.5	0.5
30	100	0.9	0.9	0.9	0.9
35	90	1.2	0.9	1.0	1.0
20	260	0.9	0.9	0.9	0.9
25	210	0.5	0.5	0.5	0.5
30	170	0.5	0.8	0.6	0.6
35	150	1.0	0.9	1.1	1.1
24	300	0.8	0.7	0.8	0.8
35	210	1.0	0.9	0.9	0.9
40	180	1.1	0.9	1.1	1.1
45	160	0.8	0.9	1.0	1.0
35	260	1.1	1.1	1.1	1.1
40	230	1.1	1.0	1.1	1.1
45	200	1.3	1.2	1.2	1.2
50	180	1.2	1.2	1.2	1.2

测量结果分析,发动机负荷率(%)一定时,随着车速(km/h)的增加,驱动轮所受到阻力减小,废气的排放量也有所增大;发动机负荷率(%)的增大时,随着车速(km/h)的增加,驱动轮所受到阻力增加不大,但废气的排放量增大。

复 习 题

1. 试简述汽车燃料经济性检测的意义及评价指标。
2. 汽车油耗计有哪些种类?
3. 汽车油耗计在使用时应注意哪些事项?
4. 利用底盘测功机进行油耗试验有哪些优缺点?
5. "碳平衡"法测量油耗的结构和工作原理是什么?

第**8**章

制动性能检测

8.1 概　述

汽车制动性是汽车主动安全性的主要性能之一,它直接影响汽车速度性能的发挥,关系到乘员、车辆和行人的安全,是汽车安全行驶的基本保障。汽车若没有优良的、可靠的制动性,再好的动力性、再好的道路也都不能发挥其效能,收不到快速、高效运输的社会效益。因此,汽车制动性受到制造厂、使用者、维修和管理人员的高度重视,对汽车制动性提出了越来越严格的法规性要求。

汽车制动性是由汽车制动装置的各结构参数确立的,通过制动过程输出特性参数显示出来。表征制动性的特性参数主要是制动效能、制动效能的恒定性和制动时汽车的方向稳定性。

汽车制动性能主要由以下三个方面来评价:

1)制动效能

通常用制动距离、制动减速度、制动力等参数来评价制动效能,既要求制动系统应具有足够的制动力,并使前后桥制动力分配合理,以便充分利用各桥垂直载荷,保证汽车在一定初速度下的制动距离在规定范围内。

2)制动效能的恒定性

要求制动器的摩擦材料性能可靠,摩擦片具有高抗热衰退能力,以避免制动鼓温度较高时摩擦系数急剧下降,制动力迅速减小,摩擦片磨损加剧,甚至烧损,以致制动性能变坏。

3)制动时汽车的方向稳定性

要求制动时汽车不发生侧偏、侧滑以及失去转向能力。如左右制动力不平衡、前后桥制动力分配不合理都对制动方向产生不良影响。

8.2　路试检测制动性能

8.2.1　制动距离

汽车制动是一个比较复杂的过程,从制动的全过程来看,可分为:驾驶员发现信号后做出反应,制动器起作用,持续制动和制动彻底放松四个阶段。通常制动距离是指汽车在规定的初速度下急踩制动时从脚接触制动踏板(或手触动手柄)时起至车辆停止时车辆行驶过的距离。

制动器起作用阶段汽车驶过的距离(S_1)可按下式计算:

$$S_1 = \left(t_{21} + \frac{t_{22}}{2} \right) v \, (\text{m}) \tag{8.1}$$

式中　t_{21}——制动系响应时间,s;

　　　t_{22}——制动力增长时间,s;

　　　v——制动初速,m/s。

制动系响应时间(有的文献称为滞后时间)是指制动时,踏下制动踏板克服自由行程、制动器中蹄与鼓的间隙等所需的时间。

$T_{21} + t_{22} = t_2$ 总称为制动系作用时间。显然制动系作用时间(t_2)越短,汽车在制动器起用阶段驶过的距离(s_1)也就越短。制动系作用时间(t_2)取决于驾驶员促动制动控制装置的速度,更主要是取决于制动系的结构。制动系结构定型后,制动系作用时间的长短就取决于制动系的技术状况,尤其是制动器的技术状况。

相关的文献对制动时间的定义尚不一致,制动器起作用时间在 GB 7258—2004 称为制动协调时间;在 GB 12676—1999 称为制动反应时间;在 GB/T 5620—2002《道路车辆汽车和挂车制动名词术语及其定义》中,将 t_{21} 称开始响应时间,t_{22} 称为增长时间。

持续制动阶段汽车驶过的距离(s_2)为:

$$S_2 = \frac{v^2}{2j} \, (\text{m}) \tag{8.2}$$

式中　v——制动初速,m/s;

　　　j——制动减速度,m/s^2。

$$j = \frac{F_{\mu\text{max}}}{\dfrac{G}{g}} \, (\text{m/s}^2) \tag{8.3}$$

式中　$F_{\mu\text{max}}$——制动器最大制动力,N;

　　　G——汽车重力,N;

　　　g——重力加速度,m/s^2。

汽车制动时,若制动器的最大制动力($F_{\mu\text{max}}$)尚未达到或不能达到路面附着力(F_φ),且在制动过程是恒定不变的,则汽车在持续制动阶段内驶过的距离为:

$$S_2 = \frac{v^2}{2F_{\mu\text{max}}} \frac{G}{g} \, (\text{m}) \tag{8.4}$$

若在持续制动阶段内制动器的最大制动力达到或超过路面附着力,且最大制动力稳定不变,此时的汽车制动减速度达最大值,$j = \varphi g$。汽车驶过的距离为

$$S_2 = \frac{v^2}{2\varphi g} \ (\text{m}) \tag{8.5}$$

显然,汽车在持续制动阶段内驶过的距离取决于制动系的结构,取决于制动器所能发出的最大制动力,只有制动器发出的制动力达到或超过路面附着力时才能使汽车驶过的距离最短,而路面附着条件只是外因。即使路面附着条件再好,制动器发出的制动力达不到路面附着力,就无法充分利用道路的附着条件,获取不到最佳制动效果。当制动系结构定型后,制动距离的长短就取决于制动系的技术状况了。制动系的状况不佳,制动器发不出固有的制动力,就只能延长制动距离了。

汽车在制动两阶段内驶过距离的和便是制动距离(S),即

$$S = S_1 + S_2 = \left(t_{21} + \frac{t_{22}}{2}\right)v + \frac{v^2}{2j} (\text{m}) \tag{8.6}$$

从式中可见,决定汽车制动距离的主要因素是:制动器作用时间、制动器的最大制动力以及起始制动车速。制动器的最大制动力越大,起始制动车速越低,制动距离越短。

真正使汽车减速停车的是持续制动时间,但制动器作用时间对制动距离的影响不容忽视。如,一辆汽车在良好的硬路面上,以 30 km/h 速度制动到停车的距离为 5.7 m。若设制动器作用时间为 0.2 s,则在 0.2 s 内汽车驶过的距离为 1.25 m,占总制动距离 22% 左右。若制动器作用时间为 0.6 s,则相应的行驶距离延长到 3.75 m,总制动距离增加到 8.18 m,就已超出有关交通法规的容许值了。

制动器作用时间、制动器最大制动力均取决于制动器的结构形式和结构参数。改进制动器结构,减少制动器作用时间,是缩短制动距离的有效措施。例如,早年的"红旗"CA770 轿车制动器由真空助力改为压缩空气助力后,以 30 km/车速的制动试验表明,制动距离缩短了32%,制动时间减少了 31.6%,最大制动减速度提高 3.5%。虽然试验未单独列出制动作用时间的变化,由于最大减速度提高不多,说明持续制动时间缩短不多,因此可以认为缩短制动距离主要是制动器作用时间减少的结果。

制动距离计算的参数中,时间参数 t_{21} 和 t_{22} 不易准确测定,制动力在制动过程也不是固定不变的,路面附着系数也是随路面而变的变量,因此应用上列算式计算制动距离的实际意义不大,通常都是由实车路试测定。但制动距离算式较全面地表达了影响制动距离的几个因素,有助于定性的分析各种因素对制动距离的影响。

8.2.2　制动减速度

制动减速度的大小是汽车降低行驶速度能力强弱的量化体现,制动减速度也是表征汽车制动效能的重要特性参数。

众所周知,汽车制动过程,减速度不是固定不变的,不是常量而是变量。因此,是选用制动减速度的瞬时值(瞬时减速度 $j = \text{d}v/\text{d}t$,GB/T 5620—2002)、最大值还是均值才能准确地反映汽车的制动性,通常都是用制动减速度的均值,即平均制动减速度表征汽车的制动性。并按制动减速度的时间函数曲线取值计算制动减速度均值(对时间的平均减速度,GB/T 5620—2002)。实践表明,这样求得的制动减速度均值常常与制动距离的测试结果不协调、不统一,

即同一个平均制动减速度值可以表征不同的制动过程,从而使制动减速度失去了用作表征汽车制动性主要特征参数的价值。这样,问题的关键是如何取值计算平均制动减速度。

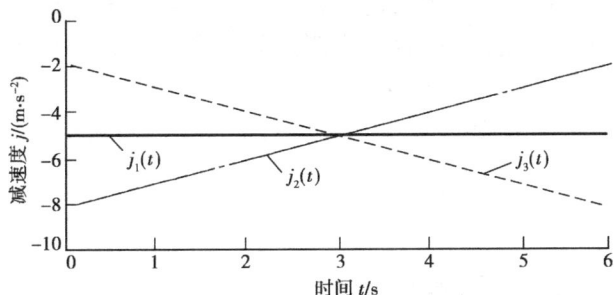

图 8.1　制动减速度均值相等的减速度曲线示例

汽车制动过程通常都用制动初速度、距离、减速度的时间函数描述。设有 3 种制动过程,以 30 m/s 初速度制动,在 $0 \sim 6$ s 时间内的制动减速度时间坐标曲线如图 8.1 所示,即

$$j_1(t) = -5 \text{ m/s}^2 \tag{8.7}$$
$$j_2(t) = -(8 - 1t) \tag{8.8}$$
$$j_3(t) = -(2 + 1t) \tag{8.9}$$

若按时间计算 3 种制动过程在 $0 \sim 6$ s 制动时间内的平均制动减速度值相等,都等于 5 m/s²。

对上列三式积分可得到制动速度曲线,再对制动速度曲线积分便可得到如图 8.2 所示的制动距离曲线,即

$$S_1(t) = 30t - 2.5t^2 \tag{8.10}$$

$$S_2(t) = 30t - (8 + 0.3t) \cdot \frac{t^2}{2} \tag{8.11}$$

$$S_3(t) = 30 - (2 + 0.3t) \frac{t^2}{2} \tag{8.12}$$

从图 8.2 可见,按时间计算的平均制动减速度值相同的 3 种制动状况,其间的制动距离相差很大,分别为 $S_1 = 90$ m、$S_2 = 72$ m、$S_3 = 108$ m,如图 8.3 所示。

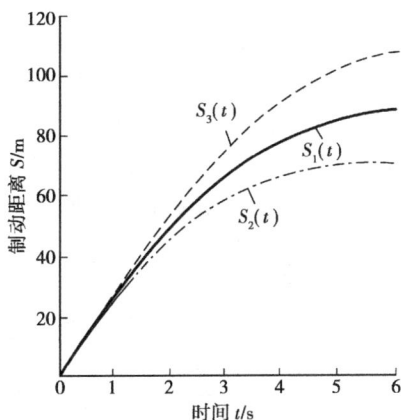

图 8.2　对应图 8.1 减速度曲线的距离时间曲线

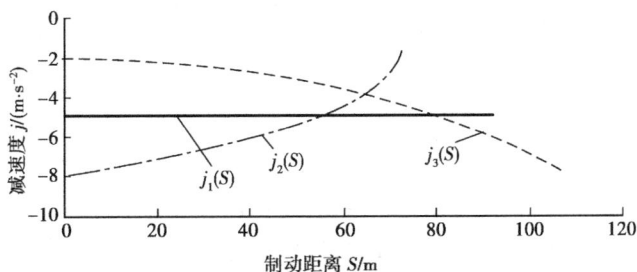

图 8.3　对应图 8.1 减速度曲线的制动距离曲线

根据持续制动阶段内制动距离与减速度之间的关系 $j = \dfrac{v^2}{2 \cdot S}$，按制动距离来计算图 8.1 的 3 种制动状况的减速度，则相应的平均减速度为：$j_{s1} = 5\ \text{m/s}^2$；$j_{s2} = 6.25\ \text{m/s}^2$；$j_{s3} = 4.17\ \text{m/s}^2$。显然，按减速度的距离函数求得的平均减速度值完全不同于按时间函数的计算值。要使求得的平均减速度与制动距离协调一致，就必须按减速度的距离函数计算平均减速度。

根据运动学的下列基本算式可推导出按距离计算的平均减速度(对距离的平均减速度，GB/T 5620—2002)的算式，即

$$v(t) = \mathrm{d}S/\mathrm{d}t \quad j(t) = \mathrm{d}v/\mathrm{d}t \quad \mathrm{d}S = \frac{v(t) \cdot \mathrm{d}v}{j(t)} \tag{8.13}$$

用一个特定不变的平均制动减速度 $\bar{j}$ 等效代换上列第三式中的 $j(t)$，并对第三式积分，同时，取制动距离积分的上、下限为 S_b、S_e；制动速度积分的上、下限为 v_b、v_e，则有

$$\int_{S_b}^{S_e} \mathrm{d}S = S_e - S_b = \frac{1}{\bar{j}} \cdot \int_{v_b}^{v_e} v(t) \cdot \mathrm{d}v = \frac{1}{\bar{j}} \cdot \frac{v_b^2 - v_e^2}{2} \tag{8.14}$$

$$\bar{j} = \frac{v_b^2 - v_e^2}{2(S_e - S_b)} \tag{8.15}$$

汽车制动过程从开始状况($v_b = v$)到停车($v_e = 0$)是一个连续过程。因此，计算平均制动减速度值必须界定计算时的取值区间，即取值的上限和下限。否则，同一制动过程由于计算时取值区间的不一致，就是按上式的制动减速度距离函数计算的制动减速度，也会得到不同的减速度值。从图 8.4 可见，上、下限取值可以有多种。图中线 1 为车速下降到 80% 初始车速时刻的时间(t_b)、距离(S_b)和速度(v_b)，车速下降到 10% 初始车速时刻的时间(t_e)、距离(S_e)和速度(V_e)；线 2 为车速下降到 90% 初始车速时刻的时间(t_b)、距离(S_b)和速度(v_b)，车速下降到 5% 初始车速时刻的时间(t_e)、距离(S_e)和速度(v_e)；线 3 为减速度上升到最大值的一半之后的 0.3 s 时刻的时间(t_b)、距离(S_b)和速度(v_b)，减速度下降到最大值的一半之前的 0.1 s

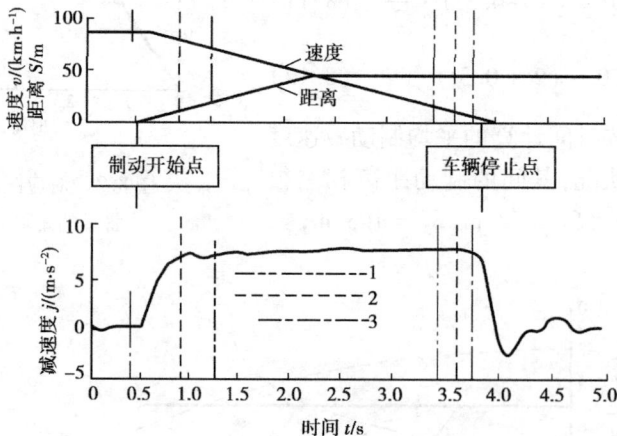

图 8.4　制动距离、速度、减速度时间函数示例

时刻的时间(t_e)、距离(S_e)和速度(v_e)。虽然，计算减速度值的上下限取值区间均在持续制动阶段的范围内，但同一制动过程计算所得的平均减速度值也将随取值区间而异。因此，必须统一规定计算平均减速度值的取值区间，才能建立以平均减速度评定汽车制动性的基础。为此，

联合国欧洲经济委员会(ECE)第十三号法规对计算平均减速度的取值区间作了规定,并将计算得到的平均减速度冠名为"充分发出的平均减速度(Mean Full Developed Deceleration, MFDD)",即

$$\text{MFDD} = \frac{v_b^2 - v_e^2}{2(S_e - S_b)} \ (\text{m/s}^2) \tag{8.16}$$

式中　v_b——0.8v 的汽车制动车速,m/s;

　　　v_e——0.1v 的汽车制动车速,m/s;

　　　S_b——汽车制动车速从 v 到 v_b 的行驶距离,m;

　　　S_e——汽车制动车速从 v 到 v_e 的行驶距离,m。

上式中的 v_b、v_e 和 S_e、S_b 值都是通过汽车道路试验实测得到。将测得的试验数据可绘制出制动车速与制动距离曲线,从曲线上就可提取计算 MFDD 所需要的数据,如图 8.5 所示。

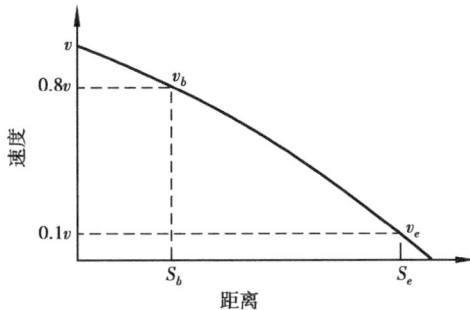

图 8.5　汽车制动距离与制动车速曲线示例

8.2.3　路试检测汽车制动性能

1)路试检测条件

行车制动性能和应急制动性能检测应在平坦(纵向坡度不应超过 1%)、应实、清洁、干燥且轮胎与地面间的附着系数不小于 0.7 的水泥或沥青路面上驻车。驻车制动试验若在坡道上进行,要求坡度为 20%,轮胎与路面间的附着系数不小于 0.7。

2)行车制动性能检测

(1)用制动距离检测行车制动性能

汽车在规定的初速度下的制动距离和制动稳定性应符合表 8.1 的要求,对空载制动距离有质疑时,按表 8.1 满载检验的制动性能要求进行。

(2)用平均减速度检测行车制动性能

汽车、汽车列车和无轨电车在规定的初速度下急踩制动时充分发出的平均减速度和制动稳定性应符合表 8.2 的要求,单车制动协调时间不大于 0.6 s,列车制动协调时间应不大于 0.8 s,对空载检测结果有质疑时,可按表 8.2 满载检测的制动性能要求进行。

充分发出的平均减速度由式(8.16)计算。制动协调时间是指在急踩制动时,从踏板开时动作至车辆减速度(或制动力)达到如表 8.2 规定的车辆,充分发出的平均减速度(或表 8.6 所规定的制动力)的 75% 时所需的时间。

表 8.1　制动距离和制动稳定性要求

机动车类型	制动初速度 /(km·h⁻¹)	满载检验 制动距离要求/m	空载检验 制动距离要求/m	试验通道宽度/m
三轮汽车	20	≤5.0		2.5
乘用车	50	≤20.0	19.0≤	2.5
总质量不大于 3 500 kg 的汽车	30	≤9.0	≤8.0	2.5
其他总质量不大于 3 500 kg 的汽车	50	≤22.0	≤21.0	2.5
其他汽车、 汽车列车	30	≤10.0	≤9.0	3.0
两轮摩托车	30	≤7.0		—
边三轮摩托车	30	≤8.0		2.5
正三轮摩托车	30	≤7.5		2.3
轻便摩托车	20	≤4.0		—
轮式拖拉机运输机组	20	≤6.5	≤6.0	3.0
手扶变型运输机	20	≤6.5		2.3

表 8.2　平均减速度和制动稳定性要求

机动车类型	制动初速度 /(km·h⁻¹)	满载检验充分 发出的平均减速 度/(m·s⁻²)	空载检验充分 发出的平均 减速度/(m·s⁻²)	试验通道 宽度/m
三轮汽车	20	≥3.8		2.5
乘用车	50	≥5.9	≥6.2	2.5
总质量不大于 3 500 kg 的汽车	30	≥5.2	≥5.6	2.5
其他总质量不大于 3 500 kg 的汽车	50	≥5.4	≥5.8	2.5
其他汽车、 汽车列车	30	≥5.0	≥5.1	3.0

（3）制动性能检测时制动踏板力或制动气压要求

①满载检测时,气压制动系气压表的指示气压应小于额定工作气压;液压制动系,座位数小于或等于 9 座的载客汽车,踏板力应小于或等于 500 N,其他车辆小于或等于 700 N。

②空载检测时,气压制动系气压表的指示气压应小于或等于600 kPa;液压制动系,座位数小于或等于9座的载客汽车,踏板力应小于或等于400 N,其他车辆应小于或等于450 N。

3)应急制动性能检测

应急制动必须在行车制动系统有一处管路失效的情况下,在规定的距离内将车停止。应急制动可以是行车制动系统具有应急特性,也可以是与行车制动分开的独立系统。应急制动系统的布置应使驾驶员容易操作,驾驶员在座位上至少用一只手握住转向盘的情况下,就可以实现制动,它的操作机构可以与行车制动系统的操作机构结合,也可以与驻车制动系统的操纵机构结合,但三个机构不得结合在一起。应急制动性能检测要求汽车在空载和满载状态下,在规定的初速度下测量从应急制动操纵始点至车辆停住时的制动距离(或平均减速度)应符合表8.3的要求。

表8.3　应急制动性能要求

车辆类型	制动初速度/(km·h⁻¹)	制动距离/m	充分发出的平均减速度/(m·s⁻²)	允许操纵力不大于/N	
				手操纵	脚操纵
乘用车	50	≤38.0	≥2.9	400	500
客车	30	≤18.0	≥2.5	600	700
其他汽车 (三轮车除外)	30	≤20.0	≥2.2	600	700

4)驻车制动性能检测

在空载状态下,驻车制动装置应能保证车辆在坡度为20%(总质量为整备质量的1.2倍以下的车辆为15%),轮胎与地面间的附着系数不小于0.7的坡道上正、反两个方向保持固定不动,其时间不少于5 min。检测时操纵力座位数小于或等于9座的载客汽车应不大于400 N,其他车应不大于600 N;脚操纵时,座位数小于或等于9座的载客汽车应不大于500 N,其他车辆应不大于700 N。

8.2.4　路试制动性能检测方法

路试检测制动性能应在符合试验条件的道路上进行。在检测之前应在试验路面上画出与表8.1所示制动稳定性要求相应宽度试车道的边线,被测车辆沿着试验车道的中线行驶至表规定的初速度后,置变速器于空挡,当滑行到规定的初速度时,急踩制动使车辆停住。测量车辆制动距离应采用速度计、第五轮仪等直接测得。车辆充分发出的平均减速度(FMDD)应先用速度计、制动减速度仪测得式(8.16)中相关参数后,再代入式(8.16)计算求得。

8.2.5　路试制动性能仪器

检测不同的参数需要使用不同的仪器,根据路试检测制动性能有关参数,主要使用第五轮仪、非接触速度计和制动减速度仪。

1)第五轮仪、非接触速度计

第五轮仪是用来在车辆进行路试时测量行程、速度和时间等参数的常规仪器,其结构原理已在第6章中做了详细介绍。

2）减速度仪

按照结构形式制动减速度仪可分为摆锤式和滑块式两种。

（1）摆锤式制动减速度仪

摆锤式制动减速度仪的原理是在车辆制动时，随着摆锤的摆动而指示不同的减速度值；滑块式减速度仪是重块沿一铜管制成的导轨在惯性力作用下移动，按位移不同，指示减速度的大小。这两种形式的减速度仪相比较，摆锤式制动减速度仪误差较滑块式制动减速度仪大。

当汽车以恒定速度行驶时，"摆"处在垂直位置。当汽车速度变化时，即汽车具有加速度或减速度时，"摆"在惯性力作用下产生摆动，从摆的方向可以示出是加速还是减速，从摆角的大小可以示出减（加）速度的强度。

设一质量为 m 的摆锤悬挂在仪器内的 O 点上（图8.6），当汽车因制动而有减速度 j_a 时，"摆"就受到一惯性力 F，其方向与汽车前进方向相同，大小为，$F = mj_a$，沿摆运动圆周切线方向的分力 F'，使摆绕 O 点向前摆动，并产生一个朝前摆角 θ，分力为：

$$F' = F\cos\theta = mj_a\cos\theta \tag{8.17}$$

当"摆"向前摆动时，摆的重力 G 随之也产生另一个分力 F''，其方向恰好与 F' 相反，其大小为：

$$F'' = G\sin\theta = mg\sin\theta \tag{8.18}$$

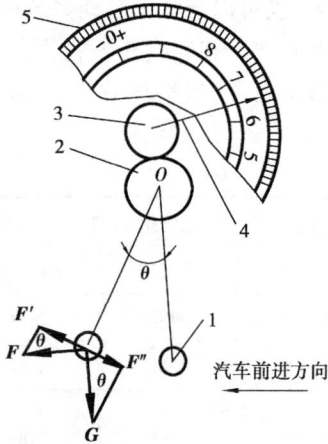

图 8.6 摆锤式制动减速度仪结构示意图
1—金属摆；2—大齿轮；3—小齿轮；
4—主动指针；5—仪表盘

当 F' 与 F'' 大小相等时，摆就停止向前摆动，而稳定在某一摆角的位置上，出现平衡状态。从这一平衡状态可以求出摆角与减速度之间的基本关系，即

$$F' = F''$$
$$mj_a\cos\theta = mg\sin\theta$$

从而得：

$$j_a = \frac{mg\sin\theta}{m\cos\theta} = g\tan\theta \tag{8.19}$$

减速度的单位是 m/s^2，与重力加速度的单位相同。因此，减速度也可以用重力加速度 g 的百分数来表示，这称为减速率，以 D 表示。例如，$j_a = 5.5\ m/s^2$ 则

$$D = \frac{j_a}{g} = \frac{5.5}{9.81} = 0.56$$

当以减速率 D 表示减速度时，则

因为 $\qquad j_a = g\tan\theta \qquad D = \frac{j_a}{g}$

所以 $\qquad D = \tan\theta \tag{8.20}$

上式说明减速度的大小与摆角的正切成正比关系，只要测出制动时摆的摆角，就可以求出减速度值。

（2）滑块式制动减速度仪

图 8.7 所示为滑块制动减速度仪结构简图,在纵轴方向安装有上下平行的两根导轨,在其中放置一滑块,滑块通过三个滑轮以很小的摩擦力在导轨上滑动。滑块通过一个螺旋弹簧系在减速度仪的主体上。为了防止滑块移动时冲击过大,用空气阻尼器加以限制。减速度仪记录纸由干电池驱动的微电机带动,记录纸的送进方向与滑块移动方向垂直,滑块移动方向与车辆行进方向平行。车辆以一定的制动初速度制动时,滑块以原车运动的惯性继续向前移动,直至滑块惯性力与螺旋弹簧的张力相等,则滑块停止在其位置上。滑块的滑动过程由固定在滑块上的记录触针记录在记录纸上。滑块移动的距离与汽车减速度成比例。为减小测量误差,一般应将减速度仪安装在汽车中部进行检测。

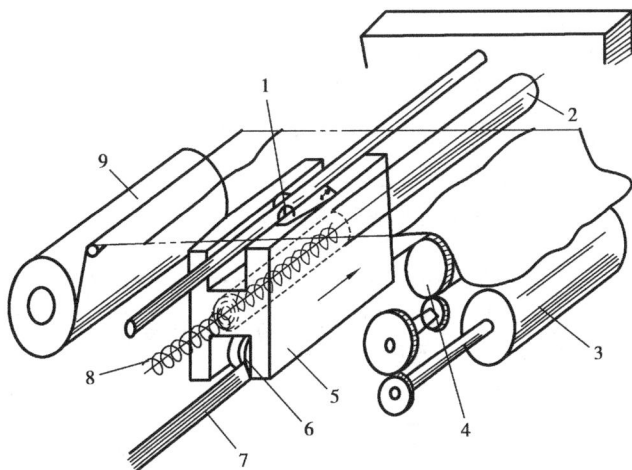

图 8.7　滑块式制动减速仪结构示意图
1—记录触针;2—空气阻尼器;3—微电机;4—纸带传送机;5—滑块;
6—滑轮;7—导轨;8—螺旋弹簧;9—记录纸

8.3　台试检测制动性能

用专用试验台架检测汽车制动性能是国内外广泛采用的方法,尤其是广泛应用于检测在用车辆的制动性能。台架试验检测车辆制动性不需装卸测试仪具,受检车辆只需驶上测试台架、检测(制动)、驶离台架,便完成了检测作业,台架会自动显示、打印出检测数据和结果,给出制动性能合格与否。可以说台架试验检测是一种通过式检测,操作简便、效率高、检测耗费小、经济、安全,且不受气候等外界环境条件的影响。

8.3.1　制动力

汽车制动力是指控制汽车行驶速度和使汽车停止所需的力。汽车制动的目的是使汽车从一定的车速制动到较低的速度或直至停车,以保障汽车安全行驶。为此,就必须使汽车受到一个与行驶方向相反的外力的作用,这个外力只能由空气和路面提供。汽车行驶时受到了空气阻力和滚动阻力等路面阻力的作用,但是,汽车行驶时的空气阻力和路面阻力是随机的、不可控的。虽然作用在汽车上的这些阻力能起到制动作用,可用于制动却显太小,靠它们实现不了制动的目的。因此,还必须由路面提供汽车制动所需的阻力,这个阻力便称之为路面制动力。为在路面生成制动力,就在汽车上设置了制动装置,以确保路面能生成汽车制动时所需要的制动力。由此可见,制动力是从本质上评价制度动性能的重要指标。

8.3.2 台试检测制动力要求

我国车辆道路交通安全的主管部门,通过强制性的年审、年检措施,对在用汽车制动系状况的进行监督、管理。制动系年检的项目、限值执行 GB 7258—2004 的有关规定。GB 7258—2004 对车辆制动系的功能、设置、结构、性能及技术状况有明确的要求和规定。

1)行车制动性能

(1)行车制动性能路试检验

①用制动距离检验:汽车在规定的制动初速度下的制动距离和制动稳定性应符合表 8.4 的要求。空载检验制动距离有质疑时,可用表 8.4 满载检验的制动性能要求进行。

制动距离是指汽车在规定的制动初速度下急踩制动时,从脚接触制动踏板(或手触动驻车制动器手柄)时起至汽车停住时止汽车驶过的距离。

表 8.4

汽车类型	制动初速度/(km·h^{-1})	满载制动距离/m	空载制动距离/m	制动稳定性要求,汽车任何部位不得超出的试车道宽度/m
乘用车	50	≤20	≤19	2.5
总质量≤3 500 kg 的低速货车	30	≤9.0	≤8.0	2.5
其他总质量≤3 500 kg 的汽车	50	≤22	≤21	2.5
其他汽车、汽车列车	30	≤10	≤9	3.0

制动稳定性是指制动过程中汽车的任何部位(不计入车宽的部位除外)不允许超出规定宽度的试验通道的边缘线。

②用充分发出的平均减速度(MFDD)检验:汽车在规定的制动初速度下急踩制动时,FDD 和制动稳定性应符合表 8.5 的要求;且制动协调时间对液压制动的汽车应≤0.35 s,对气压制动的汽车应≤0.6 s,对汽车列车应≤0.8 s,对空载检验制动性能有质疑时,可用表 8.5 满载检验的制动性能要求进行。

制动协调时间是指在急踩制动时,从脚接触制动踏板(或手触动驻车制动器手柄)时起至汽车减速度或制动力达到表 8.5 规定的 MFDD 或表 8.6 规定的制动力的 75% 时所需的时间。

③制动性能检验时踏板力或制动气压的要求:

满载检验:

表 8.5

汽车类型	制动初速度/(km·h⁻¹)	满载 MFDD/(m·s⁻²)	空载 MFDD/(m·s⁻²)	制动稳定性要求,汽车任何部位不得超出的试车道宽度/m
乘用车	50	≥5.9	≥6.2	2.5
总质量≤3 500 kg 的低速货车	30	≥5.2	≥5.6	2.5
其他总质量≤3 500 kg 的汽车	50	≥5.4	≥5.8	2.5
其他汽车、汽车列车	30	≥5.0	≥5.4	3.0

气压制动系气压:气压表指示的气压≤额定工作气压;

液压制动系踏板力:乘用车≤500 N;

　　　　　　　　其他汽车≤700 N。

空载检验:

气压制动系气压:气压表指示的气压≤600 kPa;

液压制动系踏板力:乘用车≤400 N;

　　　　　　　　其他汽车≤450 N。

(2)行车制动性能台试检验

①汽车、汽车列车在制动检验台上测出的制动力应符合表 8.6 的要求。对空载检验制动力有质疑时,可按表 8.6 满载检验制动力要求进行检验。

表 8.6　台试制动检验的踏板力应符合路试检验踏板力的规定

汽车类型	制动力总和与整车重量的百分比/%		轴制动力与轴荷的百分比/%	
	空载	满载	前轴	后轴
乘用车 总质量≤3 500 kg 的低速货车	≥60	≥50	≥60	≥20
其他汽车、汽车列车	≥60	≥50	≥60	—

注:①用平板制动检验台检验乘用车时按动态轴荷计算;

　　②空载和满载状态下检测均应满足此要求。

②汽车制动协调时间(制动系作用时间):液压制动系应≤0.35 s;气压制动系应≤0.6 s;汽车列车应≤0.8 s。

③制动力平衡要求:在制动力增长全过程中同时测得的左右轮制动力差的最大值,与全过程中测得的该轴左右轮最大制动力中大者之比,对前轴不应大于 20%,对后轴(及其他轴)在

轴制动力不小于该轴轴荷的60%时不应大于24%;当后轴(及其他轴)制动力小于该轴轴荷的60%时,在制动力增长全过程中同时测得的左右轮制动力差的最大值不应大于该轴轴荷的8%。

④汽车车轮阻滞力要求:台试检验制动力时,各车轮的阻滞力均不应大于车轮所在轴轴荷的5%。

⑤当对台试制动力检验有质疑时,可用路试检验复检,并以满载路试的检验结果为准。

⑥行车制动释放时间:汽车台试和路试制动完全释放时间,即从松开制动踏板到制动消除所需要的时间,不应大于0.8 s。

2)驻车制动性能检验

(1)驻车制动性能路试检验

汽车在空载状态下,驻车制动装置应能保证汽车在路面附着系数不小于0.7的20%的坡道上正、反两个方向停驻,时间不少于5 min。对于总质量为整备质量的1.2倍以下的汽车,坡道为15%。

列车在满载状态下,驻车制动装置应能保证列车在路面附着系数不小于0.7的12%的坡道上停驻。

驻车制动操纵力:

手操纵:乘用车≤400 N;   脚操纵:乘用车≤500 N;

          其他汽车≤600 N;   其他汽车≤700 N。

(2)驻车制动性能台试检验

驻车制动力的总和应≥20%的汽车空载重量(含一名驾驶员);对于总质量为整备质量1.2倍以下的汽车,驻车制动力的总和应≥15%的汽车空载重量(含一名驾驶员)。

驻车制动操纵力同于路试检测规定。

3)制动系技术状况的其他检测参数

(1)制动踏板自由行程

液压制动系在达到规定的制动效能时,踏板行程(包括空行程,下同)不得超过踏板全行程的3/4;制动器装有自动调整间隙装置的车辆的踏板行程不得超过踏板全行程的4/5,且乘用车不应大于120 mm,其他类型车辆不应大于150 mm。

(2)液压制动系的密封性

保持制动踏板力700 N达1 min时,制动踏板不允许有缓慢向前移动的现象。

(3)气压制动系密封性

①制动系的气压降:a.气压为600 kPa时,在不使用制动的情况下,停止空气压缩机3 min后,系统气压降应不大于10 kPa;b.气压为600 kPa时,将制动踏板踩到底,待气压稳定后观察3 min,气压降的容许值为:汽车不应大于20 kPa;汽车列车不应大于30 kPa。

②制动系气压从零升至起步气压的时间:发动机在75%的额定转速下,4 min内(汽车列车为6 min)气压表的指示气压应从零开始升至起步气压,未标起步气压者按400 kPa计。

8.3.3　台试试验设备

测量汽车行车制动力和驻车制动力通常在制动试验台上进行。目前常用的制动试验台有两种,即滚筒式制动检测台和平板式制动检测台,两者都可用来测量汽车制动力。

1）滚筒式制动检测台

单轴反力式滚筒制动试验台的结构简图如图 8.8 所示,它由结构完全相同左右两套车轮制动力测试单元和一套指示控制装置组成。每一套车轮制动力测试单元由框架(有的试验台将左右测试单元由框架制成一体)、驱动装置、滚筒组、举升装置、测量装置等构成。

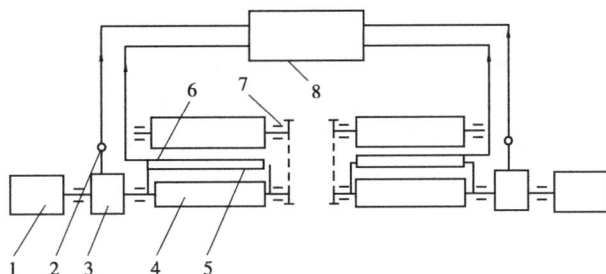

图 8.8　单轴反力式制动试验台原理图
1—电动机;2—压力传感器;3—减速器;4—滚筒;5—第三滚筒;
6—电磁传感器;7—链传动;8—测量指示仪表

（1）驱动装置

驱动装置由电动机、减速器和链传动组成。电动机通过减速器两级减速后驱动主动滚筒,主动滚筒通过链传动带动从动滚筒旋转。减速器输出轴与主动滚筒共用一轴,减速器壳体为浮动连接(即可绕主动滚筒轴自由摆动)。或如图 8.9 所示,电动机电枢轴与减速器输出轴同心,减速器壳与电动机壳连成一体,电动机电枢轴与减速器输出轴分别通过滚动轴承及轴承座支承在框架上,减速器壳与电动机壳可绕支承轴线自由摆动。

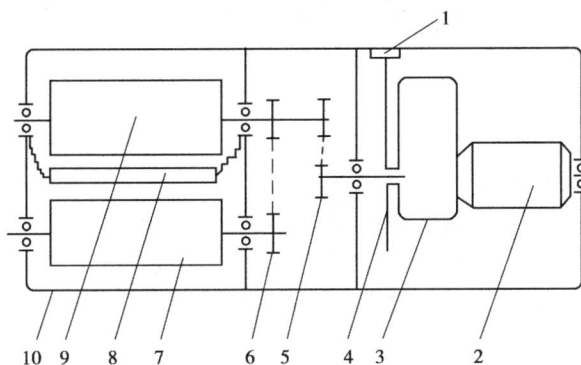

图 8.9　车轮制动力测试单元
1—传感器;2—电动机;3—减速器;4—测力杆;5、6—链传动
7—从动滚筒;8—第三滚筒;9—主动滚筒;10—框架

（2）滚筒组

每一车轮制动力测试单元设置一对主、从动滚筒。每个滚筒的两端分别用滚动轴承与轴承座支承在框架上,且保持两滚筒轴线平行。滚筒相当于一个活动的路面,用来支承被检车辆的车轮,并承受和传递制动力。汽车轮胎与滚筒间的附着系数将直接影响制动试验台所能测得的制动力大小。为了增大滚筒与轮胎间的附着系数,滚筒表面都进行了相应加工与处理。目前采用较多的有下列 5 种:

135

①开有纵向浅槽的金属滚筒。在滚筒外圆表面沿轴向开有若干间隔均匀、有一定深度的沟槽。这种滚筒表面附着系数最高可达 0.65。在制动试验车轮抱死时,容易剥伤轮胎。当表面磨损且沾有油、水时,附着系数将急剧下降。

②表面粘有熔烧铝矾土砂粒的金属滚筒,这种滚筒表面无论干或湿时,其附着系数可达 0.8。

③表面具有嵌砂喷焊层的金属滚筒。喷焊层材料选用 NiCrBSi 自熔性合金粉末及钢砂,这种滚筒表面新的时候其附着系数可达 0.9 以上,其耐磨性也较好。

④高硅合金铸铁滚筒。这种滚筒表面带槽、耐磨,附着系数可达 0.7 ~ 0.8,价格便宜。

⑤表面带有特殊水泥覆盖层的滚筒。这种滚筒比金属滚筒表面耐磨,表面附着系数可达 0.7 ~ 0.8。但表面容易被油污与橡胶粉粒附着,使附着系数降低。

滚筒直径与两滚筒间中心距的大小,对试验台有较大影响。滚筒直径增大有利于改善与车轮之间的附着情况,增加测试速度,使检测过程更接近实际制动情况。但必须相应增加驱动电机的功率。而且随着滚筒直径增大,两滚筒中心距也增大,才能保证合适的安置角。这样使试验台结构尺寸相应增大,制造要求提高。

有的滚筒制动试验台在主、从动滚筒之间设置一直径较小,既可自转又可上下摆动的第三滚筒,平时由弹簧使其保持在最高位置,而在设置有第三滚筒的制动试验台上大都取消了举升装置。在第三滚筒上装有转速传感器,在检验时,被检车辆的车轮置于主、从动滚筒上的同时压下第三滚筒,并与其保持可靠接触。控制装置通过转速传感器即可获知被测车轮的转动情况。当被检车轮制动,转速下降至接近抱死时,控制装置根据转速传感器送出的相应电信号使驱动电动机停止转动,以防止滚筒剥伤轮胎和保护驱动电动机。第三滚筒除了上述作用外,有的试验台上还作为安全保护装置用,只有当两个车轮制动测试单元的第三滚筒不同时被压下时,试验台电动机电路才能接通。

(3)制动力测量装置

制动力测量装置主要由测力杠杆和传感器组成。测力杠杆一端与传感器连接,另一端与减速器壳体连接,被测车轮制动时测力杠杆与减速器壳体将一起绕主动滚筒(或绕减速器输出轴、电动机枢轴)轴线摆动。传感器将测力杠杆传来的、与制动力成比例的力(或位移)转变成电信号输送到指示、控制装置,传感器有应变测力式、自整角电动机式、电位计式、差动变压器式等多种类型。国产制动试验台多用应变测力式传感器。

(4)举升装置

为了便于汽车出入制动试验台,在主、从两滚筒之间设置有举升装置。该装置通常由举升器、举升平板和控制开关等组成,举升器常用的有气压式、电动螺旋式、液压式三种形式。气压式是用压缩空气驱动汽缸中的活塞或使气囊膨胀完成举升作用;电动螺旋式是由电动机通过减速器带动丝母转动,迫使丝杠轴向运动起举升作用;液压式是由液压举升缸完成举升动作,带有第三滚筒的制动试验台不用举升装置。

(5)指示与控制装置

制动试验台控制装置一般采用电子式。为提高自动化与智能化程度,有的控制装置中配置计算机。制动力指示装置有指针式和数字显示式两种,带计算机的控制装置多配置数字显示器,但也有配置指针式指示仪表的。带计算机的指示与控制装置主要由计算机、放大器、A/D 转换器、数字显示器和打印机等组成,其控制框图如图 8.10 所示。

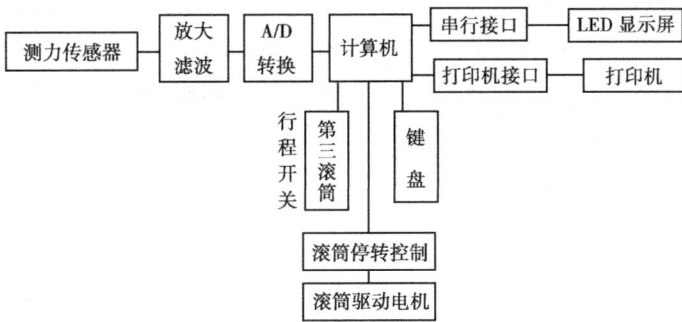

图 8.10　计算机控制框图

2)工作原理

进行车轮制动力检测时,被检汽车驶上制动试验台,车轮置于主、从动滚筒之间,放下举升器(或压下第三滚筒,装在第三滚筒支架下的行程开关被接通。通过延时电路启动电动机,经减速器、链传动和主、从动滚筒带动车轮低速旋转,待车轮转速稳定后驾驶员踩下制动踏板。车轮在车轮制动器的摩擦力矩作用下开始减速旋转。此时电动机驱动的滚筒对车轮轮胎周缘的切线方向作用制动力以克服制动器摩擦力矩,维持车轮继续旋转。与此同时车轮轮胎对滚筒表面切线方向附加一个与制动力方向反向等值的反作用力,在反作用力矩作用下,减速器壳体与测力杠杆一起朝滚筒转动相反方向摆动,测力杠杆一端的力或位移经传感器转换成与制动力大小成比例的电信号,从测力传感器送来的电信号经放大滤波后,送往 A/D 转换器转换成相应数字量,经计算机采集、存储和处理后,检测结果由数码管显示或由打印机打印出来,打印格式与内容由软件设计而定。

一般可以把左、右轮最大制动力、制动力和制动力差、阻滞力和制动力—时间曲线等一并打印出来。在制动过程中,当左、右车轮制动力和的值大于某一值(如 500 N)时,计算机即开始采集数据,采集过程所经历时间是一定的(如 3 s)。经历了规定的采集时间后,计算机发出指令使电动机停转,以防止轮胎剥伤。在有第三滚筒的制动试验上,在制动过程中第三滚筒的转速信号由传感器转变成电信号后输入计算机,计算出车轮与滚筒之间的滑差率。当滑差率达到一定值(如 25%)时,计算机发出指令使电动机停转。如车轮不驶离制动台,延时电路将电动机关闭 3~10 s 后又自动启动。检测过程结束,车辆即可驶出制动试验台。

由于制动力检测技术条件要求是以轴制动力与轴荷的百分比来评判的。对总质量不同的汽车来说是比较客观的标准。为此除了设置制动试验台外,还必须配备轴重计或轮重仪,有些复合式滚筒制动试验台装有轴重测量装置,其称重传感器(应变片式)通常安装在车轮测试单元框架的 4 个支承脚处。

GB 7258—2004《机动车安全运行技术条件》中定义制动协调时间是从驾驶员踩下制动踏板的瞬间作为起始计时点。为此,在制动测试过程中必须由驾驶员通过套装在汽车制动踏板上的脚踏开关向试验台指示、控制装置发出一个"开关"信号,开始时间计数,直至制动力与轴荷之比达到标准规定值的 75% 时瞬间为止。这段时间历程即为制动协调时间,通常可以通过试验台的计算机执行相应程序来实现。

目前,采用的反力式滚筒制动试验台对具有防抱死(ABS)系统的汽车制动系的制动性能,还无法进行准确的测试。主要原因是这些试验台的测试车速较低,一般不超过 5 km/h。而现代防抱死系统均在车速 10 ~ 20 km/h 以上起作用,所以在上述试验台上检测车轮制动力时,车辆的防抱死系统不起作用,只能相当于对普通的液压制动系统的检测过程。

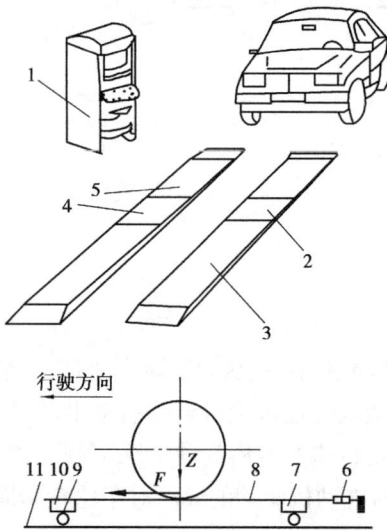

图 8.11 平板式制动检测台

3)平板式制动检测台

(1)平板式制动检测台结构

平板式检测台结构简单、运动件少、用电量少、日常维护工作量少,提高了工作可靠性。测试过程与实际路试条件较接近,能反映车辆的实际制动性能,以及汽车其他系统(如悬架结构、刚度等)对汽车制动性能的影响。该检测台不需要模拟汽车转动惯量,较容易将制动检测台与轮重仪、侧滑组合在一起,使车辆测试方便且效率高。

平板式制动检测台的结构简图如图 8.11 所示。它由控制柜、侧滑测试平板、制动-轴荷测试平板、拉力传感器、压力传感器、底板等组成。

测试平板是制动力和垂直力的承受与传递装置。面板为一长方形钢板,其下面四个角上安置四个压力传感器,压力传感器底部加工成可以放置钢珠的纵向 v 形沟槽,底板与压力传感器底部的纵向沟槽对应处也加工有四条可以放置钢珠的纵向沟槽。这样,面板既可以通过钢珠在底板上沿纵向移动,又可以通过钢珠将作用于面板上的垂直力传递到底板上。此外,面板还经过一根装有拉力传感器的纵向拉杆扇结在底板上。当汽车行驶到四块测试平板上进行制动时,这些压力传感器和拉力传感器就能同时测出每个车轮作用于测试平板上的制动力与垂直力。

控制柜包括数据采集系统、计算机、键盘、打印机、显示器及遥控接收模块等。数据采集系统即多路信号采集转换板,它对平板检测中各路传感器的输出信号进行高速采样,并将其转换为数字信号。同时计算机对这些数字信号加以处理计算,最终得到被检测汽车的各轮轮荷、制动力和制动力平衡、驻车制动力等检测数据,如图 8.12 所示。

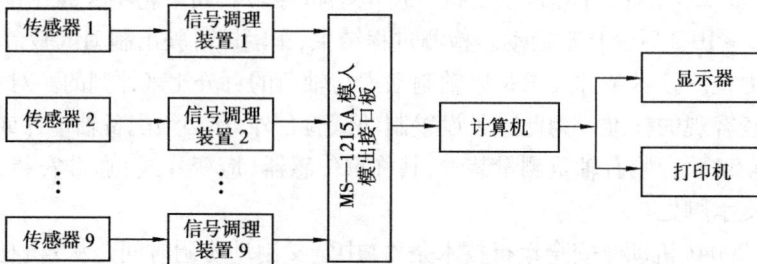

图 8.12 检测系统原理图

(2)检测系统构成及采样程序分析

检测系统由传感器、信号调理器、MS—1215A 模入模出接口板,PC 微机等构成。MS—1215A 模入模出接口板上设有 16 路单端模拟量输入通道,能满足平版式检测台 9 个模拟量输入的要求。该板提供由硬件精确定时启动的 AD 转换,模拟量转换分辨率为 12 位,转换时间小于 10 μs。被测物理量(轴荷、拉力、位移)经过传感器转换为电量,送入放大器进行放大,放大后的电信号经 A/D 转换为数字量,该数字量经计算机处理后显示或打印。

8.3.4　台试试验设备使用方法和应用实例

1)反力式滚筒制动试验台使用方法

反力式滚筒制动试验台的型号不同,其使用方法也不同,在使用前一定要认真阅读试验台的《使用说明书》,按照《使用说明书》的规定进行正确操作。

一般制动试验台的使用方法如下:

(1)测试前的准备

①试验台的准备。

a.检查试验台滚筒上有无泥、水、油等杂物,如有则应清除干净。

b.使滚筒在无负荷状态下运转,检查并调整仪表指针零位。

c.检查举升器动作是否灵活,如动作阻滞或有漏气部位应进行检修。举升器是否在升起位置,否则应使举升器升起到位。

d.检查各指示灯工作是否正常。

e.检查各种导线有无因损伤造成接触不良现象。

②被测车辆的准备。

a.核实汽车各轴轴荷,确保被测汽车车轴轴荷在试验台允许载荷范围内。

b.检查轮胎是否沾有泥、水、油污等杂物,要特别注意检查轮胎花纹内或后轴双轮胎间嵌入的小石子与石块,应清除干净。

c.检查轮胎气压,使其符合出厂规定值。

(2)测试步骤

①接通试验台总电源,按说明书要求预热至规定时间。

②汽车从其纵向中心线与滚筒轴线垂直的方向驶入试验台。先前轴,再后轴,使车轮处于两滚筒之间的举升平板上。

③汽车停稳后,变速器置于空挡位置,脚、手制动处于放松状态,能测制动协调时间的试验台还应将脚踏开关套装在制动踏板上。

④降下举升平板,至轮胎与举升平板完全脱离为止。

⑤启动电动机,使滚筒带动车轮旋转,待转速稳定后,从仪表上读取车轮阻滞力数值。

⑥踩下制动踏板,从指示仪表上读取最大制动力值。并打印检测结果,一般试验台在 1.5～3.0 s 后或第三滚筒发出车轮即将抱死的信号后滚筒自动停转。

⑦升起举升平板,驶出已测车辆,按上述相同方法继续进行其他车轮的检测。

⑧前、后轮的制动力检测完后,拉动手制动拉杆,从指示仪表上读取最大制动力值。

⑨所有车轴的脚制动及驻车制动性能检测完毕后,升起举升平板,汽车驶出试验台,切断试验台总电源。

2)平板式检测台使用方法

平板式检测台结构简单、安装方便、检测速度快、工作可靠性高。由于被测车辆采用紧急制动方式,基本反映制动过程的实际情况,尤其能反映由于车辆制动引起的动态轴荷变化。从而防止了附着性能对制动力检测的影响,完全可以检测轿车高速制动时车身重心向前转移引起的前轴最大制动器制动力。由于平板式制动检测台可对汽车前后桥制动力同时进行检测，而且在检测台上的测试条件和实际车辆制动时的情况基本一致，因此测试结果能反映前后桥的同步情况和前后制动力的分配，对装有比例阀的车辆制动性能测试更为有利。

(1)车辆测试前的检查和准备

①车辆的轮胎压力应在正常范围，轮胎干燥、清洁。

②车辆检测时，车辆速度应在 5~10 km/h 的范围内；并且车辆行驶方向与检测线(或车间)的中心线一致。

③如条件允许，应尽能使汽车的制动器和悬架系统处于热态时进行测试：在检测前，驾驶汽车行驶 0.5~1 km 并踩刹车，加速制动器和悬架系统变热。

④若测试车辆轮胎处于湿态时，车辆速度应在 5 km/h 左右，并慢踩制动踏板。

⑤特别注意：车辆驶上平板检测台前，底盘下部必须清洁干净，将粘、嵌在胎上的泥砂和石块清除干净，否则将损伤制动台板。

(2)检测方法

检测汽车制动性能时，检测台应处于开机状态，被检汽车对正平板制动检测台，以 5~10 km/h 的速度(或制动检测台厂家推荐的速度)行驶，置变速器于空挡(自动变速器的汽车可置变速器于 D 挡)引车员根据显示器上提示的信息及时迅速地踩下装有踏板压力计的制动踏板，使车辆在测试平板上制动直至停车。与此同时，数据采集系统通过各传感器采集制动过程中的全部数据，并经计算机分析处理，在显示器上以数字、图形、曲线形式显示检测结果，最后可用打印机将检测结果打印出来。如果检测台是两块测试板的组合形式，应采用逐桥检测的方式进行，即先检测前桥，接着检测后桥。逐桥检测和四轮同时检测在原理上是一样的，但后者能够测出汽车前/后制动力分配比，并且能获得制动过程变化曲线。

3)应用实例

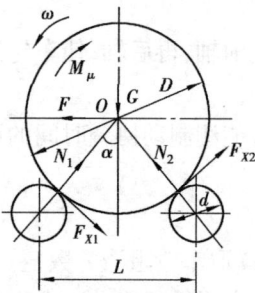

图 8.13 车轮受力情况

该试验台采用全自动工作方式，配备有 RS—232 通讯接口，方便联网。电气仪表部分带有轴重信号处理单元。FZ—10C 型反力式滚筒制动试验台由左右各一对滚筒、电动机、减速器、传动链、测力传感器和指示、控制装置等组成。检测时，汽车一轴车轮停在滚筒上(其余车轴的车轮支撑在地面上)，电动机驱动滚筒带动车轮转动，达到检测车速后，驾驶员急踩制动踏板制动车轮，电动机仍继续驱动滚筒转动，向车轮施加一个与制动力矩方向相反的力矩，直到车轮制动才停止转动。此时，测力传感器测得的滚筒对车轮的切向摩擦力即是该检测条件下需检测的车轮制动器的制动力。图 8.13 是车轮在检测时的受力情况。

(1)车轮在检测时的受力

根据力学平衡原理可以列出下列关系式：

$$N_1(\sin\alpha + \varphi\cos\alpha) - N_2(\sin\alpha - \varphi\cos\alpha) = F \tag{8.21}$$

$$N_1(\cos\alpha - \varphi\sin\alpha) + N_2(\cos\alpha + \varphi\sin\alpha) = G \tag{8.22}$$

$$\alpha = \arcsin\left(\frac{L}{D+L}\right) \tag{8.23}$$

联立上式解得：

$$N_1 = \frac{F(\cos \alpha + \varphi \sin \alpha) - G(\varphi \cos \alpha - \sin \alpha)}{(\varphi^2 + 1)\sin 2\alpha} \tag{8.24}$$

$$N_2 = \frac{G(\varphi \cos \alpha + \sin \alpha) - F(\cos \alpha - \varphi \sin \alpha)}{(\varphi^2 + 1)\sin 2\alpha} \tag{8.25}$$

当车轮制动时,试验台所能提供的附着力 F_φ 为:

$$F_\varphi = \varphi(N_1 + N_2) = \varphi \frac{G + F_\varphi}{(\varphi^2 + 1)\cos \alpha} \tag{8.26}$$

其中:G 为车轮所受的荷重;d 为滚筒直径;L 为滚筒中心距;D 为被检车轮直径;N_1、N_2 为滚筒对车轮的法向反力;F 为支承在地面的非测试车轮通过车桥对受检车轮轴产生的水平推力;F_{X2}、F_{X2} 为滚筒对车轮的切向反力;α 为安置角;φ 为滚筒与车轮表面的附着系数;M_μ 为车轮所承受的制动力矩。

（2）数据采集

FZ—10C 型反力式滚筒制动试验台主要针对制动力和车轮轴荷进行检测,下面就制动力和轴荷的数据采集进行说明。在反力式滚筒制动试验台的金属弹性梁上贴有由康铜丝制成的电阻应变片。进行制动检测时,应变片产生应变而促使电阻丝伸长,电阻增大,其变化量 $\Delta R/R = K\varepsilon$,$K$ 为应变片的灵敏度系数,ε 为应变片受到作用力而产生的应变,将应变片接成如图8.14所示的电桥。

其中 R_a、R_c 是工作臂,R_b、R_d 是补偿臂,R_w 是调零电位计。应变片接在工作臂上,由工作臂感受应变,其电阻变化;补偿臂不感受应变,其电阻不变化。电桥 a、c 两端接稳压电源 U_s,则 b、d 两端的输出电压 U_0 为:

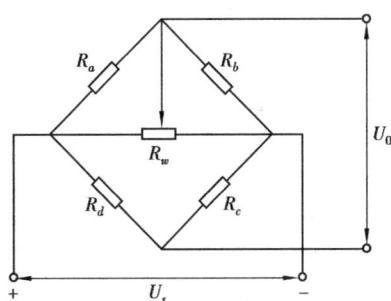

图 8.14　检测电桥

$$U_0 = \frac{(R_a R_c - R_b R_d)}{(R_a + R_b)(R_c + R_d)}U_s = \frac{1}{4}\left(\frac{\Delta R_a}{R_a} + \frac{\Delta R_c}{R_c}\right)U_s = \frac{1}{2}U_s K\varepsilon = \frac{1}{2}U_s KCT \tag{8.27}$$

其中 C 为应变量,T 表示检测时的作用力,即车轮轴荷或者车轮制动力。

显然作用力与检测电桥的输出电压 U_0 成正比。在工控机上加装一块 PLC—818 多功能 DAS 卡,其组成如图8.15 所示。PLC—818 多功能 DAS 卡设计了 16 路单端或 8 路差分模拟量输入,输入通道增益可编程,A/D 转换分辨率为 12 bit,精度为 0.01%,转换时间 25 μs。同时还设计了一个自动通道/增益扫描电路,该电路能代替软件控制期间多路开关的切换,卡上的 SRAM 存储每个通道不同的增益。这种组合方式能实现对每个通道使用不同的增益及使用 DMA 数据传输来完成多通道高速采样。该卡还设计了 16 个数字量输入及 16 个数字量输出端口。测量电桥的检测电压 U_0 经 MUX16 路单端/8 路差分接口输入 PLC—818 多功能 DAS 卡后,即可将相应的制动模拟检测电压转换成数字信号。

（3）单片机与上位机之间的通信

FZ—10C 型反力式滚筒制动试验台以美国 ATMEL 公司 AT89C52 单片机为微处理控制器。AT89C52 具有与 MCS—51 系列产品相兼容的指令与引导,8K 电可擦除片内程序存储器,256 字节内部 RAM,三个 16 位定时器/计数器,8 个中断源,一个全双工串行口。结合信号处

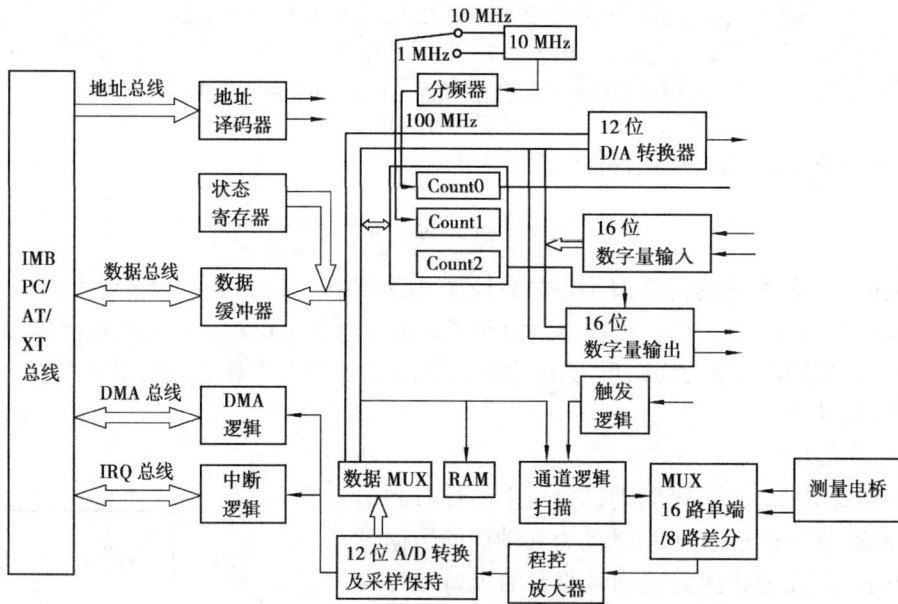

图 8.15 模数转换与数据采集卡结构原理图

理电路和 A/D 转换电路可实现对传感器信号的采样,并将采样的数据传送给上位机。单片机与上位机之间通过 RS232 串口实现点对点的数据传送,只需信号发送端(TXD)、信号接收端(RXD)和信号地三根线。按 IEEE RS232 的标准规定,RS232 的电平采用 + 12 V,与 89C52 单片机串行口的 TTL 电平不一致。因此,采用集成电路转换芯片 MAX232 进行电平转换。

程序通过检测制动传感器控制采样开始时间,采样频率 100 Hz;在非保护停机状态下,采样时间不少于 3 s;最大制动力应在制动检测过程中所采集到的全部采样点进行分析、整理并显示。

采样以后,AT89C52 单片机将采样的数据传送给 PC 机。发送数据时用定时器 T0 作为 50 ms 定时采样,用外部中断 INT0、INT1 对脉冲信号进行计数。为防止数据传送出错,用 2 字节(55H 和 AAH)作为一组数据的起始字节,再附加 1 字节作为校验码。PC 机与单片机之间的数据传送共 26 字节。为实现主从机间的数据通信,用定时器 T1 作为波特率发生器。具体通信程序如下:

```
初始化：Mov ie, #00000000b
        Mov tcon, #000000001b
        Mov tmod, #00100001b
        Mov th0, #Timeh0
        Mov tl0, #Time10
        Mov th1, #Baud
        Mov tl1, #Baud
        Mov pcon, #80h
        Mov scon, #01010000b
        Setb tr1
```

142

接收数据:jnb ri, $

　　　　　Chr ri

　　　　　mov a, sbuf

　　　　　ret

发送数据:mov sbuf, a

　　　　　jnb ti, $

　　　　　Chr ri

　　　　　ret

握手成功后启动定时器 0 采样及中断 0 和中断 1,并发送数据给上位机直到接到停止采样命令字(FFH)为止。

　　　　　Mov ie, #10000011b

　　　　　setb tr0

　　　　　Rec:jb RecFlag, SendEnd

　　　　　jnb CvrtOver, Rec

　　　　　clr CvrtOver

　　　　　acall SendBytes

　　　　　ajmp Rec

(4)制动检测程序的设计

采样数据上传给上位机后,在 Visual Basic 环境下首先设置串行通信的控件属性:找到窗体上布置的 MSComm 控件,作为串行通信的通道,将属性窗口中的 CommPort 属性值修改为 2,将 RTHreshold 属性设为 1,即只要外界传送任何字符串,随即引发事件。实现数据在 AT89C52 单片机与上位机之间的数据传输。

然后根据汽车制动检测过程的特点,需要测量软件具有自检、调零、校正、测量和受到人为干扰或者设备出现硬件故障时的自容错功能,以实现对汽车制动性能的准确评价。上位机的制动检测程序流程图如图 8.16 所示。

如果需要将上位机与其他系统进行联网,可以调用 visual Basic 下的 WinSock 控件。该控件能够通过 UDP 协议(用户数据报协议)或 TCP 协议(数据传输协议)连接到远程的上位机并进行数据交换。使用 WinSock 控件时,首先需要确定使用 TCP 还是 UDP 协议。配置时可以在源程序中设置如下代码:

Winsock1. Protocol = sckTCPProtocol 或者 Winsock1. Protocol = sckUDPProtocol

然后进入操作系统的控制面板下的"网络标识"进行相应的设置即可达到要求。

(5)应用实例分析

采用三菱帕杰罗越野型吉普车对 FZ—10C 型反力式滚筒制动试验台远程检测系统进行了试验验证,三菱帕杰罗越野型吉普车轴荷测量情况如表 8.7 所示。

表 8.7　三菱帕杰罗越野型吉普车轴荷检测结果

项　　目	左/kg	右/kg
前轴	473	445
后轴	513	508

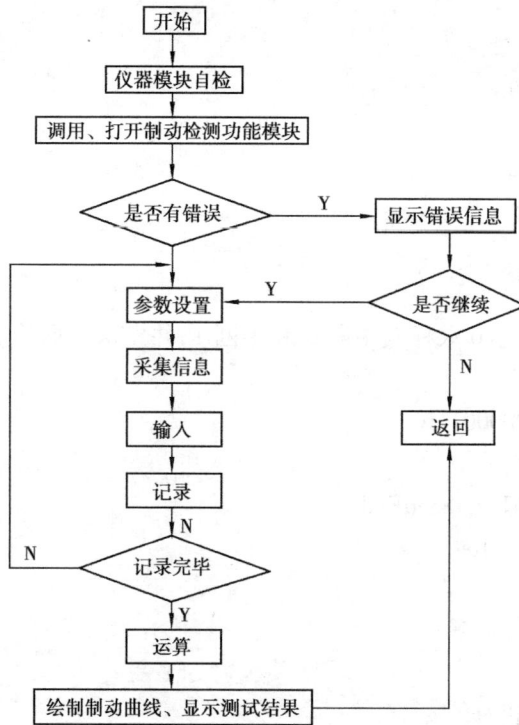

图 8.16　制动检测程序流程图

表 8.8 是分别采用 FZ—10C 型反力式滚筒制动试验台直接测量和远程测试系统进行测量的对比结果。从表中的测试结果可以看出,两次测量的结果偏差较小,两种测试方法的各项误差都没有超过 1%,符合国家相关标准。

表 8.8　制动台与远程测试系统试验结果对比

车型 （重量）	测试 装置	制动力/N				制动率/%		制动力平衡/%	
		左前轮	右前轮	左后轮	右后轮	制动力总和 整车重量	前轴制动力 前轴荷	前轴	后轴
三菱帕杰罗 (2 500 kg)	制动台	4 650	3 470	2 320	2 390	52.38	90.25	12.21	0.69
	远程测试	4 628	3 448	2 336	2 375	52.19	89.76	12.20	0.40
	误差/%	0.47%	0.92	0.69%	0.63	0.79	0.49	0.01	0.29

本应用实例从反力式滚筒制动试验台的制动原理、数据采集、数据通信和检测软件等方面进行了系统论述,并通过试验论证该制动检测台检测的数据符合国际有关制动标准的要求。

复　习　题

1. 如何评价汽车制动性能?
2. 简述制动的全过程。
3. 制动力与制动距离有什么关系?
4. 简述滚筒式制动试验台工作原理。
5. 简述平板式制动试验台工作原理。
6. 路试检测制动性能主要检测哪些参数?

第**9**章
汽车悬架性能试验

9.1　汽车悬架系统的特性参数测定

悬架装置是汽车的一个重要总成,它是将车身和车轴弹性联接的部件。汽车悬架装置通常由弹性元件、导向装置和减振器三部分组成。其主要功能是:缓和由路面不平引起的振动和冲击,以保证汽车具有良好的平顺性;迅速衰减车身和车桥的振动;传递作用在车轮和车身之间的各种力矩;保证汽车行驶时必要的安全性和操纵稳定性。

汽车悬架装置是保证汽车平顺性的重要总成。同时,汽车悬架装置对汽车的安全性、操纵稳定性、通过性、汽车燃油经济性等诸多性能都有影响。因此,汽车悬架装置的各元件品质和匹配后的性能,对汽车行驶性能都有着重要影响。

汽车悬架装置最易发生故障的元件是减振器,而减振器对汽车行驶平顺性和操纵稳定性影响都很大。有研究表明,有四分之一左右的汽车上至少有一个减振器工作不正常。而有故障的减振器在行驶中会使车轮轮胎有 30% 的路程接地力减少,甚至不与地面接触。其不良后果是:汽车方向发飘,特别是曲线行驶难以控制;制动易跑偏或侧滑;车身长时间的余振影响乘坐舒适性;影响车轮轴承、轴接头、转向接杆、稳定杆等部件过载等。

随着道路条件的改善,尤其是高速公路的发展,不仅是轿车、货车和大客车以 100 km/h 车速的行驶的情况也很常见。现代轿车设计的最高车速都已超过 150 km/h,高级轿车 200 km/h 也不为鲜。为保证汽车安全行驶,汽车操纵稳定性的直接因素固然是轮胎特性,但轮胎与车身相连的部件是悬架装置的性能,尤其是减振器的工作性能,对于保证汽车乘坐舒适性,操纵稳定性和行驶安全性是十分重要的。

在用汽车悬架装置的检测减振器性能,因为减振器和与之相连的弹性元件等构成了复杂的系统,在评价减振器性能的同时,也就对悬架装置的性能作出了综合的评价。检测汽车悬架装置主要是用悬架装置检测台。

9.2 汽车悬架装置检测台结构型式与特点

汽车的悬架装置是连接车身和车轮之间全部零件和部件的总称,主要由弹簧(如板簧、螺旋弹簧、扭杆等)、减振器和导向机构三部分组成。当汽车行驶在不同路面上而使车轮受到随机激励时,由于悬架装置实现了车体和车轮之间的弹性支承,有效地抑制、降低了车体与车轮的动载和振动,从而保证汽车行驶的平顺性和操纵稳定性,达到提高平均行驶速度的目的。

汽车行驶的平顺性和操纵稳定性是衡量悬架性能好坏的主要指标,但这两个方面是相互排斥的性能要求。平顺性一般通过车体或车身某个部位(如车底板、驾驶员座椅处等)的加速度响应来评价,操纵稳定性则可以借助车轮的动载来度量。若降低弹簧的刚度,则车体加速度减小使平顺性变好,但同时会导致车体位移的增加,由此产生车体重心的变动将引起轮胎负荷变化的增加,对操纵稳定性产生不良影响;另一方面,增加弹簧刚度会提高操纵稳定性,但硬的弹簧将导致汽车对路面不平度很敏感,使平顺性降低。因此,悬架应在不同的使用条件下具有不同的弹簧刚度和减振器阻尼,既能满足平顺性要求又能满足操纵稳定性要求。

汽车悬架装置检测台型式:

检查悬架装置检测装置的品质和性能,过去修理厂和检测站主要是通过人工检视,目视弹簧是否有裂纹,弹簧和导向装置的连接紧固螺栓是否松动,减振器是否漏油,缺油和损坏。用按压车体,观察车体上下运动,凭经验判断是否需要更换或修理减振器。显然,这种方法主要靠经验,主观因素大,可靠性差。

1)早期对汽车悬架装置采用按压车体法检测

如图9.1所示,支架1在固定于地面的导轨2移动。测量时,固定在支架的测量装置随支架在导轨2上移动,使汽车保险杠处于推杆3下。接通电机,凸轮旋转,压下推杆,车身被压低,压缩量与汽车实际行驶时静态与动态的载荷引起的压缩量之和相一致。压到最低时推杆松开,同时车身回弹并做衰减振动。此时,光脉冲测量装置接通,得到振动相邻两个振动峰值,按指数衰减规律求得阻尼值,与厂家或有关标准对照,以此评价前(后)减振器的性能。这种方法检测过程还不够方便。另外,对同一轴左右悬架装置不能独立评价,因而有可能一个良好

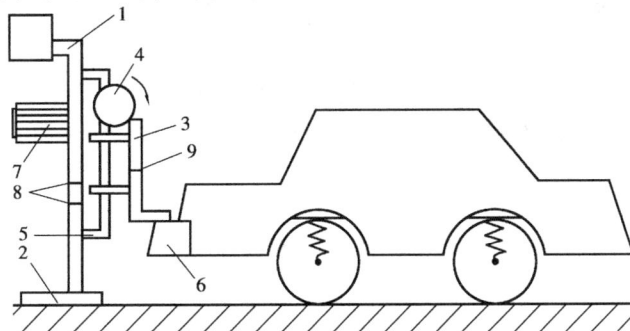

图9.1 汽车悬架装置检测台(按压车体法)
1—支架;2—水平导轨;3—推杆;4—凸轮;5—垂直导轨;
6—汽车保险杆;7—电动机;8、9—光脉冲测量装置

的悬架装置掩盖了同轴另一个性能欠佳的悬架装置。

由于汽车公路条件不断改善,特别是高速公路的发展,汽车行车速度提高。汽车悬架装置的完好程度对减少车祸、保证行车安全至关重要。在 20 世纪 80 年代后期至 90 年代初期出现了能快速检测,判断汽车悬架装置完好程度的悬架装置检测台。

目前悬架减振器检测台,根据其结构型式可分为跌落式(图9.2)和谐振式(图9.3)两类。

2)跌落式悬架装置检测台

跌落式悬架减振器检测台测试开始时,先通过举升装置将汽车升起一定高度,然后突然松开支撑机构,车辆自由振动,可用测量装置测量车体振幅,或者用压力传感器测量车轮对台面的冲击压力,对压力波型进行分析。以此评价汽车悬架装置的性能。

3)谐振式悬架装置检测台

谐振式悬架减振器检测台通过电机、偏心轮、储能飞轮、弹簧组成的激振器,迫使汽车悬架装置产生振动,在开机数秒后断开电机电源,从而电储能飞轮产生扫频激振。由于电机的频率比车轮固有频率高,因此,飞轮逐渐减速的扫频激振过程总可以扫到车轮固有频率处,从而使台面——汽车系统产生共振。测量此振动频率、振幅、输出振动波形曲线,以系统处理评价汽车悬架装置性能。由于谐振式悬架减振器检测台性能稳定,数据可靠性好,因此应用广泛。下面主要介绍谐振式悬架装置检测台。

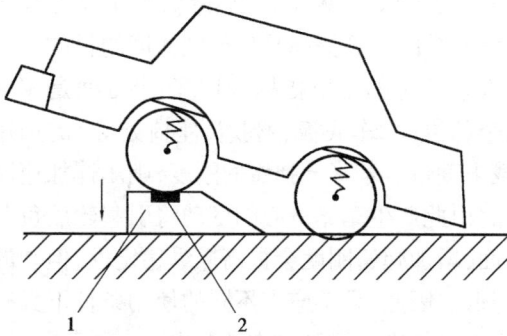

图9.2 跌落式汽车悬架装置检测台

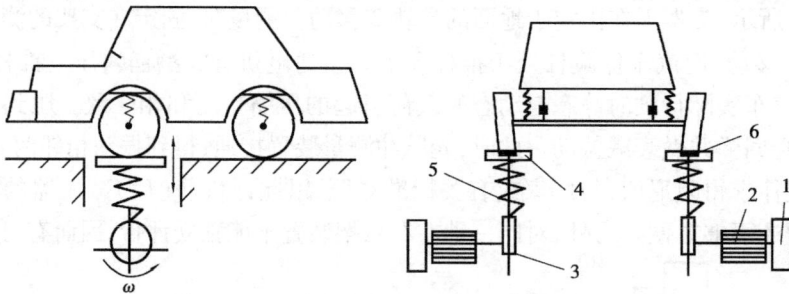

图9.3 谐振式汽车悬架装置检测台
1—惯性飞轮;2—电动机;3—凸轮;4—台面;5—激振弹簧;6—测量装置

9.3 台架试验

9.3.1 平板检测台

平板检测台是近年来研制出的一种集制动力、轴荷、悬架效率、侧滑 4 项检测功能于一体的平板式检测台。该设备由信号调理盒、制动板、轴荷传感器、制动传感器、力臂、显示器、工业控制计算机、PC 机以及驱动电源和安装用的机械设备等组成。具体结构如图9.4所示。

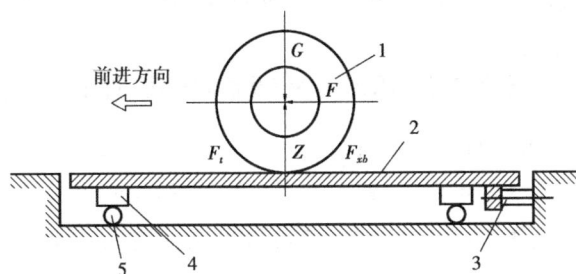

图9.4 车轮在平板上制动时的作用力

1—车轮;2—平板;3—力传感器;4—压力传感器;5—支承钢球

用平板检测台进行检测时,车辆以 5~10 km/h 的速度驶上平板台后,驾驶员迅速踩下制动踏板,车轮制动停在平板上,此时车轮处的负重发生变化。主要是由于制动时前后车轴间的负荷转移及车身通过悬架在车轮上的振动而引起的,车身加速向下时,车轮处负重增加,车身加速向上时,车轮处负重减少。图9.5 所示的曲线是平板检测台在显示悬架效率测试结果时给出的前后车轮处的负重随时间变化的曲线。从图9.5(a)中可以看出:前轮处的动态负重先从静态负重值附近(O 点)上升到最大值(A 点),再从最大值下降到最小值(B 点)。显然,图9.5(a)所反映的是制动时前部车身先加速向下,再加速回升向下的"制动点头"现象。图9.5(b)反映了后部车身的振动,它与图9.5(a)反相位,即前部车身向下运动时后部车身向上抬起(加速度大时后轮离地);前部车身回升时,后部车身向下运动。因此,图9.5 反映了制动引起的前后车身纵向俯仰振动的现象。由于车辆的悬架系统能衰减、吸收车身的振动,所以,车身的振动经过一段时间后就会消失,故图9.5 中曲线的后段逐渐平直并接近 O 点的高度(车轮牌静态负重值)。可见图9.5 所示的曲线,反映了制动引起的车身振动被悬架系统衰减的过程。这说明悬架效率是按照"车轮处动态负重的变化→车身振动→悬架衰减振动→悬架效率"这一原理测试出来的。

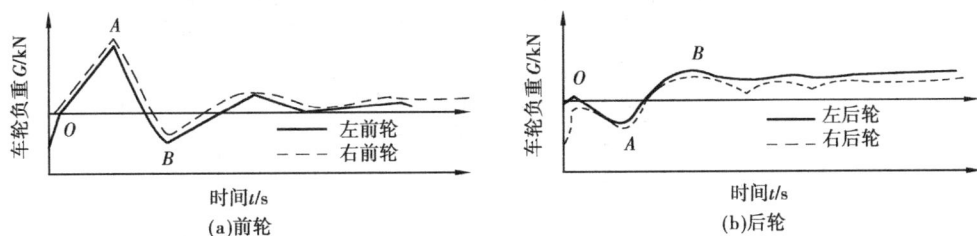

图9.5 车轮处负重的变化曲线

悬架效率 η 的定义为

$$\eta = 1 - \left| \frac{G_B - G_O}{G_A - G_O} \right|$$

式中　η——悬架效率;

G_O——各车轮处静态负荷值;

G_A——图9.9 曲线上 A 点的绝对坐标值;

G_B——图9.4 曲线上 B 点的绝对坐标值。

$\left| \dfrac{G_B - G_O}{G_A - G_O} \right|$ 表示车身有阻尼自由振动的振幅在第一半周期内的减小程度，

$\left(1 - \left| \dfrac{G_B - G_O}{G_A - G_O} \right| \right)$ 表示车身振动被悬架阻尼衰减、吸收的程度，即反映了悬架的减振能力。

从上面的分析可以看出，用悬架效率这指标可以评价车辆悬架的减振性能。平板检测台检测悬架效率时，测试过程接近于路试，可以真实地反映车辆悬架的减振性能。而且检测数据全部由计算机自动处理，操作方便，检测瞬间即可得出测试结果。因此，该检测台适合于车辆检测和维修单位使用。

9.3.2　BY—XX 汽车悬架装置检测台

BY—XX 汽车悬架装置检测台由广州华工邦元信息技术有限公司严格按照交通部标准JT/T 448—2001《汽车悬架装置检测台》的要求进行设计、制造和检验。该设备可对 3 t 以下的汽车悬架装置在很短的时间内测出汽车静态载质量、汽车动态载质量、吸收率、振动波形；而对于 3 t 以上的大车可允许在检测台上面通过，并可测试静载质量，故该设备也可以用于大小车混合检测线中。检测准确度可以达到 ±2% 以内。

BY—XX 汽车悬架装置检测台采用先进的采样技术，自动跟踪激振扫描，分别对汽车单轮悬挂系统进行动态实时检测，测量其减振效率和共振频率，并作出相应的评估。整个系统采用工业控制计算机、模块化设计和智能化界面，具有良好的人机对话功能。检测模式采用自动模式，检测结果以数据、曲线和图形等方式显示，结果可由打印机输出，可对数据进行备份查询。

1）检测台结构与技术参数

BY—XX 汽车悬架装置检测台属于测力式振动试验台，具有结构紧凑，加工精度高，便于运输和搬迁的特点。该设备主要由激振机构、激振电机、轴重传感器、接口卡、PC 机以及驱动电源和安装用的机械设备等组成。具体结构如图 9.6 所示。

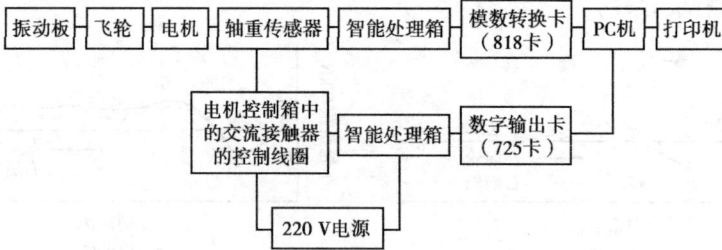

图 9.6　BY—XX 汽车悬架装置检测台结构示意图

2）工作原理

汽车是一个复杂的振动系统，应根据所分析的问题进行简化。根据文献[1]给出的简化方法，双轴汽车复杂振动系统可简化为如图 9.7 所示的 4 个自由度的平面模型，图中各参数的意义不再详细加以介绍。

依据相关文献的结论，当悬挂质量分配系数 $\varepsilon = 1$ 时，联系质量 $m_{2c} = 0$，前后轴上方车身部分集中质量 m_{2f}，m_{2r} 的垂直方向运动是相对独立的，此时前后部分的垂直振动可以单独考虑，而且根据统计，大部分汽车的 ε 在 $0.8 \sim 1.2$。因此 4 自由度的平面模型可以进一步简化为如图 9.8 所示的 2 自由度简化模型。

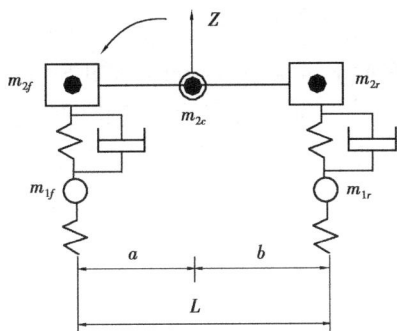

图9.7 双轴汽车的简化平面模型

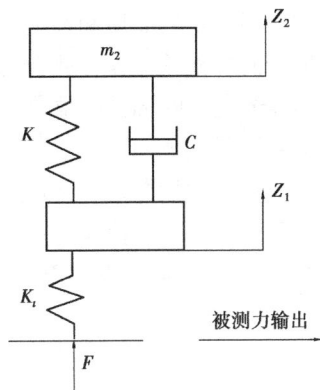

图9.8 2自由度简化模型

图中 m_2、m_1 为非悬挂质量和悬挂质量；K 为悬架刚度；K_t 为轮胎刚度；C 为悬架阻尼系数；Z_2、Z_1 为 m_2、m_1 对激励 F 的响应。从而可以得出如下所示的微分方程：

$$\begin{cases} m_2\ddot{z}_2 + C(\dot{z}_2 - \dot{z}_1) + K(z_2 - z_1) = 0 \\ m_1\ddot{z}_1 + C(\dot{z}_1 - \dot{z}_2) + K(z_1 - z_2) + K_t(z_1 - F) = 0 \end{cases}$$

用复频率响应法求解以上方程，即可求出在正弦频率下的复频特性，进而求出共振频率和悬架减振器的衰减特性，进而求出共振频率和悬架减振器的衰减特性，从而进一步利用不解体检测指标来评价减振器的工作状况。

3）评价方法

将汽车驶上检测台，关闭发动机，驾驶员离开。悬架装置检测台首先启动左电机，通过电机及偏心轮等机构对左侧车轮进行激振。振动稳定后，关闭电机，惯性飞轮所储存的能量逐渐释放，此时的激振频率也逐渐衰减。当激振频率衰减到一定数值时，汽车悬架装置与检测台激振部分达到共振。通过检测台下面压力传感器的信号变化转换为电信号传输给智能仪表，智能仪表对信号作放大、优化处理后送入计算机。用同样的方式启动右电机进行激振，检测到实际悬架性能和曲线，并评价左、右悬架的减振性能。

BY—XX 汽车悬架装置检测台根据计算悬架在谐振频率下（即模拟工作条件最差情况）的吸收率的检测数据来评价汽车的悬架性能。系统通过采集垂直载荷的变化情况来计算吸收率：

$$悬架吸收率 = \frac{共振时的最小动态车轮垂直载荷}{静态车轮垂直载荷} \times 100\%$$

9.3.3 试验检测标准

汽车悬架装置在使用中出现结构元件故障和损坏，会影响汽车行驶性能。

由汽车理论可知，汽车悬架装置的弹性元件或减振器损坏使悬架装置角刚度减少，增加了高频非悬架质量的振动位移，使车轮和道路的接触状态变坏。车轮作用在地面的接地力减少，大振幅的车轮振动甚至会使车轮跳离地面。因而，不仅影响汽车行驶平顺性，而且也使汽车行驶操纵稳定性恶化。汽车行驶安全性变坏。

从上述分析来看，我们引用了车轮和道路接触状态的新概念。汽车车轮和道路的接触状态可用车轮作用在地面上的接地力来表征。依靠汽车行驶中车轮作用在道路上接地力的变化可评价汽车悬架装置的品质和性能。

目前出现的悬架减振器检测台都是利用检测车轮和道路接地力的原理来快速评价悬架装置的品质和性能的。欧洲减振器制造商协会 EUSAMA(European Association of Shock Absorber Manufacturers)推荐的测量标准:汽车车轮稳态时的载荷,定义为车轮和道路的静态接地力。汽车车轮在受外界激励振动下,汽车车轮在检测台上的变化载荷定义为动态载荷,将动态载荷的最小值与静态载荷之比值作为评价汽车悬架装置的指标。

上述 EUSAMA 比值分为四级:

①80%～100%表示很好;

②60%～79%表示好;

③40%～59%表示足够;

④0%～39%表示弱、不够。

为了防止因同轴左右悬架吸收率的差异过大而引起操纵稳定性和制动稳定性恶化,进而造成交通事故,所以,需要控制同轴左右轮吸收率之差在一定的范围内。

我们知道,评价汽车悬架装置一直是采用平顺性的评价指标,是以人体所能承受的加速度均方根值来评价的。这种评价方法不适宜在用车的快速检测分析评价上。另外,悬架装置的性能也影响到操纵稳定性,直接影响到汽车安全行驶。上述介绍的评价方法,不仅考虑了悬架装置对汽车平顺性的影响,更主要的侧重点是考虑了对汽车操纵稳定性和行驶安全性的影响。它考查的是汽车在工作条件最差的情况下,即地面激振使悬架达到共振时,车轮与地面的接触状态。这是一个比较直观的评价指标,既能够快速检测,又能够综合评价汽车悬架装置的弹簧与减振器的匹配性能及品质。

根据我国的实际情况,GB 7258—2004《机动车运行安全技术条件》对于最大设计车速大于或等于 100 km/h、轴载质量小于或等于 1 500 kg 的载客汽车提出悬架特性要求。其具体要求是:

①用悬架装置检测台检测时,受检车辆的车轮在受外界激励振动下测得的吸收率应不小于 40%,同轴左右轮吸收率之差不得大于 15%。

②用平板检测台检测时,受检车辆制动时测得的悬架效率应不小于 45%,同轴左右轮悬架效率之差不得大于 20%。

9.3.4 悬架装置检验使用方法和应用实例

用悬架装置检测台检验方法。

①汽车轮胎规格、气压应符合规定值,车辆空载,不乘人(含驾驶员)。

②将车辆每轴车轮驶上悬架装置检测台,使轮胎位于台面的中央位置。

③启动检测台,使激振器迫使汽车悬架产生振动,使振动频率增加过振荡的共振频率。

④在共振点过后,将激振源关断,振动频率减少,并将通过共振点。

⑤记录衰减振动曲线,纵坐标为动态轮荷,横坐标为时间,测量共振时的动态轮荷。计算并显示动态轮荷与静态轮荷的百分比及其同轴左右轮百分比的差值。

用平板检测台检验方法。

①平板检测台平板表面应干燥,没有松散物质及油污。

②驾驶员将车辆对正平板台,以 5～10 km/h 的速度驶上平板,置变速器于空挡,急踩制

动,使车辆停住。

③测量制动时的动态轮荷,记录动态轮荷衰减曲线。

④计算并显示悬架效率和同轴左右轮悬架效率之差值。

9.3.5 应用实例

采用一辆1996年引进的三菱 V32WHNHL 型越野吉普车对该检测台性能进行了试验验证。该车由于使用时间较久,前桥悬挂的减振性能已出现了一定的衰减。检测结果如图9.9、图9.10、图9.11、图9.12以及表9.1所示。在各车轮的悬架性能曲线中,纵坐标为动态轮荷,横坐标为时间。

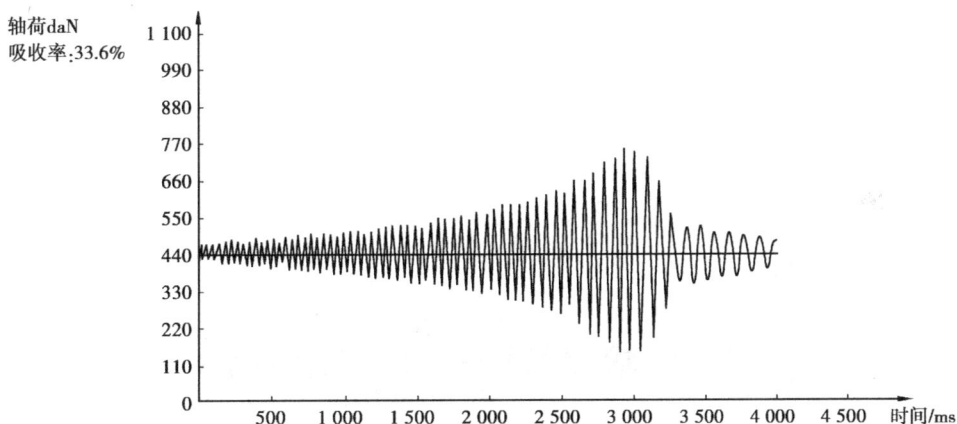

图9.9 左前轮悬架性能曲线

表9.1 悬架性能检测报告

检测项目		检测结果		标 准	评 价
悬架特性	吸收率或悬架效率	前左:48.9%	前右:46.6%	≥40%	○
		后左:51.7%	后右:56.1%	≥40%	○
	同轴左右轮差值	前轴:4.9%	后轴:4.4%	≤15%	○

注:×表示不正常,○表示正常。

从以上自动记录的各车轮衰减振动曲线和检测报告表中,我们可以方便地得出各车轮悬架的吸收率、振动波形和同轴左右车轮百分比的差值。BY—XX 汽车悬架装置检测台然后根据以上的检测数据和 PC 机数据库中的标准值进行对比,最后对检测车辆的状况进行判断和评定,形成报表。比如左前轮悬挂的吸收率为48.9%,右前轮悬挂的吸收率为46.6%,均大于40%的标准,所以评定为合格。而左后轮和右后轮悬挂的吸收率分别51.7%、56.1%,所以评定合格。同样,两前轮悬挂的吸收率差为4.9%,两后轮悬挂的吸收率差为4.4%,均小于15%的标准值,所以评定合格。

轴荷daN
吸收率:38.5%

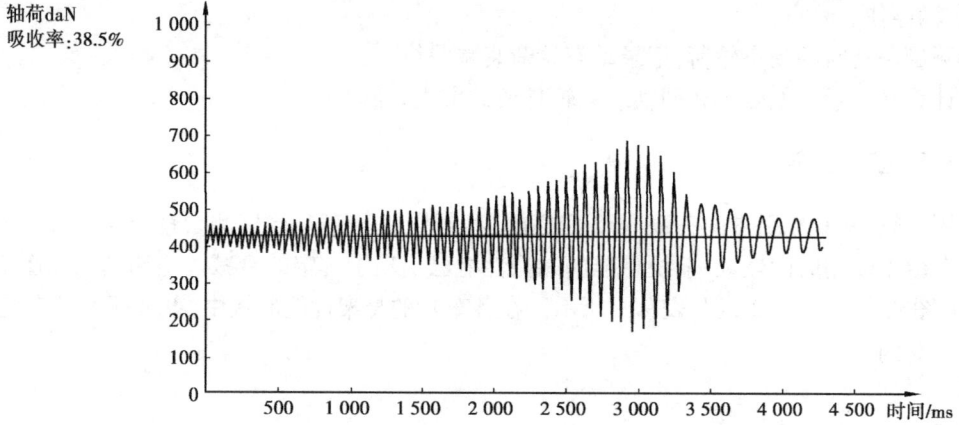

图 9.10　右前轮悬架性能曲线

轴荷daN
吸收率:51.7%

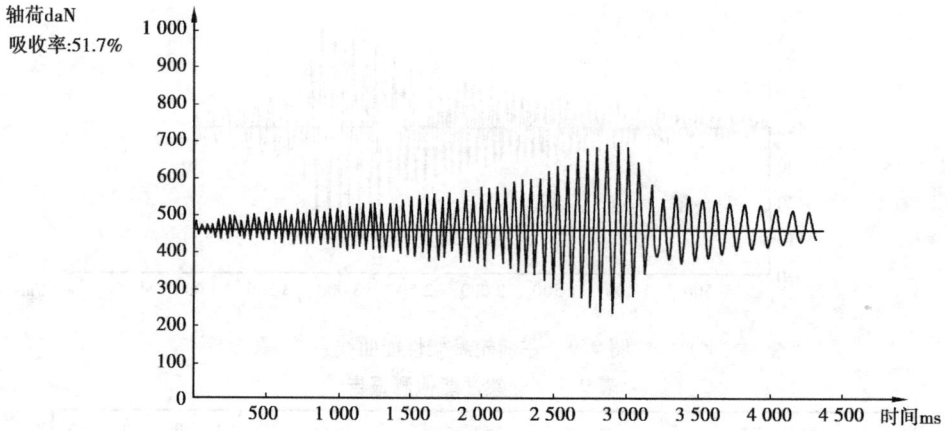

图 9.11　左后轮悬架性能曲线

轴荷daN
吸收率:56.1%

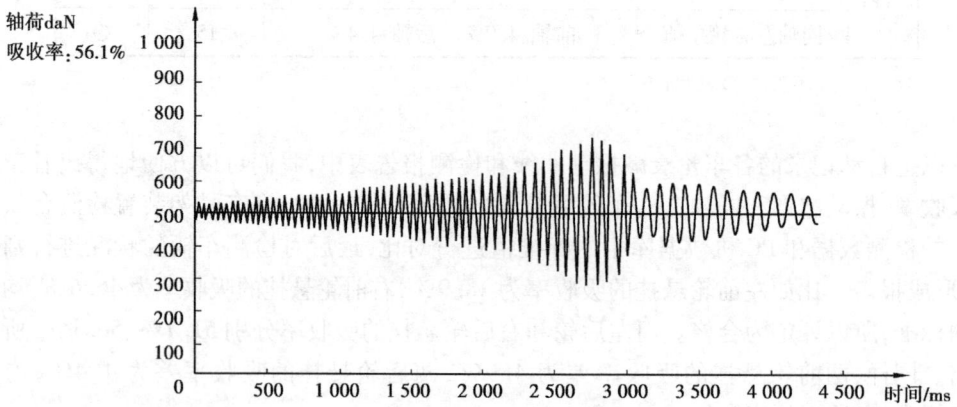

图 9.12　右后轮轮悬架性能曲线

复 习 题

1. 常用汽车悬挂装置检测的必要性。
2. 常用汽车悬挂性能的评价指标是什么?
3. 汽车悬挂评价的结构和原理是什么?
4. 汽车悬挂性能的主要影响因素有哪些?

第 **10** 章
排放污染物检测

人类生存环境的污染,是当今我国乃至世界普遍关注的问题。之所以这样描述,原因只有一个,即环境是人类赖以生存和发展的基础,失去这个基础,人类为发展所做的一切,将没有可持续性。

随着国民经济的不断发展,汽车的保有量每年都不断大幅度地增长,随之增加的汽车排放污染物对大气环境的污染,已经引起广泛的重视。地球变暖、酸雨、臭氧层被破坏以及大气中有害气体、烟尘和微粒物的增加等,都与汽车排放污染物的不断增加有关,对汽车排放污染物的监控与防治,已处于刻不容缓的地步。

要控制汽车排放污染物的扩散,首先必须做好防治工作。用废气分析仪(汽油)和烟度计(柴油)等检测仪器测定排放污染物的浓度,目的是把汽车排放污染物的浓度,限定在被允许的范围内,从而减少污染,达到保护生态环境和自然界生态平衡的目的。

10.1 废气中污染物的主要成分及其危害

10.1.1 废气中污染物的主要成分及其危害

发动机排放的主要污染物有:一氧化碳(CO)、碳氢化合物(HC)、氮氧化物(NO_x)、硫化物和微粒物(由碳烟、铅氧化物等重金属氧化物和烟灰等组成)。

(1)一氧化碳(CO)

在内燃发动机中,CO 是空气不足或其他原因造成不完全燃烧时,所产生的一种无色、无味的气体。CO 吸入人体后,非常容易和血液中的血红蛋白结合,它的亲和力是氧的 300 倍。因此,肺里的血红蛋白不与氧结合而与 CO 结合,致使人体缺氧,引起头痛、头晕、呕吐等中毒症状,严重是造成死亡。

CO 的允许限度规定为 8 h 内 100 ppm。如 1 h 内吸入 500 ppm 的 CO,就会出现中毒症状,并危害中枢神经系统,造成感觉、反应、理解、记忆等机能障碍,严重时引起神经麻痹。如1 h 内吸入 1 000 ppm 的 CO,就会发生死亡。

（2）碳氢化合物（HC）

HC 是指发动机废气中的未燃部分,还包括供油系中燃料的蒸发和滴漏。单独的 HC 只有在浓度相当高的情况下才会对人体产生影响,一般情况下作用不大,但它却是产生光化学烟雾的重要成分。

（3）氮氧化合物（NO_x）

NO_x 是发动机大负荷工作时大量产生的一种褐色的有臭味的废气。发动机废气刚一排出时,气内存在的 NO 毒性较小,但 NO 很快氧化成毒性较大的 NO_2 等其他氮氧化合物。这些氮氧化合物,我们统称为 NO_x。NO_x 进入肺泡后能形成亚硝酸和硝酸,对肺组织产生剧烈的刺激作用。亚硝酸盐则能与人体内的血红蛋白结合,形成变性血红蛋白,可在一定程度上导致组织缺氧。3.5 ppm 的 NO_2 作用 1 h 即可对人产生有害影响,而 0.5 ppm 的 NO_2 作用 1 h 可对自然界中的某些敏感植物产生毒害作用。

NO_x 与 HC 受阳光中紫外线照射后发生化学反应,形成光化学烟雾。当光化学烟雾种的光化学氧化剂超过一定浓度时,具有明显的刺激性。它能刺激眼结膜,引起流泪并导致红眼症,同时对鼻、咽、喉等器官均有刺激作用,能引起急性喘息症。光化学烟雾还具有损害植物、降低大气能见度、损坏橡胶制品等危害。

（4）铅化合物

发动机废气中的铅化合物是为了改善汽油的抗暴性而加入的,它们以颗粒装排入大气中,是污染大气的有害物质。当人们吸入含有铅微粒的空气时,铅逐渐在人体内积累。当积累量达到一定程度时,铅将阻碍血液中红细胞的生长,使心、肺等处发生病变;侵入大脑时则引起头痛,出现一种精神病的症状。

（5）炭烟

炭烟是柴油发动机燃料燃烧不完全的产物,其内含有大量的黑色炭颗粒。炭烟能影响道路上的能见度,并因含有少量的带有特殊臭味的乙醛,往往引起人们恶心和头晕。为此,包括我国在内的不少国家都规定了最大允许的烟度值,并规定了测量方法。

（6）硫氧化物

汽车内燃机尾气中硫氧化物的主要成分为二氧化硫（SO_2）。当汽车使用催化净化装置时,就算很少量的 SO_2 也会逐渐在催化剂表面堆积,造成所谓催化剂中毒,不但危害催化剂的使用寿命,还危害身体健康,而且 SO_2 还是造成酸雨的主要物质。

（7）二氧化碳

世界工业化进程引起的能源大量消耗,导致大气 CO_2 的剧增。其中约 30% 来自汽车排气。CO_2 为无色无毒气体,对人体无直接危害,但大气中的 CO_2 大幅度增加,因其对红外热辐射的吸收而形成的温室效应,会使全球气温上升、南北极冰层融化;海平面上升;大陆腹地沙漠趋势加剧,是人类和动植物赖以生存的生态环境遭到破坏。因此近年来对 CO_2 的控制也已上升为汽车排放研究的重要课题。

除以上几种物质外,还有臭气。它由多种成分组成,除了、有臭味外,主要就是燃料的不完全燃烧产物,如甲醛、丙烯醛等。当汽车停留在街道路口时,产生这些物质较多,它能刺激眼睛的黏膜。除了燃烧条件有关外,臭气的产生还与燃料的组成有关。随着燃料中芳香烃的增加,排气种的甲醛略有减小,而芳醛少许增加,从而可以适当减少臭气,但却增加了更容易产生光化学烟雾的芳烃。

10.1.2　影响汽油发动机污染物排放的主要因素

1）影响汽油机排放污染物生成的主要因素

汽油发动机设计的运行参数、燃料的选择、配比及成分等因素，都与排气中污染物的排出量有很大的关系。为了降低汽油发动机排气中的有害物质，必须了解这些因素对有害排放物生成的影响。

（1）空燃比

理论上汽油发动机工作时，最佳空气与汽油的混合比为14.7∶1，即理想空燃比，这种状态下可使全部燃料燃尽。空燃比是影响汽油发动机排气中污染物产生的重要因素之一，它对排气中 CO、HC 和 NO_x 的影响很大。

当空燃比中的空气量的增加，燃料能够更充分的燃烧；CO 的排放浓度随空气量的增加而下降；当空燃比中的空气量的进一步增加时，混合气变稀，使燃烧温度降低，减少了高温分解，CO 的排放浓度进一步下降。就 CO 而言，其排放量主要受空燃比的影响，其他的因素影响不大，一切影响空燃比的因素都将影响 CO 的排放。

空燃比对 HC 的影响与 CO 有类似的倾向，但是在过稀混合比的情况下，因为火焰传播不充分或断火，HC 排放浓度有所增加，另外 HC 的排放浓度与汽油发动机的油耗是一致；混合气过浓时，空气量不足，不能完全燃烧，燃油消耗率和 HC 排放率都增加；混合气过稀时，火焰传播不充分或断火，也使燃油消耗和 HC 排放增加。

空燃比和 NO_x 排放浓度的关系与 CO、HC 不同，当发动机燃烧温度过高时，燃烧中氧气含量充分，此时 CO 排放浓度出现峰值。当混合气中燃油浓度过高时，因不能完全燃烧其燃烧温度和用氧量较低，使 NO_x 生成量减少。

（2）点火提前角

点火提前角对 CO 排放浓度影响较小，除非点火提前角过分推迟使 CO 没有充分的时间完成氧化而引起 CO 排放量增加。

（3）汽油机结构参数

对汽油机排放影响较大的结构参数有汽缸工作容积、燃烧室形状、压缩比、活塞顶结构尺寸、配气定时以及排气系统等。这些参数的影响，遵循以下两点：第一点是在上止点时，燃烧室的面容比 F/V 越大、进入活塞的混合气越多、排放氧化不充分时，HC 的排出量增大；第二点是若使燃烧室壁面散失的热量减少、残留气体减少，则 NO 的排放量增大。

（4）燃料性质

汽油辛烷值的大小影响着汽油的油耗；较低的辛烷值导致油耗增加，因此有害物质的排放量也随之增加。

（5）挥发性

汽油的挥发性太低，使混合气的生成不良，车辆启动困难，还影响燃烧；汽油的挥发性太高，则蒸发排放增加，碳罐容易过载，并且会使油路中的气泡增加，影响喷油器的稳定性，进而影响排放。

综合考虑上述诸因素，改进汽油制备工艺、使油品的特性更加符合燃烧条件、研究替代燃料，对降低汽车废气排放是非常有效的。

2）影响柴油发动机排放污染物生成的主要因素

柴油发动机不同于汽油发动机进入汽缸的不是混合气,而是纯空气。在压缩过程中,形成的压缩比要大于汽油发动机,压缩终了的温度也远远大于柴油的自燃点;此时喷油泵将高压、雾状的柴油喷进燃烧室与空气混合并自然,生成高压气体,推动活塞运动,带动发动机工作。

柴油机排气的有害成分有一氧化碳(CO)、碳氢化合物(HC)、氮氧化合物(NO_x)、二氧化硫(SO_2)及碳烟。由于柴油机的平均过量系数比汽油机大,CO、HC、NO_x的排出量较少,主要有害成分是碳烟和SO_2。

影响柴油机排放的供油系统参数主要有喷油提前角、喷油速率、喷油压力、结构等因素;而结构因素是指喷油器或燃烧室的结构及尺寸。其中某些参数的变动,可能只降低某种排放物的量,却使另一种增加,或者虽能降低有害排放物的量,但会使燃油经济性及动力性恶化;因此,为了净化柴油发动机排气而变动某些参数时,需全面考虑。

(1)喷油提前角

喷油提前角对柴油机 NO_x 排放的影响较大。如果喷油提前角减小,则燃油温度也随之下降,使 NO_x 排放量减小,但会引起炭烟增加和功率下降。

(2)喷油器

如采用电子控制喷油装置,将会最有效地控制有害物质的排放;但柴油发动机的电子燃油喷射技术实施的难度很大。但这应是今后研究和技术改进的发展方向。

(3)燃烧室结构

间接式(分隔式)燃烧系统比直喷式燃烧系统的有害排放物低得多;由于间接喷射式柴油发动机的混合气形成与燃烧是分两个阶段进行的,其有害排放物的形成也分两个阶段:首先是在副室中开始生成;随后是来到主燃烧室内与空气混合后继续燃烧生成的排放物,两阶段的反应程度均取决于燃油与氧的浓度、温度、混合状况和在主、副燃烧室内的滞留时间,这些因素均随柴油机的结构和使用因素而变化;但柴油发动机的最大缺点是燃油消耗大。

10.2 汽车有害排放物的测量方法

10.2.1 汽车有害排放物的测量系统

汽车有害排放物的测量方法主要有两种:一是整车测量法,是从汽车的排气管取样进行分析或整个排气进行分析,根据各国汽车排放法规的规定,整车测量法主要用于轻型汽车的排放认证、产品一致性试验和各种在用汽车的排放监测;二是台架测量法,仅对车用发动机和其附带的排放装置进行测量。试验装置中除气体采样及分析系统外,与普通发动机性能试验台没有区别。

10.2.2 有害排放物分析的取样方法

1）直接取样法

用取样探头插入汽车排气管内直接采集部分废气,然后再送到分析仪的方法,叫直接取样法。取样时,气样经气泵引入分析仪。气样在进入分析仪前,需经过滤清、冷凝等预处理以除去水分和污秽物。该方法操作简单,适合于连续观察排气组成的变化,广泛用于汽油车双怠速排放试验取样和柴油自由加速烟度的试验取样。

2)全量取样法

将试验时间内的全部排气收集在一个袋子里,然后再进行分析的方法,称之为全量取样法。

全量取样法的优点是能测定排气中有害成分的平均浓度,易于进行质量计算,气体分析通常在汽车运行结束后进行。由于进气袋从进气开始到开始分析气样的过程中会产生 HC 被袋吸附、HC 中容易引起反应的成分之间相互反应或聚合以及 HC 和 NO_x 的反应等现象,因此气袋应尽量选用那些引起 HC 损失最小的材料,取样后要尽快地分析测定。试验表明在取样 30 min后,NO_x 约减少 25%,如果在 20 min 内完成分析,则所测 HC 浓度不会低于初始值的 98%。

在取样时排气背压的变化,也会影响测量效果。当取样需要较大容量气袋时,不便在实际道路运行中采用,只能用于台架模拟工况取样分析。

3)比例取样法

比例取样法是根据汽车内燃机进、排气量之间存在一定的关系,用进气量测量代替较为困难的排气量测量;用容量约 50 L 的小袋子连续收集排气量的 1/1 500 ~ 1/1 000,按此取样比例,自动控制进气量和排气采取量的比例。

整个取样系统由发动机进气量测量系统、气体收集和输送组件、控制组件、冷凝器和电源等组成,可以组装在手提箱内。其关键性组件是机电式伺服机构。伺服放大器专门用来操纵控制阀,使所取气样与进气流量之间保持比例。试验前,取样袋内需引入适量的氮气,以减少排气气样在储藏期间的反应。

比例取样便于进行排气有害出成分的质量计算,广泛应用于汽车排放的科研试验及模拟汽车在道路行驶过程时的取样分析。比例取样法的最重要问题是流量的测量与控制,要求取样系统的反应速度快(70 ~ 80 s)。

4)定容取样法

定容取样法 CVS(Constant Volume Sampling)是一种稀释取样方法。CVS 法能有效控制周围环境空气对汽车排气进行连续稀释,模拟汽车排气向大气中扩散这一实际过程,CVS 取样系统有不同的三种形式。

①带容积泵的变稀释度系统(PDP—CVS);

②临界流量文杜里管变稀释度系统(CFV—CVS);

③用量孔控制恒定流量的变稀释度系统(CFO—CVS)。

定容取样法与直接取样法、全量取样法比较,由于取样系统没有低温冷却器,而且对柴油机试验还采取了附加保温措施,因而减少了高沸点 HC 冷凝或溶于水中的损失。由于排气经稀释后才收集到取样袋中,也减少了因化学活性强的物质相互反应而引起的组成变化,故得到了广泛应用。

10.2.3 汽油车排气成分的分析

汽车发动机可燃混合气在燃烧过程中会产生 HC、CO、NO_x 等有害气体和 CO_2、H_2O、O_2 等无害气体。由于废气成分与发动机的工况有最直接的联系,所以通过汽车尾气的检测可初步分析发动机的工作状况、性能好坏,可以检查包括燃烧情况、点火能量、进气效果、供油情况、机械情况等诸多方面。更为重要的是,当发动机各系统出现故障时,尾气中某种成分必然偏离正常值,通过检测发动机不同工况下尾气中不同气体成分的含量,可判断发动机故障所在的部位。废气分析主要内容有混合气空燃比、点火正时及催化器转化效率等,主要分析的参数有 CO、HC、CO_2 和氧(O_2),还有空燃比(A/F)或相对空燃比(λ)。

1)空燃比和点火正时对排气成分的影响

HC 是未燃燃料、可燃混合气不完全燃烧或裂解的碳氢化合物及少量的氧化反应的中间产物。CO 主要来自在空气不足的情况下可燃混合气的不完全燃烧,是汽油机尾气中有害成分浓度最大的物质。CO_2 是可燃混合气燃烧的产物,它能够反映出燃烧的效率。

随着空燃比的增加,CO 的排放浓度逐渐下降,HC 的排放浓度两头高、中间低,CO_2 的排放浓度中间高、两头低。当空燃比小于 14.7∶1 时(混合气变浓),由于空气量不足引起不完全燃烧,CO、HC 的排放量增大。空燃比越接近理论空燃比 14.7∶1,燃烧越完全,HC、CO 的值越低,O_2 越接近于零,而 CO_2 的值越高(最大值在 13.5% ~ 14.8%)。而当混合气空燃比超过 16.2∶1 时(混合气变稀),由于燃料成分过少,用通常的燃烧方式已不能正常着火,产生失火,使未燃 HC 大量排出。混合气过浓将产生大量的 CO、HC,混合气过稀将引起失火而生成过多的 HC。

点火提前角对 CO 的排放没有太大影响,过分推迟点火会使 CO 没有时间完全氧化而引起 CO 排放量增加,但适度推迟点火可减小 CO 排放。实际上当点火时间推迟时,为了维持输出功率不变需要开大节气门,这时 CO 排放明显增加。随着点火提前角的推迟,HC 的含量降低,主要是因为增高了排气温度,促进了 CO 和 HC 的氧化,也由于减小了燃烧室内的激冷面积。

2)发动机各部分技术状况与排气成分间的关系

进排气门、汽缸衬垫的密封性,活塞、活塞环、缸套的磨损与密封性等因素,与之有关的尾气成分有 HC、CO。相关的检测项目有汽缸压力、汽缸漏气率和进气真空度。

空气流量、温度、节气门位置、转速传感器信号及 ECU 等影响喷油压力和喷油时间的因素,喷油器、进气温度、进气管内壁状况等影响喷油雾化质量的因素,与之有关的尾气成分有 HC、CO。相关的检测项目有燃油压力、空燃比(A/F)、相关电路信号、空气流量计信号(L型)、进气压力传感器信号(D 型)、转速信号、温度信号、负荷信号、氧传感器信号等。

点火线圈初级绕组电流、点火初级电路电阻、电容器等影响点火能量的因素,断电器、离心及真空提前装置、点火模块、与点火有关的传感器信号等影响点火正时的因素,火花塞、高压线、分电器等影响失火率的因素,与之有关的尾气成分有 HC。相关的检测项目有点火波形、漏电试验、导通试验。

曲轴箱强制通风装置、燃油箱蒸发控制装置的工作状况与 HC 的生成有关,二次空气喷射、进气预热的工作状况与 HC、CO 有关,催化转化器的工作温度、转化效率、使用寿命则影响 HC、CO、NO_x 的生成。

通过尾气分析,可以检测到以下几个主要方面的故障:混合气过浓或过稀、二次空气喷射系统失灵、喷油器故障、进气歧管真空泄漏、空气泵故障、汽缸盖衬垫损坏、EGR 阀故障、排气系统泄漏、点火系统提前角过大等。

3)废气成分异常的原因

HC 的读数高,说明燃油没有充分燃烧。汽缸压力不足、发动机温度过低、油箱中油气蒸发、混合气由燃烧室向曲轴箱泄漏、混合气过浓或过稀、点火正时不准确、点火间歇性不跳火、温度传感器不良、喷油嘴漏油或堵塞、油压过高或过低等因素都将导致 HC 读数过高。

CO 的读数是零或接近零,则说明混合气充分燃烧。CO 的含量过高,表明燃油供给过多、空气供给过少,燃油供给系统和空气供给系统有故障,如喷油嘴漏油、燃油压力过高、空气滤清器不洁净。其他问题,如活塞环胶结阻塞、曲轴箱强制通风系统受阻、点火提前角过大或水温传感器有故障等。CO 的含量过低,则表明混合气过稀,故障原因有:燃油油压过低、喷油嘴堵塞、真空泄漏、EGR 阀泄漏等。

CO_2 是可燃混合气燃烧的产物,其高低反映出混合气燃烧的好坏,即燃烧效率。可燃混合气燃烧越完全,CO_2 的读数就越高,混合气充分燃烧时尾气中 CO_2 的含量达到峰值 13% ~ 16%。当发动机混合气出现过浓或过稀时,CO_2 的含量都将降低。当排气管尾部的 CO_2 低于 12% 时,要根据其他排放物的浓度来确定发动机混合气的浓或稀。燃油滤芯太脏、燃油油压低、喷油嘴堵塞、真空泄漏、EGR 阀泄漏等将造成混合气过稀。而空气滤清器阻塞、燃油压力过高,都可能导致混合气过浓。

O_2 的含量是反映混合气空燃比的最好指标,是最有用的诊断数据之一。可燃混合气燃烧越完全,CO_2 的读数就越高;与此相反,燃烧正常时,只有少量未燃烧的 O_2 通过汽缸,尾气中 O_2 的含量应为 1% ~2%。O_2 的读数小于 1%,说明混合气过浓;O_2 的读数大于 2%,表示混合气太稀。导致混合气过稀的原因有很多,如燃油滤芯太脏、燃油油压低、喷油嘴堵塞、真空泄漏、EGR 阀泄漏等。而空气滤清器阻塞、燃油压力过高等都可能导致混合气过浓。

当 CO、HC 浓度高,CO_2、O_2 浓度低时,表明发动机混合气很浓。HC 和 O_2 的读数高,则表明点火系统工作不良、混合气过稀,而引起失火。

利用功率平衡试验和尾气分析仪的读数,可以知道每个缸的工作状况。如果每个缸 CO、CO_2 的读数都下降,HC、O_2 的读数上升,且上升和下降的量都一样,表明各缸都工作正常。如果只有一个缸的变化很小,而其他缸都一样,则表明这个缸点火或燃烧不正常。另外,当四缸发动机中有一缸不工作时,其浓度将上升到 4.75% ~7.25%;若有两缸不工作,则会上升到 9.5% ~12.5%。

4)汽油车废气分析仪

废气分析仪主要由取样系统、分析系统、数据处理系统组成。其中取样系统由探头、取样管、分水器、过滤器、气泵等组成。

下面以 NHA—500 废气分析仪为例,介绍仪器的基本结构。该仪器主要由仪器本体、短导管、前置过滤器、取样管、取样探头、嵌入式微型打印机等组成,如图 10.1。

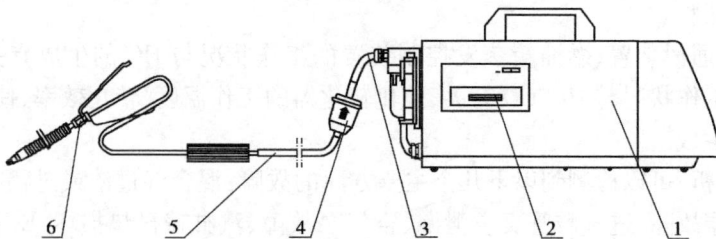

图 10.1 仪器的组成
1—仪器本体;2—微型打印机;3—短导管;4—前置过滤器;5—取样管;6—取样探头

（1）仪器前面板的布置及各部分的名称，如图 10.2 所示。

前面板各部分的功用如下：

"S"键：水平移动显示屏上的光标（三角箭头），以选择所需的项目；"K"键：确认所选择的项目；输入车牌号码时用于切换输入法；"▲"键：上移显示屏上的光标，选择所需的项目；调节显示屏上文字、图像的对比度；校准前用于修改校准气的设定值；"▼"键：下移显示屏上的光标，选择所需的项目，其余功能同"▲"键；显示屏显示中文菜单和测量数据。

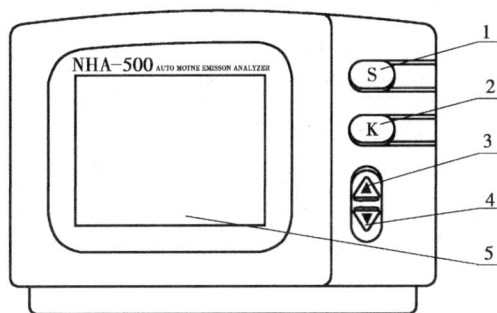

图 10.2　仪器前面板布置图
1—"S"键；2—"K"键；3—"▲"键；
4—"▼"键；5—显示屏

在预热期间以及在主菜单下，按下"▲"键或"▼"键可以调节显示屏上文字、图形的对比度。用户可根据需要，调节到观察得最清晰为止。

（2）仪器后面板的布置及各部分的名称，如图 10.3 所示，后面板各部分的功用如下：

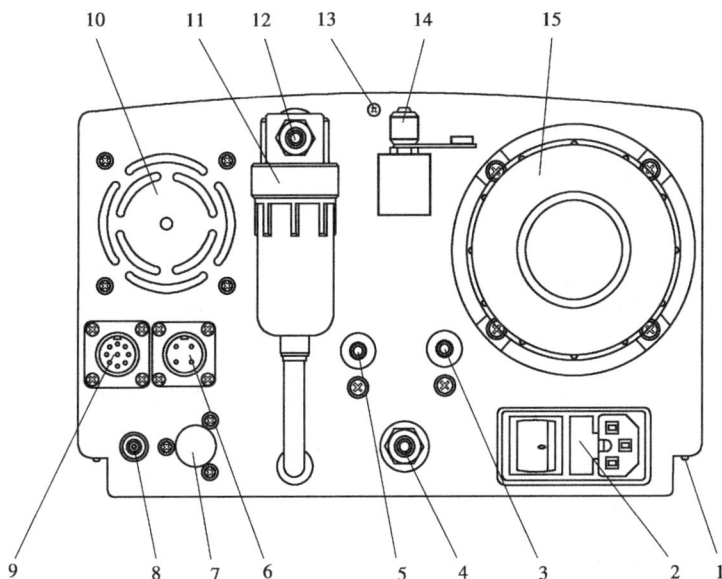

图 10.3　仪器后面板布置图
1—底板紧固螺钉；2—电源插座及开关；3—O₂ 传感器排气口；4—主排气口；5—NO 传感器排气口；
6—油温信号插座；7—二次过滤器；8—转速信号插座；9—输出信号插座；10—冷却风扇；
11—分水过滤器；12—废气入口；13—背板紧固螺钉；14—标准气入口；15—粉尘过滤器

1 及 13 紧固螺钉：固定仪器罩壳，将其拆卸后可打开机箱；2 电源插座及开关：插座用于输入 220 V 交流电源，开关用于接通或断开电源，内装 1 A 保险管和电源噪声滤波器；3 ~ 5 排气口：样气测量后的排出口；6 油温信号插座：输入油温探头的信号；

7 二次过滤器：过滤从分水过滤器出水口流出的样气；8 转速信号插座：输入转速测量钳的信号；

9 输出信号插座：与外部计算机通讯的 RS232 接口及外接打印机的接口；10 冷却风扇：从废气仪内向外排风，以防仪器内部过热；11 分水过滤器：分离待测样气中的油、水，防止冷凝水在仪器中积聚；

12 样气入口:通过短导管与前置过滤器出口相连,接入样气;14 标准气入口:校准时插标准气气瓶的入口;15 粉尘过滤器:滤纸式过滤器,滤去待测样气中残余的粉尘。

5)废气分析仪的工作原理

要检测的这 5 种气体,通常采用两类不同的方法来测定。CO、HC、CO_2 采用非分散红外线不同波长能量吸收的原理来测定,而 NO 和 O_2 则采用电化学的原理来测定。

(1)不分光红外吸收原理

不分光红外吸收原理 不分光红外吸收原理是指一种气体只能吸收其独特波长的红外线,而且其吸收的量与该气体的浓度成正比。如 CO 能够吸收 $4.5 \sim 5\ \mu m$ 波长的红外光线,CH_4 能吸收 $2.3\ \mu m$、$3.4\ \mu m$、$7.6\ \mu m$ 红外线等。图 10.4 为各种气体的红外线吸收光谱。

当测量室的长度一定时,被测组分所吸收的红外光能量与被测组分的浓度成正比,如图 10.5 所示。

不分光红外吸收仪由红外光源、切光片、测量室、滤光片和红外接收器构成,其工作原理如图 10.6 所示。

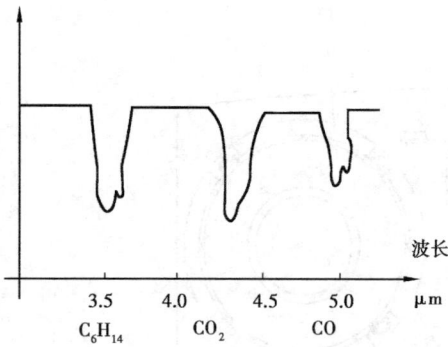

图 10.4 气体的红外吸收光谱

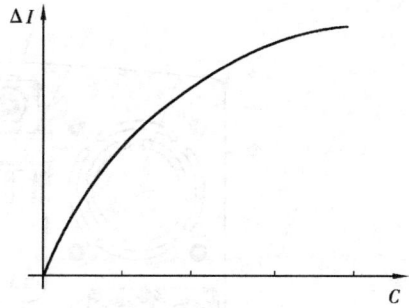

图 10.5 红外吸收能量 ΔI 与气体浓度 C 的关系

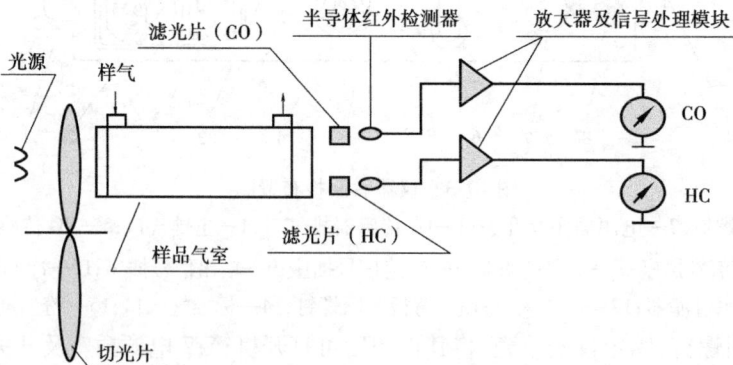

图 10.6 气体分析光学系统结构图

从光源发出的红外光,经旋转切光片周期性切断、打开,形成交变的红外光波进入测量室。测量室内连续充进被测试的尾气,尾气浓度越高,被吸收的红外线就越多,没被吸收的红外光波再穿过滤光片(滤光片的作用是仅让具有被测气体对应波长的红外光通过),到达红外接收器。红外接收器将接收红外光能量转换成电信号输出。通过与待测气体浓度为零时的输出进行比较,即可得出被测气体的浓度。

(2)电化学电池的工作原理

汽车废气分析仪中的 O_2 及 NO 浓度,由电化学电池进行分析,下面以氧传感器为例,介绍其工作原理。

氧传感器的基本组成,包括一个电解质阳极和一个空气阴极组成的金属-空气有限度渗透型电化学电池,其结构如图 10.7 所示。

因此,氧传感器是一个电流发生器,其所产生的电流正比于氧的消耗率,此电流可通过在输出端子上跨接一个电阻以产生一个电压信号。

在实际应用中,氧传感器的电流或信号取决于被测氧气在渗透膜上的渗透率。在氧传感器上,使用一种特殊的塑料薄膜作为渗透膜,其渗透量受控于气体分子撞击膜壁上的微孔。如果气体分压增加,分子的渗透率则增加。因此输出的结果正比于氧的分压而且在整个浓度范围内呈线性响应。

氧传感器在实际应用中的一个局限是其寿命。在使用一段时间后(通常在一年半左

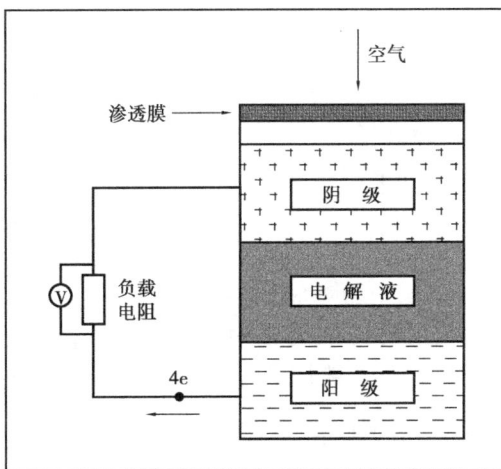

图 10.7　氧传感器结构

右,视传感器的制造质量而定),其输出将大幅下降至 0 mV,必须更换。而且不管仪器是否投入使用,其寿命都从传感器启封时开始计算。

NO 传感器的工作原理与氧传感器类似,不再叙述。

6)汽车废气分析仪使用方法

(1)测定前的准备工作

①测量仪器的准备工作

a. 初始化检查。仪器每次开机后进行初始化检查并预热,当达到规定的技术性能要求后,预热结束。

b. 泄漏检查。预热结束后应进行入"泄漏检查"。主要检查仪器整个气路系统是否有泄漏,若出现泄漏,应仔细检查整个气路予以排除。如无泄漏,则进行调零。

c. 校准。仪器在使用过程中会产生漂移、传感器老化等问题,因此,仪器使用一段时间(一般 3 个月到 6 个月)后应进行量距校准。另外由于老化的原因, O_2 传感器和 NO 传感器使用一年左右就需更换,而且 NO 传感器更换后,还应进行"清除 NO 老化标志",并重新校准该通道后才能投入使用。

d. 设置。将仪器参数调整于设定的范围内。

②被检车辆的准备工作

a. 进气系统应装有空气滤清器,排气系统应装有排气消声器,并不得有泄漏。

b. 测量时发动机冷却水和润滑油温度应达到汽车使用说明书所规定的热状态。

(2)汽车废气分析仪的日常维护

①换过滤器的过滤元件

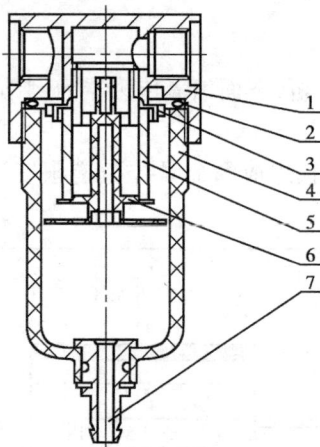

图 10.8　分水过滤器滤芯的更换
1—本体；2—O 型密封圈；3—旋风叶片；
4—分水杯；5—滤芯；6—挡水板；
7—排水出口

当仪器的取样系统被汽车排气中的粉尘、油泥等污物阻塞，导致取样系统的流量大大下降时，应关断仪器电源，检查并清洗取样探头、取样管、短导管，更换前置过滤器、分水过滤器和二次过滤器的滤芯以及更换滤纸式粉尘过滤器的滤纸。

②更换前置过滤器

a.将取样管和短导管从失效的前置过滤器上取下；

b.新的前置过滤器应按外壳上标示气流方向的箭头指向与取样管和短导管连接，即取样管与前置过滤器的小端连接，短导管与大端连接。

③更换分水过滤器的滤芯

如图 10.8 所示，先逆时针方向拧松分水过滤器的存水杯，卸下存水杯。再旋下挡水板，将失效的滤芯卸下，换上新滤芯。安装新滤芯时必须注意，勿让硬物将其多孔表面划伤，影响过滤效果。

④更换滤纸式粉尘过滤器的滤纸

如图 10.9 所示，逆时针方向用力旋转粉尘过滤器的压盖，将其卸下，取下旧滤纸，换上新滤纸，然后拧紧压盖。必须注意不能漏气，如果泄漏，应更换 O 型密封圈或在密封圈周围涂一些硅酮密封胶。

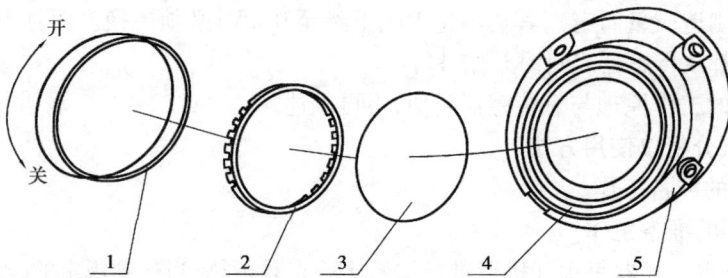

图 10.9　滤纸式粉尘过滤器滤纸的更换
1—过滤器压装盖；2—橡胶衬垫；3—滤纸；4—O 型密封圈；5—过滤器本体

⑤更换二次过滤器的滤芯

如图 10.10 所示，将二次过滤器的把手向外拉出，将旧滤芯抽出，换上新滤芯。

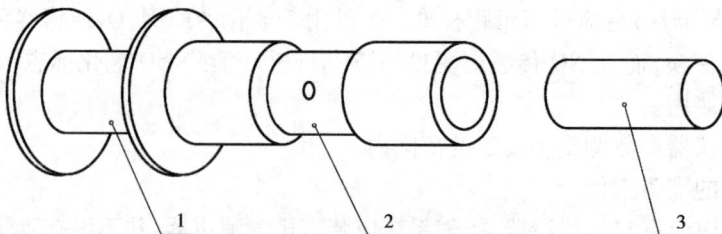

图 10.10　二次过滤器滤芯的更换
1—把手；2—护套；3—滤芯

⑥HC 残留的原因及处理方法

a. 如果 HC 残留物超标,是由于被测车辆排气中的 HC 含量过高、测量时间过长,导致 HC 在取样系统的管路及元件中沉积、吸附所造成的。此时可将取样探头放在清洁的空气中,将仪器设置在"通用测量"方式工作 1 ~ 3 分钟,让清洁的空气将管路中残留的 HC 吹净后再进行"HC 残留检查"。如果上述方法不能奏效,可卸下取样探头和取样管,用清洁的压缩空气吹洗。

b. 如果上述方法无效,应考虑更换前置过滤器、分水过滤器和二次过滤器的滤芯以及滤纸式粉尘过滤器的滤纸。

⑦泄漏的原因及处理方法

a. 泄漏检查时,若因为取样探头入口处没有堵严密,导致漏气,则可以堵好探头入口后,然重新试验。

b. 若泄漏原因是取样探头连接处漏气,则应重新连接、上紧。

c. 若是因为取样管破裂或穿孔,导致漏气,则更换新的取样管。

d. 若因为取样管或短导管两端老化,导致密封不良,则可剪去老化段或更换新的取样管。

e. 若是滤纸式粉尘过滤器的压盖处漏气,则重新连接、上紧压盖,更换 O 型密封圈或在密封圈上涂一些硅酮密封胶。

f. 若在分水过滤器的分水杯与本体连接处漏气,则检查密封圈是否失效、丢失,连接处是否上紧,更换密封圈或重新安装。

g. 若在二次过滤器护套处漏气,则是因为护套没有插到位,可重新安插到底。

h. 若因为气泵的气囊破裂而导致漏气,则应更换新的气囊。

10.2.4　柴油机排放微粒及烟度检测

近年来,柴油发动机由于其种种优越性,越来越得到广泛的应用。从总体上看,由于柴油机负荷调节方法采用定量质调节方法,使柴油机的 CO 和 HC 排放量要比汽油机低得多,不足之处则是微粒的排放量却多几十倍。

1)柴油车排放的主要产物

柴油车工作时排放物可分为两类,一类是可见物,即颗粒状物,如碳粒、重碳氢化物、硅酸盐、油气、水汽及灰粉等;另一类是一般情况下肉眼看不见的物质,如一氧化碳(CO)、氮氧化物(NO_x)、二氧化硫(SO_2)和碳氢化合物(HC)等。

2)柴油车排放污染物的检测设备

柴油车排气污染物的测定,一般可采用以下几种测量仪器:一种是滤纸式烟度计,采用的国家有日本、韩国等;另一种是全流式不透光度计,采用的国家有美国、中国台湾地区等;还有一种是取样式不透光度计,采用的国家有欧洲、东南亚等国家。

滤纸式烟度计可在车辆进行自由加速的情况下检测微粒炭烟的排放量,但该方法对排气冒蓝烟及冒白烟无法测量。为适应不断提高的废气排放要求,许多国家都采用不透光度计,它是利用透光衰减率来测定排气烟度的。

不透光度计有取样式(分流式)和全流式两种形式,测量原理基本相同。主要区别在于全流式是将全部排气导入测量系统,取样式是将采集到的排气样气封闭在一个内表面不反光的容器内。

全流式不透光度计的优点是响应快,因为它没有烟室,也就没有气体充满气室的滞后时间,其维护保养较为方便。但受结构所限,其排气管的直径基本上就是光学测量长度,在其低量程范围存在测量分辨率低的问题。此外样气难以进行加热或降温处理,废气温度和压力波动无法控制也会引起测量误差,气体的密度变化非常快,以致难以测量。与全流式不透光度计比较,取样式不透光度计测量的重复性要比全流性的好。

滤纸式烟度计在我国应用较广泛,已有很多相关资料,在此不再赘述。下面主要介绍取样式不透光度计的结构、特点、工作原理和使用方法。

3)不透光系数的测量

(1)不透光度计的特点

①取样式测量方式。采用"空气气幕"保护技术,使光学系统免遭排烟的污染。测量室恒温控制,防止排气中水分冷凝,影响测量结果。

②新型的不透光度计采用全中文交互式菜单提示,显示不透光度和光吸收系数两种示值,操作简单、直观、方便。

③控制单元与测量单元分开,既避免排烟污染显示屏又便于测试时读数。

④测试操作程序化,能自动处理测量数据,显示出每次测试的峰值。能自动判断各次测试是否符合国家标准的有关规定,在最短的时间内完成繁杂的试验步骤。

⑤具有实时测试,显示瞬时值的功能,能测量全负荷稳定转速工况下的排气可见污染物。

⑥具备发动机转速测试功能和发动机机油温度测试功能。

(2)不透光度计的结构

如图10.11所示,仪器主要由测量单元、控制单元、取样探头、连接电缆等组成。

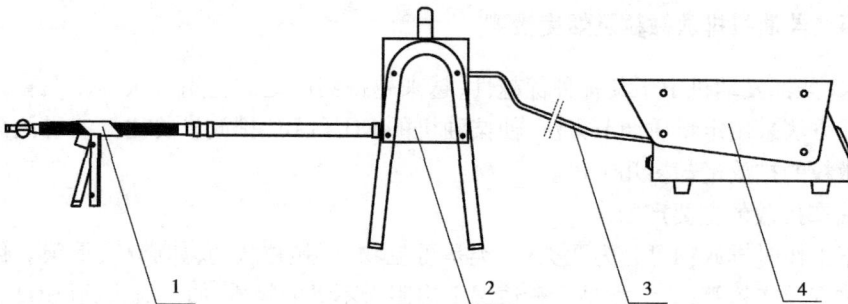

图10.11 不透光度计

1—取样探头;2—测量单元;3—连接电缆;4—控制单元

下面以 NHT—1 型不透光度计为例说明不透光度计的结构。

①控制单元

控制单元负责对接收到的信号进行运算、判断、并控制整个测量过程的进行。控制单元前面板及各部分的名称,如图10.12所示。

控制单元前面板各部分的功用如下:"S"键水平移动显示屏上的光标(三角箭头),以选择所需的项目;"K"键确认所选择的项目;输入车牌号码时用于切换输入法;"▲"键上移显示屏上的光标,选择所需的项目;调节显示屏上文字、图像的对比度;校准前用于修改校准气的设定值。

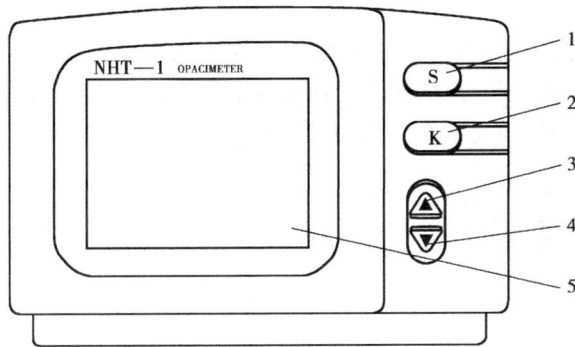

图 10.12　控制单元前面板布置图
1—"S"键;2—"K"键;3—"↑"键;
4—"↓"键;5—显示屏

"▼"键下移显示屏上的光标,选择所需的项目,其余功能同"▲"键;显示屏显示中文菜单和测量数据。

控制单元后面板的布置及各部分的名称,如图 10.13 所示。控制单元后面板各部分的功用如下:

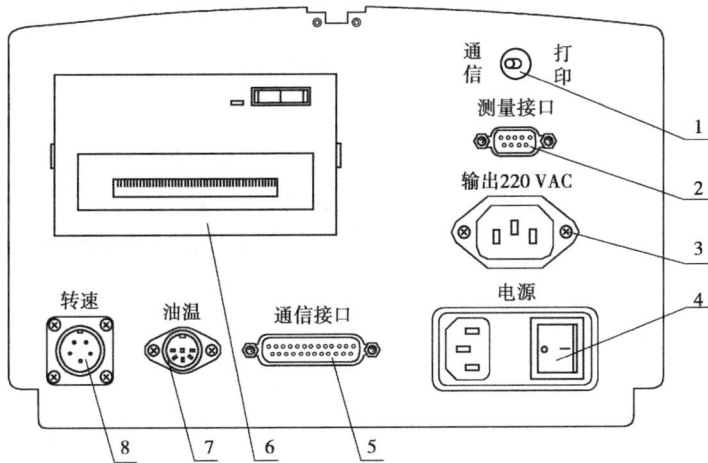

图 10.13　控制单元后面板布置图
1—"打印/通信"转换开关;2—测量接口;3—220 V 输出插座;4—电源插座及开关;
5—通信接口;6—微型打印机;7—油温测量接口;8—转速测量接口

"打印/通信"转换开关:使仪器在"本机打印"或"与外部计算机通讯"间切换;测量接口:用于连接信号电缆,接收来自测量单元的检测数据信号;交流 220 V 输出插座:用于连接电缆,将 220 V 交流电源输出给测量单元;电源插座及开关:输入 220 V 交流供电电源,开关用于接通或断开电源,内装 3 A 保险管和电源噪声滤波器;通信接口:与外部计算机通讯的 RS232 串行接口;微型打印机:可打印每次测量结果的数据;油温测量接口:用于输入油温测量信号;转速测量接口:用于输入转速测量信号。

②测量单元

测量单元负责对排烟的不透光度进行检测,向控制单元传输实时测量数据。在测量时,一般要求测量单元尽可能接近柴油车排气管,因此,测量单元与控制单元是分离的,中间用约5 m长的电缆连接。测量单元的布置及各部分的名称如图10.14所示,各部分的功能如下:

风扇:清洁空气由此进入,并形成保护气幕;排烟入口:与取样探头的导管相连,被测车辆的排气由此进入测量单元;电源输入插座:用于连接电源电缆,接受控制单元输出的交流电源;测量信号接口插座:用于连接信号电缆,向控制单元输出检测数据信号;支架:支撑测量单元并使其高于地面一段距离,以便测量后的废气和保护气幕的空气排出。

（3）不透光度计的测量原理

不透光度计指用于连续测量汽车排气的光吸收系数的仪器。其测量原理,是使光束通过一段给定长度的排烟,利用透光衰减率来测定排烟对环境的污染程度。

图10.15所示为不透光度计测量原理图。不透光度计测量单元的测量室是一根分为左右两半部分的圆管,被测排气从中间的进气口进入,分别穿过左圆管和右圆管,再从左出口和右出口排出。左右两侧装有两个凸透镜,左端装有绿色发光二极管,右端装有光电转换器,发光二极管至左透镜及光电转换器至右透镜的光程都等于透镜的焦距。因此,发光二极管发出的光通过左透镜后就成为一束平行光,再通过右透镜后,汇聚于光电转换器上,并转换成电信号。如果排气中夹带烟粒(或蓝、白烟)越多,平行光穿过测量室时光能衰减越大,经光电转换器转换的电信号就越弱。

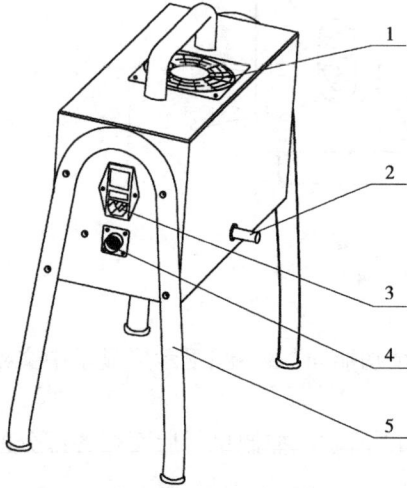

图10.14　测量单元

1—风扇;2—排烟入口;3—交流电源输入插座;
4—测量信号接口插座;5—支架

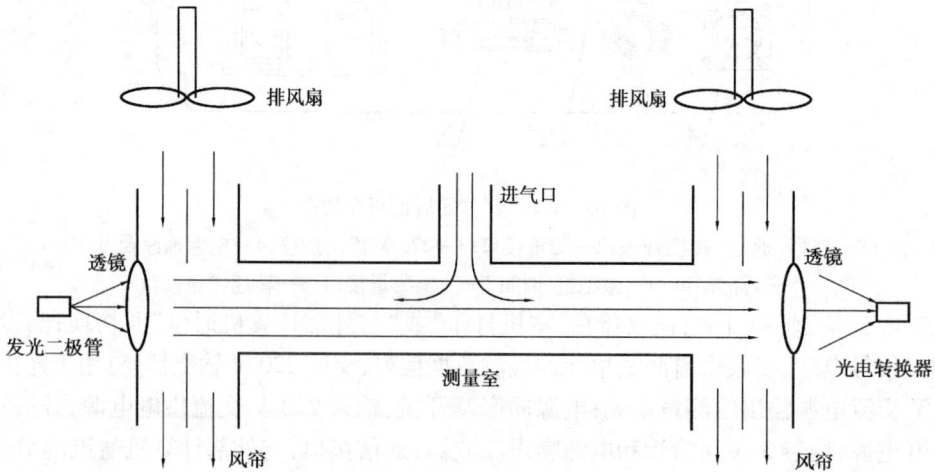

图10.15　不透光度计的测量原理

排气中夹带着许多碳烟微粒,如果让排烟直接接触左右透镜的表面,碳烟微粒将会沉积在上面吸收光能,从而影响测量结果。为使光学系统免遭烟的污染,仪器采用了"空气气幕"保护技术。图 10.15 中的排风扇将外界的清洁空气吹入左右透镜与测量室出口之间的通道,使透镜表面形成"风帘",避免其沾染上碳烟微粒。

排气中含有水分。由于排气管的温度较高,刚进入仪器时,排气中的水分仍保持在气态。如果仪器测量室管壁的温度比排气温度低很多,排气中的水蒸气就要冷凝成雾,影响测量结果。为了防止冷凝的影响,测量室管壁的温度应始终保持在 70 ℃以上,为此,测量室必须装有加热及恒温控制装置。

测量气室中的气体密度与温度和压力有关,因此要取得有可比性的测量结果,必须根据温度和压力对气体密度进行修正。光吸收系数 k 可以根据温度和压力进行修正,但不能修正不透光度 N 值。

图 10.16 表明了光吸收系数与不透光度的关系。

不透光烟度计不仅能测量黑烟的烟度,而且也能测量排气中水汽和油雾等成分的烟气,如汽车冷启动时的白烟或窜机油时的蓝烟。测量结果可用来研究柴油机的瞬态碳烟排放特性,以及按排放法规的要求测量自由加速烟度。

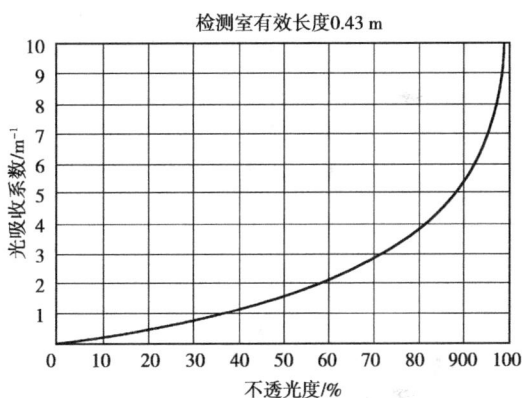

图 10.16　光吸收系数与不透光度的关系

(4)检测前使用注意事项

①仪器的准备

a. 预热

接通仪器电源开关,仪器进入开机状态,然后开始预热,并提示剩余的预热时间,预热时间为 15 分钟。在预热期间,可以使用"↑"、"↓"键调整显示屏的亮度。预热倒计时结束后,仪器将进行自动校准,并进入"主菜单"界面。

预热期间应注意,不能将取样探头放在车辆的排气管中,而应放在清洁的空气中,以便预热后仪器能正确自动校准。预热期间若按"s"键,仪器将终止预热,提前进入工作状态。但是预热时间不足,将会引起仪器的零位漂移和示值误差超差。

b. 设定测试功能

仪器预热后进入主菜单界面。可使用"↑"、"↓"键将光标移至"实时测试"菜单项,按"K"键确认后,仪器将进入实时测试界面。此时,界面可动态显示不透光度(N)、光吸收系数(K)、转速的瞬时值和最大值,以及油温的瞬时值、车牌号码。界面下部共设有五个菜单项,选用每一项功能时,可用"S"键将光标"↓"移至该项,然后按 K 键确认,便可执行该项功能。

②仪器的校准

测量每一辆汽车前,仪器应先校准一次。校准时须先将仪器的测量单元及取样探头放于清洁空气的环境下,以便仪器校准准确。当执行校准操作时,仪器在内部自动校准零位(0%)及满量程位(99.9%),校准过程约需 1 秒钟。校准零位时,即校准仪器在全透光状态下的数值,校准满量程位时,即校准仪器在全遮蔽(即不透光)状态下的数值。

（5）车辆的准备

①目测检查车辆的排气系统的相关部件是否泄漏。

②必须确保发动机处开热状态，并且机械状态良好。

③发动机应充分预热，机油温度至少为 80 ℃，如果低于 80 ℃，发动机也应处于正常运转温度。

④采取至少三次自由加速过程或其他等效方法对排气系统进行吹拂，使发动机的排放烟粒全部排出，以使测量结果准确。

（6）检测方法

①测量单元的放置方式

测量单元在进行测量时，须吸入干净空气，作为保护气幕，若吸入废气则影响测量结果，因此测量单元不应放置在排气口废气扩散的方向上，如图 10.17。

②取样探头插入法

取样探头插入排气管时，应保证取样探头方向与排气方向一致。注意任何时候不应使取样探头的管口被排气管内的弯曲处阻挡，以免影响测量结果，如图 10.18。

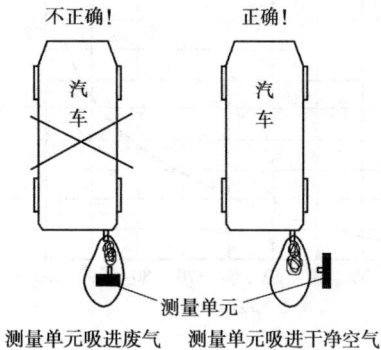

图 10.17　测量单元放置方式

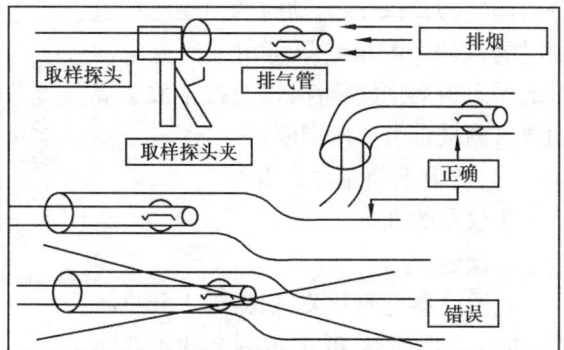

图 10.18　取样探头插入方式

③车辆在发动机怠速下，按要求将测量单元放于汽车排气管附近，插入不透光度计取样探头，取样探头必须插入排气管内约 30 cm。

④测量时，必须在 1 秒内将油门踏板快速而连续地完全踩到底，使喷油泵在最短时间内供给最大油量。在松开油门踏板前，发动机必须达到断油点转速。

⑤重复检测方法 2 的操作过程至少 6 次，每次间隔至少等待 10 秒，记录不透光度计的最大读数值。如果读数值连续 4 次均在 0.25 M^{-1} 的带宽内，并且没有连续下降趋势，则记录值有效。

⑥计算 4 次测量结果的算术平均数值，即测量结果。

⑦测量发动机转速

压电式转速测量原理是：通过测量柴油发动机喷油管的喷油脉动而间接测量出发动机的转速。测量前，先关闭所测车辆的柴油发动机，再按以下方法将转速夹夹于柴油机的喷油管上。

a. 根据所测车辆柴油发动机的喷油管直径，选择相应直径尺寸的压电式转速夹。

b. 测量前应先检查所夹喷油管位置是否有油污、灰尘或油漆。若有，则应先用细砂纸清除，并用布擦干净，以保证能导电。所夹喷油管位置应圆而直，无伤痕或弯曲等情况，且应选在

172

靠近喷油口一端,而远离发动机汽缸一端。

　　c.将转速夹的接线端插入连接电缆的连接器上,夹于喷油管上,用手拧紧转速夹上的固紧螺母(注意:一旦转速夹与喷油管完全接触后,再将固紧螺母多拧 1/4 周即为拧紧状态。切勿用机械工具拧紧,以免损坏转速夹)。否则可能导致测量数据不稳定,而连接电缆的鳄鱼夹则夹于喷油管的螺母上(注意此螺母亦要清洁干净)。转速夹夹持方法见图 10.19。

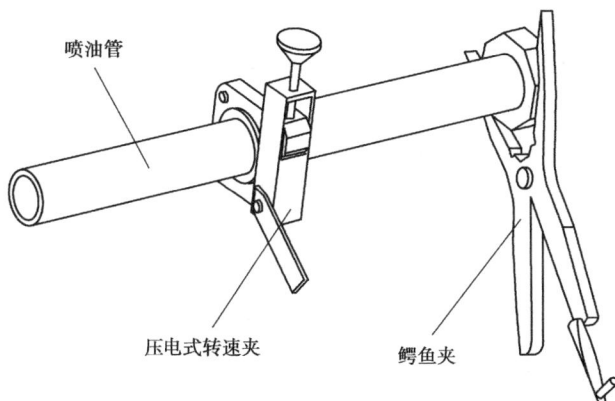

图 10.19　转速夹夹持方法

　　d.转速测量方式和发动机冲程数必须设置正确,否则将影响转速测量的准确性。

　　⑧测量发动机油温

　　测量发动机油温前,应先关闭所测车辆的柴油发动机,将油温探头插入部分擦干净,然后插入发动机的油缸中,探头长度与油表尺长度应一致(可用探头上的封口橡胶进行调节),否则发动机和油温探头均可能损坏。插入后用套于探头上的封口橡胶堵住插入口,以防机油喷出。测量完毕应将探头上的机油用布清除干净。不能将油温探头折叠或过分弯曲,以防损坏探头测量完成,将取样探头从车辆的排气管中取出,将测量单元放回清洁处。

　　(7)保养与维护

　　①保养

　　仪器的测量单元必须进行定期的维护保养。维护保养的周期取决于仪器的使用次数,如果仪器使用频繁,建议每周进行一次。维护保养按以下步骤进行:

　　a.用厂家提供的清洁刷子,从废气出口处小心插入测量室的管内,一边清扫烟炱,一边向里逐渐伸进,直至另一端废气出口为止。操作过程中务必注意:不要接触和损伤两端的光学透镜,不能将刷子从废气入口插入,以防损坏其内部的温度传感器。

　　b.用柔软干净的湿布(不要太湿),轻轻拭擦两端的透镜,应注意不能损伤透镜。

　　c.用清水和干净的布清洁取样探头、导管的内部和外部。

　　②故障的检查

　　a.接通电源开关后若无任何显示,应检查电源线是否接好,保险管是否完好。

　　b.仪器在使用过程中,若显示"通信错误,请检查!"的提示,应检查测量单元与控制单元之间的测量信号电缆及电源电缆是否接触良好。

　　c.若仪器测量数值异常或线性测试异常,应对测量单元进行清洁,并进行校准操作。

　　d.若报警温度传感器坏,则须更换温度传感器。

e.若报警风扇停或风扇转速超出范围,则需重新启动仪器。

f.若报警仪器处于暂停状态,则需重新启动仪器。

g.若报警光学部件脏,则须清洁测量单元。

h.若报警不透光度值超出范围,则须进行校准操作。

I.报警电源电压超出范围,则必须维修测量单元的开关电源。

4)烟度的测量

烟度的测量方法是先用滤纸收集排放黑烟,再比较滤纸表面对光的反射率来测量烟度,这种方法称为滤纸法或反射方法。

(1)滤纸式烟度计结构包括:取样机构、测量机构、走纸机构、显示机构和控制机构等。

取样机构:取样探头、气管、汽缸、抽气电机等。

测量机构:光电测量探头、测量元件等。

走纸机构:走纸电机和滤纸等,如图 10.22 走纸机构原理。

显示机构:显示屏。

控制机构:测量键、标定键和复位键。

(2)滤纸式烟度计工作原理

滤纸式烟度计是在规定的时间内,仪器通过取样机构对柴油车污染物进行取样,通过汽缸抽取柴油车排气管内规定容积的废气,将废气中的微小碳粒附在滤纸上,形成一个规定面积大小的烟斑;然后通过测量系统的光电测量探头对滤纸上烟斑的光透程度进行测量,将光透度转化为电信号,经过放大、处理,再将测量结果通过显示装置显示出来,如图 10.20 所示,它是由白炽灯泡,光电元件(硒光电池)等组成。白炽灯泡为测量用光源,白炽灯泡光轴位于滤纸中心并与滤纸平面垂直。光电元件为一环形半导体光电池,受光有效工作面积直径 32 mm,硒光电池距滤纸表面距离为 10 mm。烟度计是一种非直接测量的仪器,如图 10.20 和图 10.21。

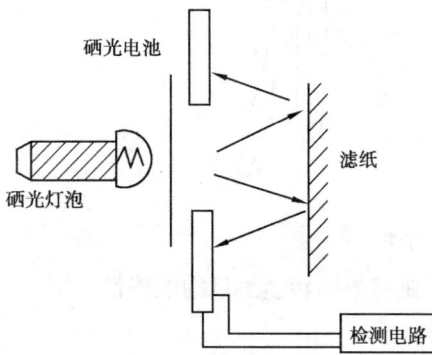

图 10.20　滤纸式烟度计基本原理

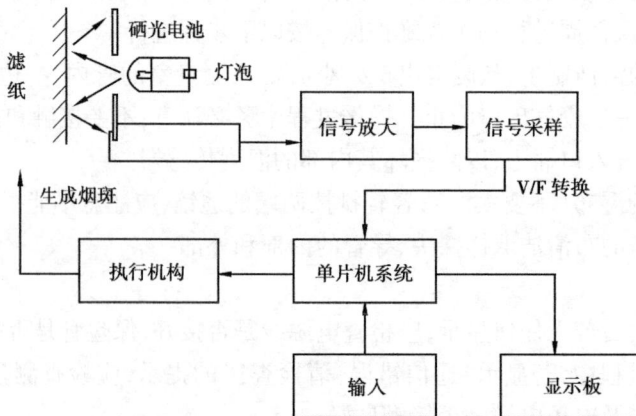

图 10.21　YD-1 型总体结构控制图

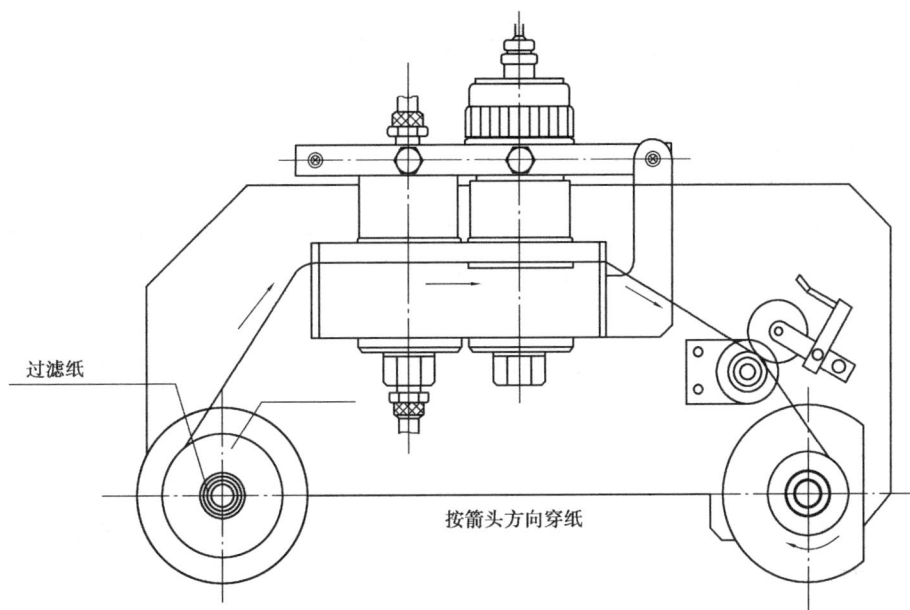

图 10.22　走纸机构原理图

YD-1 型全自动烟度计是一种滤纸式烟度计,用于柴油机车自由加速状态下排烟的烟度测量,符合国家标准要求。它特别设计一套电动式抽气系统,抽气量准确、工作可靠,内部设置有微电脑,因而整个检测过程全自动化。独特的外形设计,使得操作更方便,显示更清晰。仪器还配备模拟量输出接口及 RS—232 数字串行通信接口,方便与外部设备进行通信。

（3）抽气过程

测量仪器的抽气量或进行抽气操作时,由单片机系统控制"抽气",按一定的抽气程序进行抽气操作。吸气泵应保证每次定容量吸气 330 ± 15 ml;每次吸气速度一致,吸气时间 1.4 s ± 0.2 s 和烟粒吸附面积相同。

（4）走纸过程

测量仪器的走纸操作时,由单片机系统控制"走纸",按一定的走纸程序进行走纸操作。

（5）测量原理

测量前仪器同电预热 15 min,将取样管一端插入柴油汽车或柴油发动机的排气管,按照已设定的程序进行操作,自动完成测量并显示测量结果,完成三次测量后计算平均值并显示其值。

（6）注意事项

①汽车测量之前,由于排气管内存在各种碳渣、杂质等,有可能第一次所测量的显示数值偏高一些,最好是在测量重复两次将油门踩到底,将各种杂质吹掸。

②若仪器没有外接清洗系统,需定期将取样管拆下,用压缩空气单独清洗。

③清洗压缩空气不能过大,宜在 0.05 ~ 0.1 MPa。

④踏油门要迅速踏到底,并需维持 4 s。

⑤保持烟度卡工作面干净。

10.3 试验规范与排放标准

我国现行的汽车排气试验规范

1)汽车排放试验规范和标准

国家 GB 18285—2005《点燃式发动机汽车排气污染物排放限值及测量方法(双怠法及简易工况法)》和 GB 3847—2005《车用压燃式发动机和压燃式发动机汽车排气烟度排放限值及测量方法》规定了我国在用汽车采用双怠法检测点燃式发动机汽车的排气污染物,用自由加速法和不透光度计法检测车用压燃式发动机和压燃式发动机汽车排气烟度排放限值。

(1)汽油车废气分析仪(双怠速法)

①仪器通电后自动进入预热状态,预热时间为 10 min,预热完成后进入"泄漏检查"状态,按屏幕提示进行操作。

②将转速测量钳夹在发动机第 1 缸火花塞高压线外,然后将油温测量探头插入发动机的润滑油标尺孔中。

③发动机由怠速工况加速至 0.7 额定转速,维持 60 s 后降至高怠速(即 0.5 额定转速)。

④发动机降至高怠速状态后,将取样探头插入排气管中,深度等于 400 mm,并固定于排气管上。

⑤发动机在高怠速状态维持 15 s 后开始读数,读取 30 s 内的最高值和最低值,取其平均值即为高怠速排放测量结果。

⑥发动机从高怠速状态降至怠速状态,在怠速状态维持 15 s 后开始读数,读取 30 s 内的最高值和最低值,其平均值即为怠速排放测量结果。

⑦若为多排气管时,分别取各排气管高怠速排放测量结果的平均值和怠速排放测量结果的平均值。

评价标准:装用点燃式发动机在用汽车排气污染物排放限值引用标准:GB 18285—2005《点燃式发动机汽车排气污染物排放限值及测量方法(双怠法及简易工况法)》

车 型	怠 速		高 怠 速	
	CO/%	HC/10⁻⁶	CO/%	HC/10⁻⁶
1995 年 7 月 1 日前生产的轻型汽车	4.5	1 200	3.0	900
1995 年 7 月 1 日起生产的轻型汽车	4.5	900	3.0	900
2000 年 7 月 1 日起生产的第一类轻型汽车[1]	0.8	150	0.3	100
2001 年 10 月 1 日起生产的第二类轻型汽车	1.0	200	0.5	150
1995 年 7 月 1 日前生产的重型汽车	5.0	2 000	3.5	1 200
1995 年 7 月 1 日起生产的重型汽车	4.5	1 200	3.0	900
2004 年 9 月 1 日起生产的重型汽车	1.5	250	0.7	200

注:1)对于 2001 年 5 月 31 日以后生产的 5 座以下(含 5 座)的微型面包车,执行此类在用车排放限值。

（2）柴油车烟度计

①仪器通电预热 15 min 以上。

②取样探头固定于排气管内,插入深度为 300 mm,并使其中心线与排气管轴线平行。

③采用至少 3 次自由加速过程或其他等效方法对排气系统进行吹拂。

④将脚踏开关挂在油门踏板上。

⑤按"复位"键(如仪器已在复位状态,显示"0.00"或仪器经过三次测量并显示出测量数据平均值,则不需再按复位键)。

⑥发动机包括所有装有废气涡轮增压的发动机,在每个自由加速循环的起点均处于怠速状态。对重型发动机,将油门踏板放开后至少等待 10 s。

⑦在进行自由加速测量时,必须在 1 s 内将油门踏板快速、连续地完全踩到底,使喷油泵在最短时间内供给最大油量。

⑧对每一个自由加速测量,在松开油门踏板前,发动机必须达到断油点转速（如果没有该数据值,则应达到断油转速的 2/3）。

在测量过程中必须进行检查。通过监测发动机转速或延长油门踏到底后与松开油门前的间隔时间,对于重型汽车,该间隔时间应至少为 2 s。

⑨计算结果取最后 3 次自由加速测量结果的算术平均值,在计算均值时可以忽略与测量均值相差很大的测量值。

评价标准:车用压燃式发动机和压燃式发动机汽车排气烟度排放限值。

车　辆　类　型	烟度值/Rb
1995 年 7 月 1 日起至 2001 年 9 月 30 日期间生产的在用汽车	4.5
1995 年 6 月 30 日以前生产的在用汽车	5.0

引用标准:GB 3847—2005《车用压燃式发动机和压燃式发动机汽车排气烟度排放限值及测量方法》。

（3）不透光度计

①仪器通电预热 15 min 以上,预热结束后,仪器进行自动校准。

②将测量单元放于车辆排气管侧边,并与废气扩散方向保持直角,以避免废气进入保护气幕而影响测量结果。采用至少 3 次自由加速过程或其他等效方法对排气系统进行吹拂。

③发动机在怠速状态,将取样探头固定于排气管内,插入深度为 300 mm,并使其中心线与排气管轴线平行。

④发动机包括所有装有废气涡轮增压的发动机,在每个自由加速循环的起点均处于怠速状态。

对重型发动机,将油门踏板放开后至少等待 10 s。

⑤在进行自由加速测量时,必须在 1 s 内,将油门踏板快速、连续地完全踩到底,使喷油泵在最短时间内供给最大油量。

⑥对每一个自由加速测量,在松开油门踏板前,发动机必须达到断油点转速（如果没有该数据值,则应达到断油转速的 2/3）。

在测量过程中必须进行检查。通过监测发动机转速,或延长油门踏到底后与松开油门前的间隔时间,对于重型汽车,该间隔时间应至少为 2 s。

⑦计算结果取最后 3 次自由加速测量结果的算术平均值,在计算均值时可以忽略与测量均值相差很大的测量值。

车用压燃式发动机和压燃式发动机的汽车排气烟度排放限值。

车 辆 类 型	光吸收系数/m^{-1}
2001 年 10 月 1 日起至 2005 年 7 月 1 日期间生产的在用汽车(自然吸气式)	2.5
2001 年 10 月 1 日起至 2005 年 7 月 1 日期间生产的在用汽车(涡轮增压式)	3.0

评价标准:自 2005 年 7 月 1 日起,按 GB 3847—2005《车用压燃式发动机和压燃式发动机汽车排气烟度排放限值及测量方法》规定经型式核准批准车型生产的在用汽车,应按 GB 3847—2005《车用压燃式发动机和压燃式发动机汽车排气烟度排放限值及测量方法》附录 I 的要求进行自由加速实验,所测得的排气光吸收系数不应大于车型核准批准的自由加速排气烟度排放限值,再加 0.5 m^{-1}。

引用标准:GB 3847—2005《车用压燃式发动机和压燃式发动机汽车排气烟度排放限值及测量方法》。

2)汽车排放试验应用实例

(1)点燃式发动机汽车排气污染物排放限值实例

一辆丰田凌志 ES300,怠速时有轻微抖动且加速迟缓,无故障码输出。进行数据流和点火波形检测,运行参数正常,点火波形也基本正常。初步分析是混合气过稀,导致失火。首先检修燃油供给部分,各部件工作正常。清洗喷油器后,HC 值虽然有所下降但仍较高。再检查空气供给系统,无漏气现象。至此,混合气过稀而导致失火的可能性被排除,可能是点火系统的故障。进一步检查电子点火系统,当检查到右侧汽缸的高压线和火花塞时,发现一个缸的高压线短路,火花塞电极间隙过小。更换高压线,调整火花塞电极间隙,启动发动机,故障消失,尾气检测值完全在标准范围之内。试验结果如表 10.1 所示。

表 10.1　点燃式发动机汽车排气污染物检测

序　号	怠　速		高 怠 速	
	CO/%	HC/10^{-6}	CO/%	HC/10^{-6}
1	0.60	130	0.20	900
2	0.65	125	0.15	850
3	0.55	135	0.25	950
4	0.60	120	0.20	900
平均值	0.60	127	0.20	900

(2)压燃式发动机和压燃式发动机汽车排气烟度排放限值测量实例

一辆东风柴油机大客车在进行排气烟度排放限值测量时,分别在原机和装上一个柴油机微粒过滤器,并进行整机实验。试验结果如表 10.2 所示。实验结果显示,柴油机在两种情况其排放都有不同程度的减小,其排气烟度排放限值的平均值降低率达到了 42.66%。由此可见,一个好的柴油机微粒过滤器具有较低的排气背压、良好的抗阻塞能力、工作稳定性好、持续工作时间长、较高的转化率和较好的适应能力。良好的抗阻塞能力和持续工作意味着即使过滤器失效,发动机照样能稳定工作。高的转化率和较好的适应能力意味着过滤器对不同的柴油微粒都能捕捉和转化,因此柴油微粒转化率和好的适应性意味着过滤器对不同的柴油微粒都能捕捉和转化。

表 10.2　自由加速时排放烟度值 R_b

序　号	原机烟度值	装上过滤器后烟度值	变化率/%
1	2.82	1.62	42.55
2	2.76	1.56	43.48
3	2.86	1.66	41.96
平均值	2.81	1.61	42.66

复 习 题

1. 汽车排放污染物主要包括哪些成分,有什么危害?
2. 影响汽车排放的因素有哪些?
3. 试分析汽车废气分析仪的原理及使用方法。
4. 如何对柴油机的烟度进行检测?
5. 不透光度计的结构和工作原理。

第11章

噪声检测

汽车噪声是一些大城市的主要噪声源,为了创造良好的学习、工作、生活环境,减少噪声干扰,噪声控制也列为汽车检测的重要内容。

11.1 噪声及其危害

汽车是一个综合噪声源,由行驶的汽车所产生的这种综合的声辐射为汽车噪声。车辆噪声的噪声源主要包括:发动机的机械噪声、燃烧噪声、进排气噪声和风扇噪声,底盘的机械噪声、制动噪声和轮胎噪声,车厢振动噪声,货物撞击噪声,喇叭噪声和转向、倒车时的蜂鸣声等。在这些射干源中,所发出的噪声程度绝大多数都与车辆的使用情况有关。

11.1.1 声学基础知识

1)声音的物理参数

(1)声波的频率 f(Hz)

声波的频率是指单位时间内产生振动波的数量。

$$f = \frac{1}{T}$$

式中: T ——1 个波的周期, s。

频率 f 处在 20 ~ 20 000 Hz 时人能感觉到,称为声波。低于 20 Hz 的声波称为次声,高于20 000 Hz 的声波称为超声。次声和超声不能引起人耳鼓膜的振动,是人耳听不到的声音。

声波频率的高低影响声调,频率越高,声调亦高;频率低,则声调低,这即人们所说的高音和低音。

人耳听到频率为 1 000 Hz 时的声音称为纯音。

(2)声压 P(Pa)

当声波在弹性介质中运动时,使介质中的压力在稳定压力 P 附近增加或者减小,这个压力的变化量,称为声压 P。它表示某一声波作用在单位面积上的压力大小,单位是帕(Pa)。在标准大气压中,稳定大气压力为 10^6 Pa。声压要比大气压小得多,一般在 2×10^{-5} ~ 20 Pa 范围之内。

正常人的耳朵在声波频率为 1 000 Hz 时(纯音时)能感觉到的最弱声压为 2×10^{-5} Pa,此声压称为基准声压 P_0 或称听阈声压。当声压达到 20 Pa 时,使人的耳朵产生疼痛,故称听阈声压。

声压大小可用以度量声音强弱。声压大,则声音越强(越响),声压小,则声音听起来弱(低)。声调的高低亦可用声功率和声强来表示。

(3)声功率 W(W)

声功率 W 表示声源在单位时间内所辐射的声能(声压)大小,即

$$W = \frac{P}{t}(W)$$

(4)声强 I,(W/m^2)

声强是单位时间内在与声波垂直方向单位面积上的能量,即单位面积通过的声功率。

$$I = \frac{W}{S}(W/m^2)$$

式中:S——声波的作用面积,m^2。

痛阈声压所对应的声强为 1 W/m^2。

(5)声波的形状

人耳听到的声音是由各种不同振动频率和振幅大小的声波组成的。人耳除听到声音调子高低和声音强弱外,还有好不好听,音色是否优美等感觉。音色与声波的形状有关,一般声波有三种形状,如图 11.1 所示,人们希望听到的是乐音或纯音。

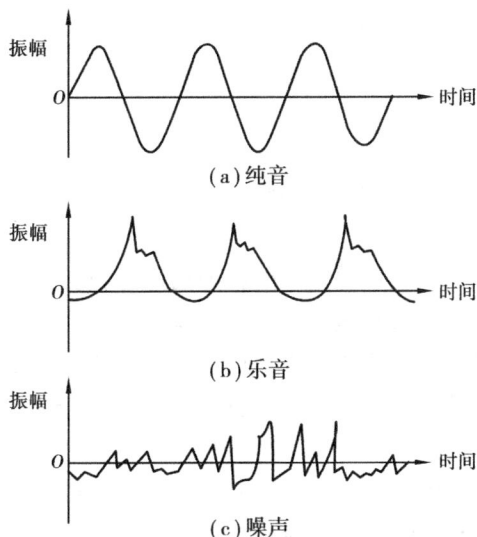

图 11.1　纯音、乐音和噪声波形

以上参数都是指声源,但是声音是通过人耳感觉到的,必须有人耳感觉的衡量参数,这便是响度。

（6）响度 N

响度是指声源带给人耳的感觉量,单位为"宋"。

2）声音的评价指标

噪声是一种声波,具有一切声波运动的特点和性质。声音可用高低、强弱、响声和音色等指标表示。

因为人耳听到声音的频率很宽、强弱的范围很广,若用时间声压、声调、响度等参数来表示很不方便,此外,大量试验证明,人们对声音强弱变化的感觉,并不是与声压绝对值变化有关,而与声压的相对强弱变化量有关。因此,声音的强弱指标可用"级"来表示,称之为分贝（dB）。所谓级是指实际量与基准量比值的对数,是一种只作相对比较的无量纲单位,在声学中常使用声压级、声强级、声功率级和响度级。

（1）声压级 L_P（dB）

大多数声学测量仪器,是直接测量声源的声压,因此,声压级是声学中最常用的级,其定义为:

$$L_P = 20 \lg \frac{P}{P_O} (\mathrm{dB})$$

式中　P_O——基准声压,取 2×10^{-5} W/m²

（2）声功率级 L_W（dB）

定义为: $L_W = 10 \lg \frac{W}{W_O} (\mathrm{dB})$

式中　W_O——基准声功率,在 1 000 Hz 时,为 10^{-12} W/m²。

必须指出,声功率级与声压级不同,声压级是表示声场中某点的声学性质,而声功率级则表示声源向周围空间辐射的声功率的大小。

（3）声强级 L_i（dB）

定义为: $L_i = 10 \lg \frac{I}{I_O} (\mathrm{dB})$

式中　I_O——基准声强,在 1 000 Hz 时,为 100 W/m²。

（4）响度级 L_n

响度级是人耳听到声音时的主观感觉量的物理描述,因此,它是同时考虑声音的声压级和人耳对不同频率声音响应的一个表示响度的主观评价量,单位为"方",方是频率为 1 000 Hz 时纯音的声压级数值。如某纯音的声压级 L_p 为 30 dB 时,则它的响度级为 30 方。

人耳是一种特定的听觉器,它对各种频率的声音有不同的选择性和响应。人耳对高频的声音要比低频的敏感,所以感觉得到的声音响。因此,声源的声压级与人听到的响度级是有区别的。只有当声源频率为 1 000 Hz 时,响度级才与声压级相同,或者说频率不是 1 000 Hz 的两个声音听起来一样响,但其声压级却不一样。

对于 1 000 Hz 以外的响度级如何确定呢?可把和它一样响的 1 000 Hz 纯音的声压级数值作为它的响度级数值,这需应用等响度曲线（图 11.2）来确定。如频率为 100 Hz,声压级为 45 dB 的声音,听起来的响度级是 30 方;频率为 3 000 Hz,声压级为 25 dB 的声音,响度级也是 30 方。

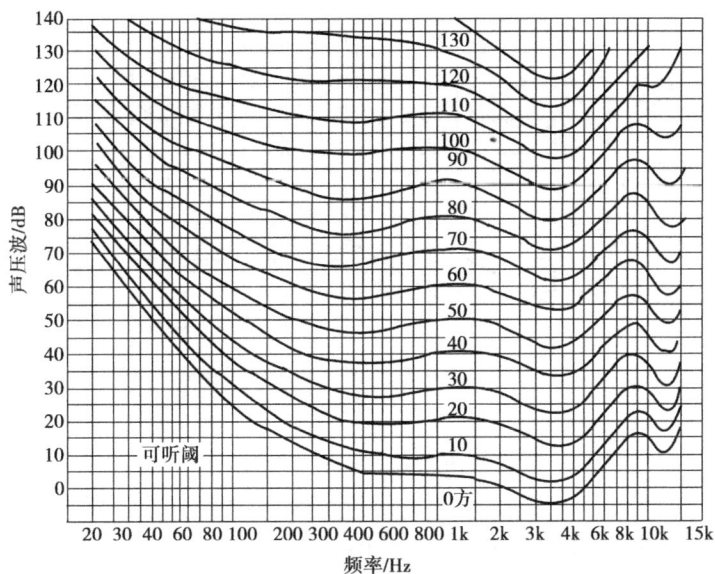

图 11.2　等响曲线

从图 11.2 可以看出,人最敏感的频率范围是 2 000 ～5 000 Hz,对低频则不太敏感。响度和响度级的关系为:

$$N = 2^{\frac{L-40}{10}}(宋)$$

即:响度级为 40 方时,其响度为 1 宋。

3)声级计权

由于上述不同声频对响度的影响,在用仪器测量声音的响度时,必须使测量仪器具有和听觉一样的频率响应特性,称之为计权。一般对听觉的修正情况,有 A、B、C 三个计权特性。A、B、C 计权对听觉修正曲线,见图 11.3。其中,A 计权特性是模仿人耳 40 方的等响曲线设计的,它对低频声音有较大的衰减。

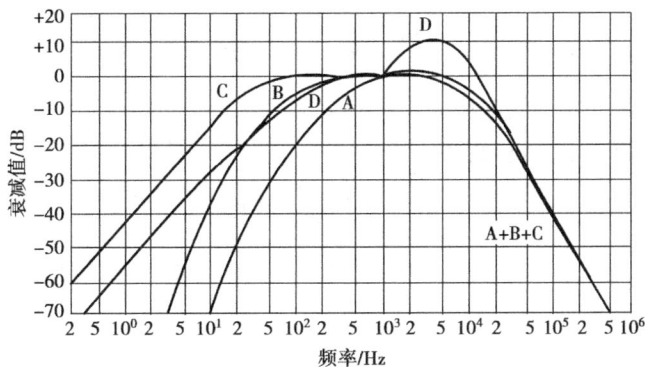

图 11.3　听觉修正曲线

4)影响声压级变化的因素

(1)声源距离

图 11.4 是考虑声源面积时,声压级与距离的关系曲线。由图 11.4 可知离声源距离越远,

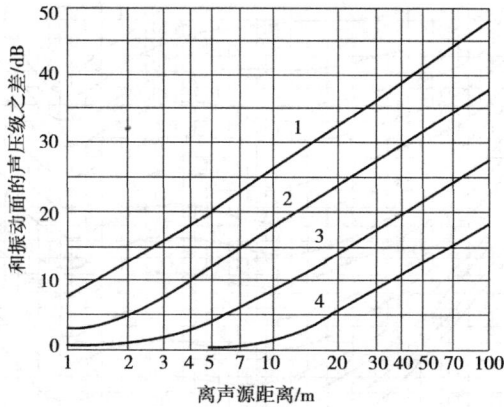

图 11.4 考虑声源面积时,声压级随距离的变化

1—声源面积 1 m²;2—声源面积 10 m²;3—声源面积 100 m²;4—声源面积 1 000 m²

则声压级衰减越大,声源面积大则声压级衰减减小。

(2)空气的吸收

声波在大气中传播时,由于空气的吸收,也要损失一定的能量。空气对声能的吸收主要由于空气具有热传导和黏滞性,以及空气中的分子运动所造成的。空气吸收的声能量与声波频率、大气温度及其湿度等有关,当大气温度一定时,声波频率越高,衰减越快。一定频率的声波,湿度越低,最大衰减值越高。

其他如温度梯度、风等气象条件使声在大气中传播亦会有影响。

(3)周围环境声压

人们听到的声音,一般是周围环境各声源的综合声音。因此,周围环境各声源声压的大小,必然会影响到某一研究对象的声压级;同时,存在一个如何计算和确定某一声源的声压级以及综合声音的声压级的问题。

声压是一个随着时间变化的量,一般不用瞬时声压来研究它,而用均方根声压来表示某一声源声压:

$$P_i = \sqrt{P_1^2 + P_2^2 + P_3^2 + \cdots + P_n^2} = \sqrt{\sum_i^n p_i^2}$$

式中 P_1、P_2——指某一时刻的声压 a。

此时,某一声源的声压级应为:

$$L_{pi} = 20 \lg \frac{P_i}{P_o} (\text{dB})$$

某处受周围声压影响后,其声压级大小的确定:如已知各声源声压级,综合声压级遵循下列方法计算。

①首先计算两声源声压级的差值 $L_{pi} - L_{pi-1}$。

②按表 11.1 查出的两声源声压级增值 ΔL_{pi}。

表 11.1 两声源声压级增值量

$L_{pi} - L_{pi-1}$	0	1	2	3	4	5	6	7	8	9	10	11
$\Delta L_{p(i,i-1)}$	3	2.5	2.1	1.7	1.4	1.2	1	0.8	0.75	0.70	0.45	0.3

如 $L_{pi} - L_{pi-1}$ 值较大,因 $\Delta L_{p(i,i-1)}$ 较小,可以忽略,即取 $\Delta L_{p(i,i-1)} = 0$

③两声源的综合声压级,为其中大声声压级和两者增值之和。

如 $L_{pi} > L_{pi-1} = L_{pi} + \Delta L_{p(i,i-1)}$

④如有两个以上综合声源时,则用第三个声源声压级与 $L_{p(i,i-1)}$ 按上述①②③方法计算出三个声源的综合声压级。以此类推,便可得到若干声源的综合声压级。

11.1.2　机动车噪声的产生

噪声是使听者不喜欢或无好感的声音总称,因此,噪声不仅有声学方面的性质,而且还具有生理学、心理学方面的含意,即包括声音产生的不舒适程度和对人体影响程度在内。

噪声从声学方面讲是一种由许多不同频率的声强组合的无规律的声波,是一种不协调的声音。

机动车噪声产生的原因有:发动机工作噪声、行车噪声、车体振动噪声、制动噪声、喇叭噪声等,如图11.5所示。

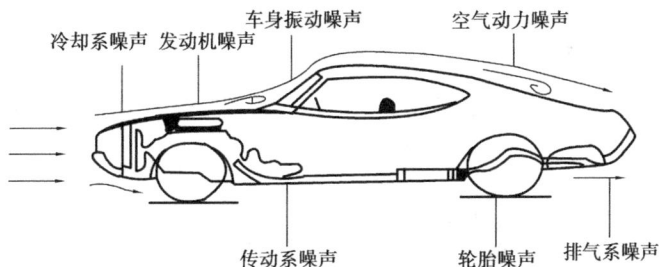

图11.5　汽车主要噪声源

1)发动机工作噪声

发动机工作噪声是汽车的主要噪声源之一,它对整车噪声级有决定性的影响。汽车发动机的噪声源,按照噪声辐射的方式来分,有直接向大气辐射的和通过发动机表面而辐射的两大类。

①进气噪声:是由进气门的周期性开、闭发动机噪声源而产生的压力起伏变化所形成的。进气噪声的大小与发动机的进气方式、进气门结构、缸径、凸轮线型等因素有关。对于同一台发动机来说,转速影响最大,见图11.6,转速提高一倍,噪声级增加13～14 dB(A)。发动机负荷对进气噪声的影响较小,见图11.7。

②排气噪声:是汽车最主要的噪声源。发动机排气噪声往往比发动机整机噪声高10～15 dB(A),排气噪声是当排气门开启时,较高压力和温度的废气急速从缸内排出,使排气门附近的气体压力发生剧变,产生压力波,以及高速气流在消声器形成剧烈的湍流和旋涡而形成冲击波,它们分别作用在各自的壳壁上而产生的。同时,从排气管排出的废气,其温度和压力都高于外界大气,使其压缩周围的空气而形成强大的脉动声波又形成了释放噪声。

影响发动机排气噪声的主要因素是:汽缸压力、排气门直径、发动机排气量以及排气门开启特性等。对同一发动机来说,受其转速和负荷影响最大,见图11.8。由图中曲线可知,转速增加一倍时,排气噪声增加12～14 dB(A),同一转速下全负荷的噪声有明显增加。

③风扇噪声:是汽车噪声主要噪声源之一,风扇噪声是由风扇旋转的叶片切割空气引起振

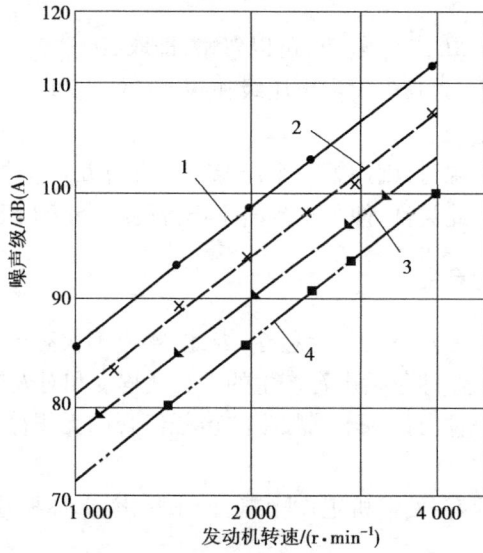

图 11.6 进气噪声与转速关系
1—不带进气歧管;2—带进气歧管;3—安装有小容积进气消声器;4—安装有大容积进气消声器

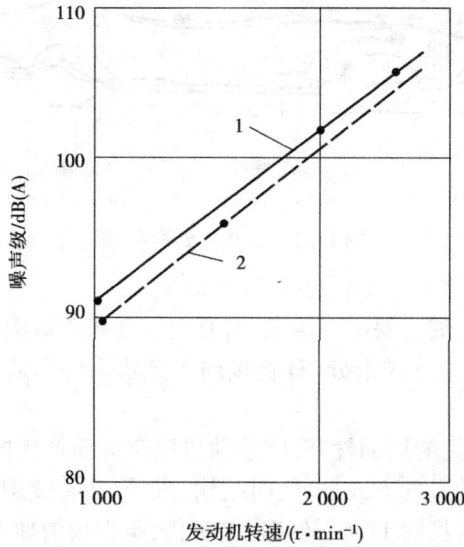

图 11.7 发动机负荷对进气噪声影响
1—全负荷;2—空载

动及叶片周围产生空气涡流而形成的,风扇除空气动力噪声外,还包括一些机械噪声。风扇噪声与风扇叶片的形状、结构、安装情况以及转速有关。当转速提高一倍时,其噪声级增加 11 ~ 17 dB(A),见图 11.9。

④燃烧噪声:汽油机正常燃烧时也会引起较大噪声。柴油机压缩比高,工作粗暴。通常认为柴油机的燃烧噪声主要是在速燃期中由于汽缸内气体压力急速增加,致使发动机各部件振动而引起的。

⑤活塞敲击噪声:通常是发动机最大的机械噪声源。它是由于活塞与汽缸壁之间有间隙以及作用在活塞上的气体压力、惯性力和摩擦力的周期性方向变化,使作用在活塞的侧向推力

在上、下止点处反复改变方向,造成活塞冲击汽缸套而形成的敲击噪声。因此,活塞与汽缸套的间隙越大,发动机转速越高则敲击噪声越大。

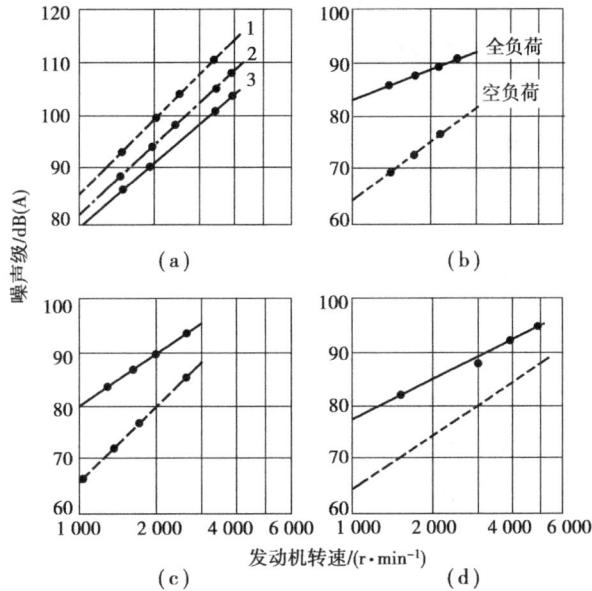

图 11.8　发动机转速和负荷对排气噪声的影响
(a)2 升,4 缸间接喷射式柴油机;(b)1 升,v8 直接喷射式柴油机;
(c)8.2 升,6 缸直接喷射式柴油机;(d)2 升,4 升汽油机
1—没有排气歧管;2—有排气歧管;3—带排气系统

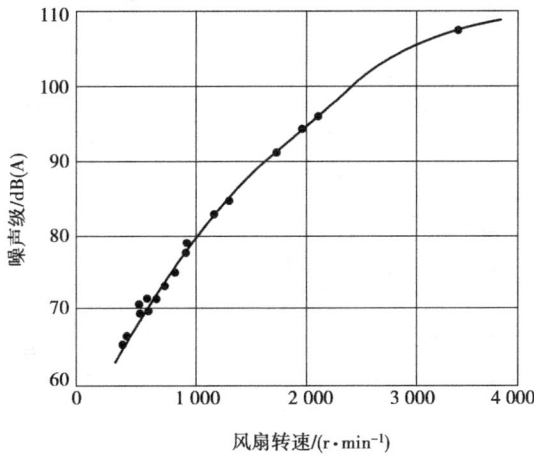

图 11.9　风扇转速对其噪声的影响

⑥气门机构噪声:是由于气门开启和关闭时的撞击所造成,气门机构噪声与气门运动速度成正比,见图 11.10。

⑦供油系噪声:主要是指柴油机的喷油系统噪声,由喷油器和喷油泵产生,这种噪声在发动机总噪声中所占比例不大。

⑧齿轮噪声:齿轮在传动过程中齿与齿之间的撞击和摩擦,从而使齿轮结构产生振动而发出的噪声。它与齿轮结构、加工和安装精度、选用材料及变速器结构等因素有关。

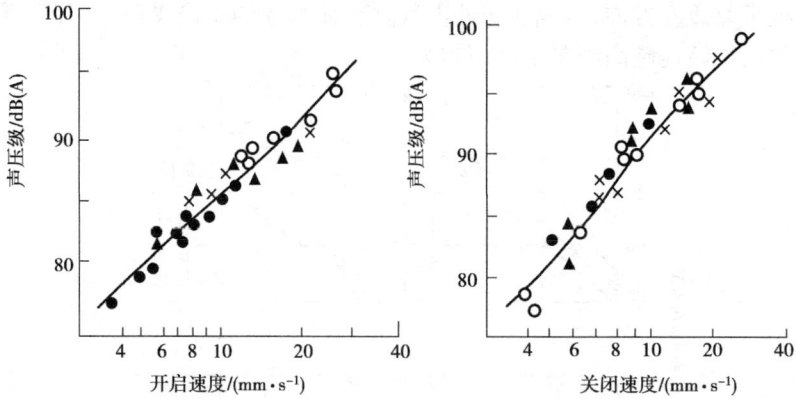

图 11.10　气门机构开闭噪声与气门运动速度的关系

综上所述,各噪声源所占发动机噪声的比例是不同的,详见图 11.11。由图可以看出,汽油机的主要噪声源是风扇噪声和配气机构噪声,柴油机的主要噪声源是燃烧噪声。另外,根据图 11.12 和图 11.13 可知,发动机噪声随发动机转速加快而增加;柴油机的噪声与负荷关系不大,汽油机的噪声则随负荷加大而增加。

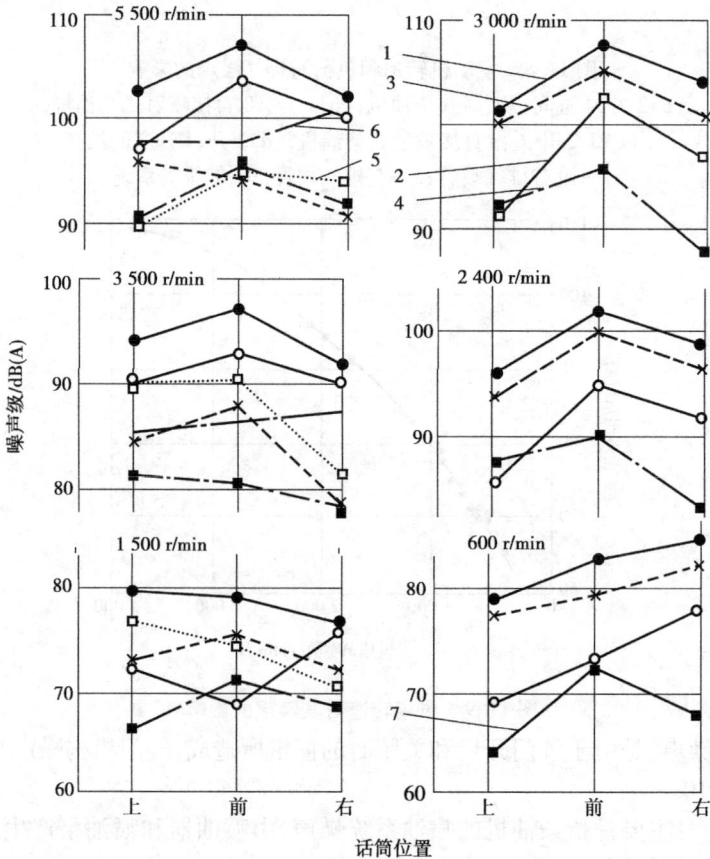

图 11.11　发动机各噪声源的分析

1—总噪声;2—风扇噪声;3—燃烧噪声;4—进气噪声;5—配气机构噪声;6—链传动噪声;7—供油系噪声

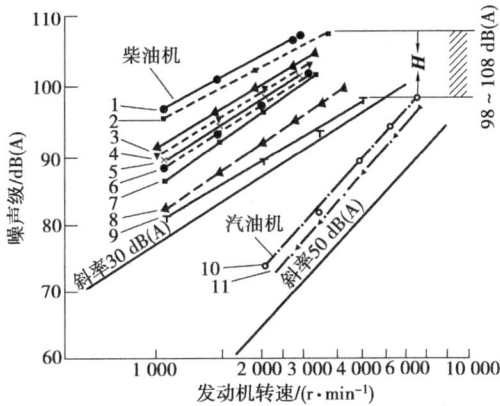

图 11.12 发动机噪声与其转速的关系
1—8 缸 13 升;2—8 升;3—8 升;4—6 升;
5—8 升;6—4 升;7—6 升;8—2.5 升;9—2.2 升;
10—1.7 升;11—1.5 升

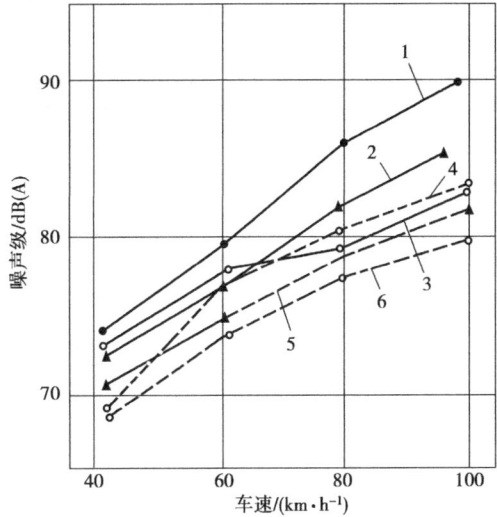

图 11.13 4 t 载重汽车的轮胎噪声
1—齿形;2—普通轮胎;3—块状形普通轮胎;
4—齿形子午线轮胎;5—块状形子午线轮胎;
6—肋条形子午线轮胎

2)与车速有关的噪声

包括传动噪声(变速器、传动轴等)、轮胎噪声和车体产生的空气动力噪声,详见图 11.14 及图 11.15,其中轮胎噪声是主要的。

轮胎噪声可分为由轮胎直接辐射的噪声和由轮胎激振车体而产生的间接噪声(路面噪声)以及轮胎高速旋转而产生的气流摩擦噪声等。

轮胎直接辐射噪声按其产生机理主要包括轮胎胎面花纹噪声和弹性振动噪声。

轮胎胎面花纹噪声是当轮胎在地面滚动时,轮胎胎面花纹凹部所包含的气体,在离开所接触的地面时,因受到一种类似于泵的挤压作用,使空气向后方排出,引起周围空气压力变化而产生的。

弹性轮胎振动噪声是由于轮胎弹性变化和路面凸凹不平等原因激发轮胎本身振动而产生的噪声,它的固有振动频率,一般都在 200 Hz 以下,是一种低频的振动噪声。

路面噪声是指车辆通过凹凸不平路面时激发轮胎振动,通过悬挂和车架传给车体,使之振动而产生的车内、外噪声。这种噪声的频率范围在 80~150 Hz,影响人们的舒适感。

影响轮胎噪声的因素主要是轮胎面的花纹形状、车速、载重量和轮胎气压等,从图 11.13 可以看出车速和胎面花纹的影响力最大,车速与轮胎噪声大体是线性关系,子午线结构的轮胎噪声小。

3)车体振动噪声

是车体各种结构在发动机和路面凹凸不平的振动激励下产生的,它是车内噪声的主要原因。影响车体振动噪声的因素为各种间隙和壁的振动,以及发动机振动的传递,因此,为了降低车内噪声需在车内装饰吸声材料及对发动机进行良好隔振。

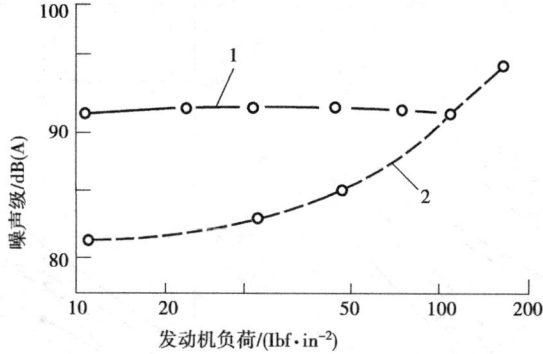

图 11.14　发动机噪声和发动机负荷的关系图
1—柴油机;2—汽油机

4)制动噪声

是由于制动器摩擦副之间的摩擦而产生的。实验表明当它们的静摩擦系数是动摩擦系数的 1.6 倍以上时,最容易产生制动噪声,其频率为 1 000 ~ 6 000 Hz 发出尖叫,它是人耳最敏感的噪声。造成的原因是:制动鼓或盘表面粗糙度大、制动蹄支承销松动、制动蹄片与制动鼓不同心、摩擦片的硬度太高等,一般制动噪声发生在制动器处于冷态和低速行驶的情况下。

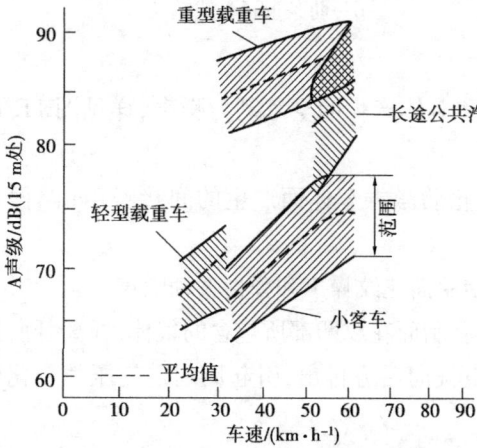

图 11.15　噪声与车速的关系

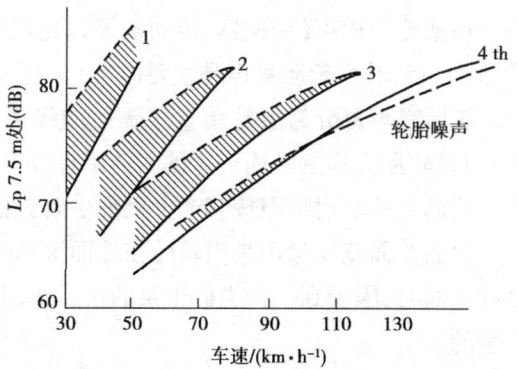

图 11.16　不同挡位、加速度时汽车的噪声图

5)喇叭噪声

在喇叭工作鸣放时才产生。根据喇叭形式与结构,它有不同频率,声压级一般都在 90 dB(A)以上。为了控制喇叭噪声,规定在某些场合或地区禁止鸣喇叭,并把喇叭的声压级限制在一定范围内。

11.1.3　噪声控制标准

1)保护听力的容许标准

在高噪声环境中,人耳长期感受高的噪声级之后会使听力受到损伤,从暂时性听阈偏移逐渐演变为永久性听阈偏移,由噪声而产生的永久性听阈偏移,当听力损失大于 25 dB 时称为噪声性耳聋,这种永久性听阈偏移是随着暴露于噪声中的时间的延长而逐渐发展的。图 11.17 表示出了由噪声诱发听力损失的发展情况。由图 11.17 可见,在开始暴露噪声的短期内,听力损失先在 4 000 Hz 左右有一定程度的降低,随着暴露时间的延长,频率范围逐渐扩大,尤其在 2 000 ~ 4 000 Hz 降低得特别多。图中最低一根曲线为暴露时间 35 ~ 39 年的统计值,此时,中、低频的听力损失不到 20 dB,而 2 000 ~ 4 000 Hz 的听力损失可达 50 dB 以上。

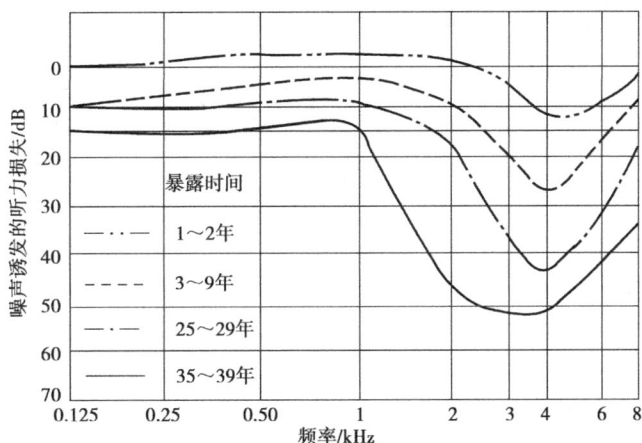

图 11.17　噪声诱发听力损失的发展情况

为了清楚地反映噪声级、工龄与产生噪声性耳聋的危险率之间的关系,国际标准化组织曾经公布过一份详细的统计资料,将其转化为图而示于图 11.18 中。图 11.18 中的纵坐标为引起耳聋的危险率,它是听力损失受害者(包括噪声性耳聋者)与听力因自然原因而衰减者的百分数之差值。这一统计资料认为噪声级低于 80 dB(A),听力损失主要是自然原因造成的。由图 11.18 可见:危险率随着噪声级(这里用等效连续 A 声级)的增加而增加;噪声越高,随工龄的增长速度也越快;在不同噪声级下,随着工龄的增长而达到一最高值,以后又逐渐下降。根据这一统计资料,可以提出保护听力的容许噪声标准。如将危险率定为 10%,则可看出,容许标准为 85 dB(A)时,在整个工龄期间都是比较安全的。也就是说,若将听力保护的噪声标准定为 85 dB(A),则在整个工龄期间,因噪声诱发的耳聋危险率不会超过 10%。若规定为 90 dB(A),则危险率的最高值要超过 20%。由此可见,为了保护听力,噪声容许标准不应超过 90 dB(A),这是目前国际上比较一致的认识,许多国家在这一方面的标准均为 90 dB(A)。表 11.2 所列为一些国家的听力保护容许标准。

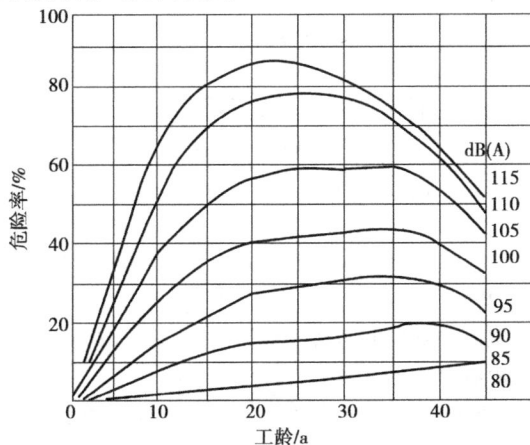

图 11.18　噪声级、工龄与产生噪声性耳聋的危险率

表 11.2　一些国家的听力保护容许标准

国　别	稳态噪声声压/dB(A)	暴露时间/h	最高限度/dB(A)	脉冲声声压级峰值/dB	减半率/dB(A)
中国	90	8	—	—	—
德国	90	8	—	—	—
法国	90	4	—	—	—
英国	90	8	135	150	3
美国	90	8	115	140	5
加拿大	90	8	115	140	3

2)机动车辆噪声标准

机动车辆噪声标准,是控制城市环境噪声的一个重要基础标准,世界上已有几十个国家颁布了这种标准。它不仅作为一种产品质量标准,为各种车辆的研究、设计和制造提供了噪声控制指标,而且也是城市机动车辆管理、监测的依据。

(1)车外最大允许噪声级。截至 2003 年底,我国机动车保有量为 96 499 597 辆。其中,汽车 24 211 615 辆。并且每年还生产、进口三、四百万辆,为了提高我国车辆的设计、制造水平和控制城市交通噪声污染,我国颁布了机动车车外最大允许噪声级的机动车辆噪声限值和试验方法的国家标准 GB 1496—2002 和 GB 7258—2004 对车内最大允许噪声级,汽车驾驶员耳旁噪声级和机动车喇叭声级的国家标准,其主要内容见表 11.3。

表 11.3　汽车加速行驶车外噪声限值

汽车分类	噪声限值 dB(A)	
	第一阶段	第二阶段
	2002. 10. 1 ～ 2004. 12. 30 期间生产的汽车	2005.1.1 以后生产的汽车
M_1	77	74
MM_2(GVM≤3.5 t)或 NI(GVM≤3.5 t):		
GVM≤2 t	78	76
2 t < GVM≤3.5 t	79	77
M_2(3.5 t < GVM≤3.5 t)或 M_3(GVM > 50):		
P < 150 kW	82	80
P≥150 kW	85	83
N_2(3.5 t < GVM≤12 t)或 N_3(GVM > 12 t)		
P < 75 kW	83	81
75 kW≤P < 150 kW	86	83
P≥150 kW	88	84

说明:(1)M_1,M_2(GVM≤3.5 t)和 N_1 类汽车装用直喷式柴油机时,其限值增加 1 dB(A)。

(2)对于越野汽车,其 GVM > 2 t 时:

如果 P < 150 kW,其限值增加 1 dB(A);

如果 P≥150 kW,其限值增加 2 dB(A)。

(3)M_1 类汽车,若其变速器前进挡多于 4 个,P > 140 kW,P/GVM 之比大于 75 kW/t,并且用第三挡测试时其尾端出线的速度大于 61 km/h 其限值增加 1 dB(A)。

注:GVM——最大总质量,t;P——发动机额定功率,kW。

（2）车内最大允许噪声级，客车车内最大噪声级不大于 82 dB。

（3）汽车驾驶员耳旁噪声级，该声级应不大于 90 dB。

（4）机动车喇叭声级，该声级在距车前 2 m、离地高 1.2 m 处的车辆时，其值应为 90 ~ 115 dB。

11.2　噪声的检测

11.2.1　噪声检验仪（声级计）的结构与工作原理

声级计是用于测量汽车噪声级和喇叭声响的最常用的仪器，它由话筒、听觉修正线路（网络）、放大器、指示仪表和校准装置等组成。声级计内设有听觉修正线路，测量时可根据工作需要（被测声音的频率范围）选用适当的修正（计权）网络，测得与人耳感觉相适应的噪声值。

常用的声级计有三类：普通声级计，如国产的 ND—2，ST—1 型，丹麦 BK—2206，日本 NA—09 等；精密声级计，如国产的：DSY—25、丹麦 BK—2203、日本 NA—56 等；脉冲噪声精密声级计，如丹麦 BK—2209、日本 NA—57 等。图 11.19 所示为日本直流式声级计，图 11.20 所示为国产 ND—2 型直流式声级计。

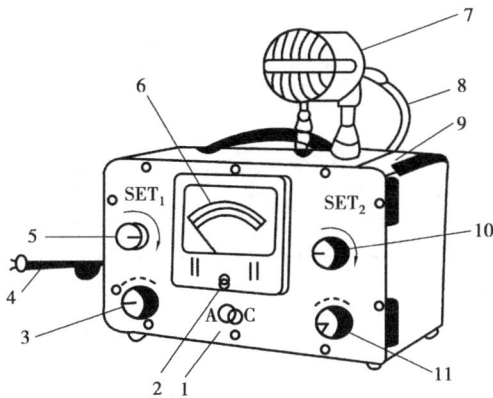

图 11.19　直流式声级计

1—听觉修正网络开关；2—机械零点调整螺钉；
3—电源电压控制旋钮；4—电源线；5—电压；
6—指示仪表；7—话筒；8—话筒线；9—话筒盒；
10—放大倍数调整旋钮；11—仪表控制旋钮

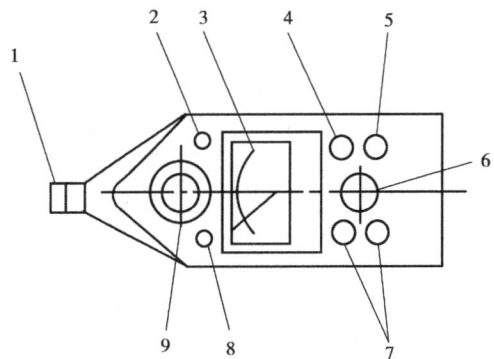

图 11.20　ND—2 型直流式声级计

1—话筒；2—仪表灯；3—指示仪表；
4—放大器输出插口；5—指示；6—控制按钮；
7—外接滤波器插口；8—灵敏度调整旋钮；
9—听觉修正网络旋钮

声级计的结构形式虽因制造厂家不同而异，但其主要部分却大致相同，都是由压力型传感器、放大器、计权网络、有效值检波电路、指示仪表等组成。图 11.21 所示即为声级计原理方框图。

1）传声器

声级计中的传声器采用输出电压与声压成正比的压力型传声器。电压的激发形式很多，一般采用的有静电型、动圈型和压电型。目前，广泛采用频率响应平直且稳定性良好的静电型传声器。

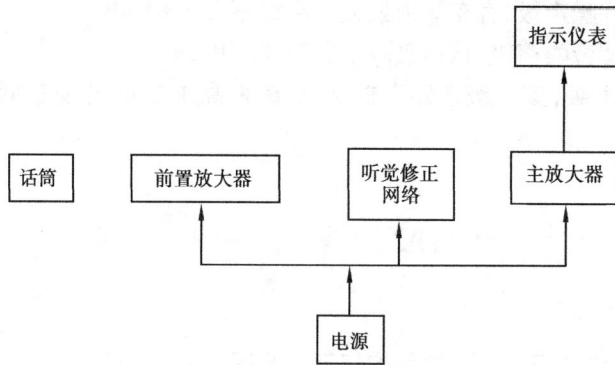

图 11.21　声级计原理方框图

静电型传声器又称电容传声器,其结构如图 11.22 所示。当膜片受声压作用而振动时,膜片与后极板的距离会发生变化,进而引起电容量的变化,这种变化将使膜片与后极板之间产生一输出电压。

动圈传声器的结构如图 11.23 所示。它是在膜片上设置一个线圈,并让该线圈位置处于圆柱体强磁场的中央,当膜片在声压作用下引起振动时,线圈在磁场中运动就会产生电动势。动圈传声器的优点是本身杂音小,不易受温度、湿度的影响,但其缺点是频率响应特性在音频范围内不平直。因此,精密声级计不使用这种传声器。

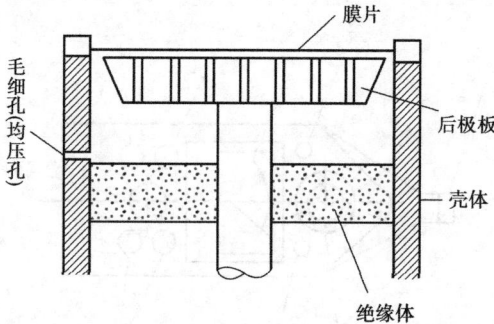

图 11.22　电容传声器

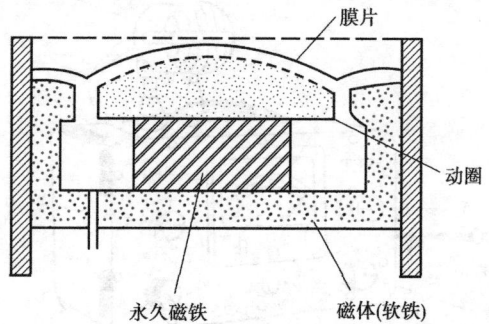

图 11.23　动圈传声器

压电型传声器在普通声级计中时有采用。它是以锆钛酸铅(PZT)陶瓷作为压电元件的一种传声器。

另外,与电容传声器具有同样工作原理的是驻极体传声器,它是由聚酯、聚四氟乙烯制成的高分子膜片,因膜片被永久磁化而保持着电荷。

传声器有指向性,所谓指向性就是声波与膜片垂直方向入射时的传声器灵敏度和从 Q 角方向入射时的传声器灵敏度的比值变化情况。指向性由传声器的直径尺寸与声音波长的关系所引起,一般在 500 Hz 以下的频率范围时,即为无指向性,而在 4 ~ 8 kHz 的频率范围入射角从 0 ~ 90°时,普通级声级计有 +15 ~ −15 dB 范围的指向性,精密级声级计有 +1 ~ −6 dB 范围的指向性。

2)放大器

放大器是将传声器输出的微弱电压信号放大,以满足指示仪器的需要。其工作原理与结构和一般通用的放大器基本相似。

3）衰减器

衰减器的作用是调整输入信号或放大器输出信号的幅度,使指示仪表上获得适当的指示值。放大器的输出级和输入级分开设置的目的,是为了按噪声级大小相应地提高信号/噪声比(S/N)。

4）计权网络

声级计与传声器加输出放大器所组合成的测量仪,其频率特性相异处,在于声级计加入了具有规格化的与人耳听觉特性相近的计权网络。声级计内基本都设有 A,B,C 三种计权网络。计权网络由电阻器和电容器组合构成,设置于电路中,可起到使传声器到表头的整个频率响应较为近似于听觉响应。A 挡是模拟人耳对 40 方纯音的响度感觉(LA),能较大地衰减低频带声音;B 挡是模拟人耳对 70 方纯音的响度感觉(LB),对低频带有一定的衰减;C 挡是模拟人耳对 100 方纯音的响度感觉,因此,可近似代表所测噪声的总声压级。而 A 挡测定值比较接近人耳对声音的感觉,所以常用 A 挡声级(LA)代表噪声的大小。国际上也统一采用 A 计权网络进行测量,计权网络的频率响应如图 11.24 所示。

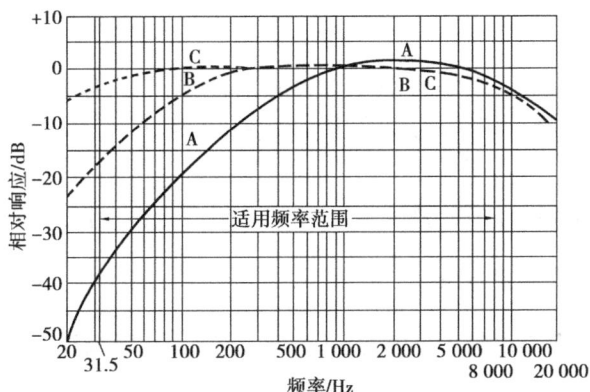

图 11.24　计权网络的频率响应曲线

5）检波电路

检波电路亦称为有效值检波电路,它能使仪表的指示值与信号中各频率成分的声能按一定比例关系显示出来。通过采用这种方式,使能量相同的两个声音叠加时,表头上的指示读数将增加 3 dB。

另外,为使声音随时间的变动在某种程度上与人耳的响应一致,显示电路中还附加了具有一定时间常数的 *RC* 电路,并规定了仪表的动态特性,即快(fast)特性和慢(slow)特性,快特性的时间常数大体相当于 125 ms,对于稳态噪声,规定了约 1 s 的时间常数,称为慢特性。

6）电源

声级计的电源一般采用直流和交流两种方式,小型声级计,为便于携带,都采用内装电池的直流电源。

7）校准信号源

声级计在应用时必须能进行校准。有时使用活塞发声器作为标准声源,输入固定声压进行校准。若传声器的灵敏度无特别变化,则能以标准电压校验电气系统的放大量,确定总的增益特性,在一般的声级计中均备有声级计校准用信号发生器用于声级计的校准,见图 11.25。

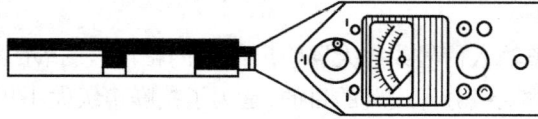

图 11.25　声级计校准用信号发生器

11.2.2　声级计的使用方法

1）测试准备

由于声级计的品种、形式等不同,因此,使用时必须根据仪器使用说明书的要求进行,一般的使用方法如下:

①接通电源,使声级计预热 5 min 以上,检查电源电压是否正常。

②将听觉校正开关(计权挡)拨到所要测量的位置。

③根据对被测噪声级的估计值,预先选定量程。

④测定环境噪声。

2）测试

①测定行驶噪声和排气噪声、喇叭声音时,将计权网络开关置于(A)挡,采用"快挡"读取噪声的平均值;测量车内噪声频谱时,应将计权网络开关置于(C)挡,采用"慢挡"读取噪声的最大值。

②当被测定噪声与环境噪声的差值不足 10 dB 时,应进行校正计算。

11.2.3　汽车噪声的测定方法

汽车噪声是城市交通噪声的主要声源,在一定车流量下,降低汽车噪声将有助于降低交通噪声。

由于汽车的噪声随运行状况不同而改变,所以如何评定一辆汽车的噪声,是一个既复杂又重要的问题,因为所测得的噪声,既要代表车辆的特性,又要是行车时常出现的状况。

测量汽车噪声的主观评价,一般按照表 11.4 中所列的 A、B、C、D、E、F 六种评价级别进行。为了量化,评价的级别用数字表示,即"安静"相当于 2 级,"吵闹"相当于 6 级等,而 A 级和 F 级未写出,是被认为评价的两种极端情况。图 11.26 中列出了载货汽车、客车、摩托车的试验结果。曲线离散性一般较小,并且可以近似地认为具有直线关系。从图 11.26 中可以看到,主观评价 5 级相当于噪声感受在"容许的"和"吵闹的"分界处,其对应的 A 声级在 80 dB(A)附近,由此可以将此值作为大多数车辆"容许的"和"吵闹的"两种评价的区分值。目前只有少量的车辆噪声能够符合 80 dB(A)这一界限。大多数车辆(尤其是柴油载货汽车)仍高于或远高于此值,80 dB(A)可作为各种机动车噪声控制的目标。

表 11.4　汽车噪声的主观评价

A	B	C	D	E	F
0	2	4	6	8	10
—	安静的	容许的	吵闹的	非常吵闹的	—

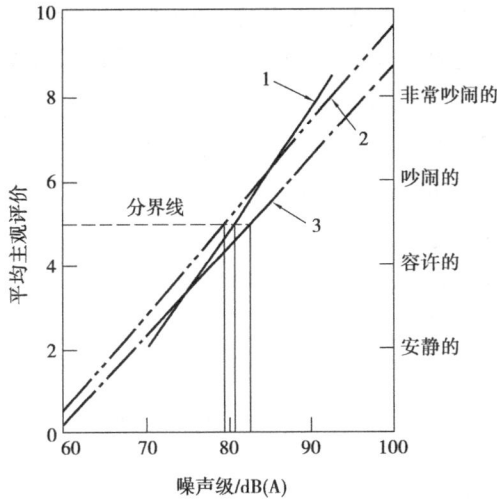

图 11.26　几种机动车辆的 A 声级与平均主观评价之间的关系

测量汽车噪声的仪器应使用精密声级计或普通声级计和发动机转速表,声级计误差应不超过 ±2 dB,同时在测量前后应按规定校准仪器。

1)**车外噪声的测量方法**

车外噪声的测量可分为加速行驶车外噪声的测量与匀速行驶车外噪声的测量两种。

(1)测量条件

测量场地如图 11.27 所示。

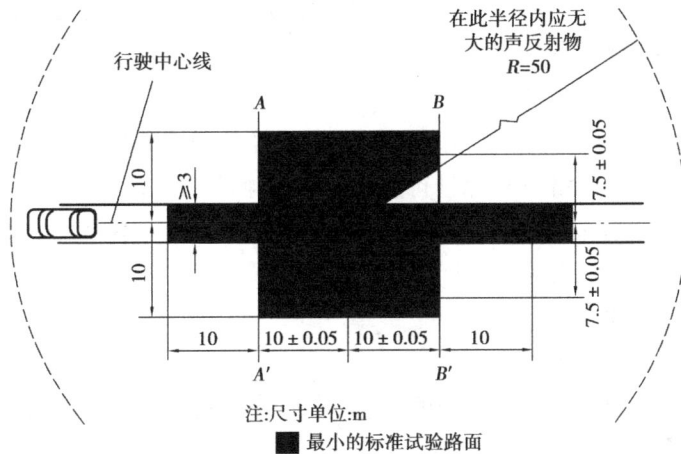

图 11.27　车外噪声测量场地示意图

①测量场地应平坦而空旷,在测试中心以 50 m 为半径的范围内,不应有大的建筑物、围墙等的反射物。

②测试场地跑道应有 20 m 以上的平直、干燥的沥青路面或混凝土路面,路面坡度不超过 0.5%。

③本底噪声是指测量对象噪声不存在时,周围环境的噪声。因此,在测量时噪声包括风在内的本底噪声应比所测车辆噪声至少低 10 dB,并保证测量不被偶然的其他声源干扰。

④为避免风噪声干扰,可采用防风罩,但应注意防风罩对声级计灵敏度的影响。

⑤声级计附近除测量者之外,不应有其他人员,如确系必不可少的人员,则应站在测量者的背后。

⑥被测车辆不载重。测量时发动机应处于正常使用温度,车辆带有的其他辅助设备都是噪声源,测量时是否开动,应按正常使用情况而定。

⑦图11.27 中的测试话筒应位于20 m 跑道中心0 点两侧,各距中心线7.5 m,距地面高度1.2 m,并用三角架固定,话筒平行于路面,其轴线垂直于车辆行驶方向。

(2)加速行驶车外噪声的测量方法

①车辆应按下列规定条件稳定地到达始端线:

a.行驶挡位:前进挡位为4 挡以上的车辆用第3 挡,前进挡位为4 挡或4 挡以下的用第2 挡。

b.发动机转速为发动机标定转速的3/4,如果此时车速超过了50 km/h,则车辆应以50 km/h的车速稳定地到达始端线。

②从车辆前端到达始端线开始,立即将加速踏板踏到底或节流阀全开,直线加速行驶,当车辆后端到终端线时,立即停止加速。

测量加速行驶噪声时,要求被测车辆在后半区域发动机转速达到其标定转速。如果达不到这个要求,车辆使用挡位要降低一挡。如果车辆在后半区域超过标定转速,可适当降低车辆前端到达始端线时的发动机转速。

③声级计用"A"计权网络"快"挡进行测量,读取车辆驶过时的声级计表头最大读数。

④同样的测量往返各进行一次,车辆同侧两次测量结果之差不应大于2 dB,四次测量结果的平均值作为被测车辆的最大噪声级。

(3)匀速车外噪声的测量方法

①车辆用常用挡位,油门保持稳定,以50 km/h 的车速匀速通过测量区域。

②声级计用"A"计权网络"快"挡进行测量,读取车辆驶过时声级计表头的最大读数。

③同样的测量往返各进行一次,车辆同侧两次测量结果之差不应大于2 dB,四次测量值的平均值即为该车的匀速车外噪声。

2)车内噪声的测量方法

(1)车内噪声测量条件

①测量跑道应有足够试验需要的长度,应是平直、干燥的沥青路面或混凝土路面。

②测量时风速(指相对于地面)应不大于3 m/s。

③测量时车辆门窗应关闭。车内带有的其他辅助设备是噪声源,测量时是否开动,应按正常使用情况而定。

④车内本底噪声比所测车内噪声至少低10 dB(A),并保证车辆在测量过程中不被其他声源所干扰。

⑤车内除驾驶员和测量人员外,不应有其他人员。

(2)车内噪声测点位置

①车内噪声测量通常在人耳附近布置测点,话筒朝车辆前进方向。

②驾驶室车内噪声测点位置见图 11.28。

③载客车室内噪声测点可选在车厢中部及最后排座的中间位置,话筒高度参考图11.27。

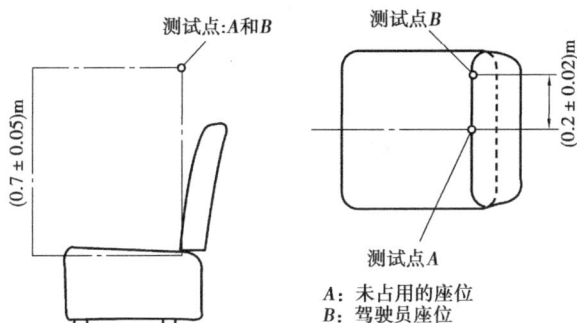

图 11.28 车内噪声测点位置示意图

（3）测量方法

①车辆以常用挡位 50 km/h 以上不同车速匀速行驶,分别进行测量。

②用声级计"慢"挡测量 A,C 计权声级,分别读取表头指针最大读数的 f 均值。

③进行车内噪声频谱分析时,应按中心频率为 31.5、63、125、250、500、1 000、2 000、4 000、8 000 Hz 倍频带,依次测量各中心频率下的噪声级。

3）车内噪声测量应用实例

根据车内噪声测量的要求,利用声级计"慢"挡测量 A 计权。测量时,客车以常用挡位,以 50 km/h 车速匀速行驶,选取在车厢中部及最后排座位的中间位置对车内噪声各测量 3 次,计算其平均值。经分析,测量结果符合国家标准和要求,如表 11.5 所示。

表 11.5 车辆牌号:粤 XX6010 计量 单位:dB（A）

车 速 ＼ 测量位置	次 数	1	2	3	平 均 值
50 km/h	车厢中部	71.70	72.30	73.80	72.60
50 km/h	最后排座位的中间位置	74.20	74.80	73.60	74.20

4）汽车喇叭噪声检测标准

从防止噪声对环境污染的观点出发,汽车喇叭噪声越低越好。然而从保证行车安全的角度出发,汽车的喇叭必须有一定的响度。为此,GB 7258—2004《机动车运行安全技术条件》对汽车喇叭作出如下要求。

①具有连续发声功能,其工作应可靠。

②在距车前 2 m、离地高 1.2 m 处测量时,喇叭声级的值应为 90 ~ 115 dB（A）。

汽车为移动性噪声源,噪声影响范围大,干扰时间长,因而受害人员多。另外,车内噪声过大还会也许驾驶员的正常操作而诱发汽车交通事故,因而,对汽车的噪声应根据国家标准进行检测与控制。

复 习 题

1. 常用的噪声评价指标是什么？
2. 声级计计权网络是依照什么原理设计的？
3. 机动车噪声产生的主要原因有哪些？
4. 机动噪声测量的标准有哪些？
5. 简述车外噪声的测量方法？

第 *12* 章
微机在测试技术中的应用

在测试系统中应用微机(包括微处理器、单片机、个人计算机等设备),不仅能解决传统的车辆类仪器仪表不能或不易解决的测试问题,而且能简化电路,增加功能,提高精度和可靠性,降低成本和售价,加快新产品的开发速度,实现人脑的部分功能。

随着科学技术和生产力的发展,车辆测试系统的组成越来越复杂,对许多参数的测试精度及可靠性要求愈来愈高。一方面,要求车辆测试系统具有更高的速度、精度、可靠性和自动化水平,以便尽量减少人力和提高工作效率;另一方面,要求车辆测试系统具有更大的灵活性和适应性,并向多功能化、自动化、网络化、智能化方向发展,同时借助高性能的智能检测仪器,可以更方便、迅速地实现汽车性能测试和故障诊断,大大提高工作效率。另外,随着虚拟仪器与系统的迅速发展,采用虚拟仿真测试系统替代实际测试系统,可以缩短研制周期和降低成本。总之,微型计算机技术的发展及其在测试系统中的应用,为实现上述要求创造了条件。

12.1 微机测试系统

12.1.1 微机测试系统简介

一般测试过程控制系统是现代测试技术的通用模型,一般测试过程控制系统的基本原理是指,计算机测控系统借助传感器从测试过程中收集信息,对测试过程进行监视并提供控制信号。被收集的信息在不同层次上进行计算分析,得出对测试装置提供的调节量,完成自动控制,或者为测试工程师和操作员提供所需要的信息。一般测试过程控制系统的示意图如图12.1 所示。

微机测试技术是一门综合性技术,它是计算机技术、通信技术、网络技术和自动化技术的综合运用。所谓微机测试系统,就是采用微机取代常规的显示和调节仪表作为数据采集和控制过程的处理核心,利用传感器或变送器将监控对象中的物理变量(例如温度、流量、压力、位移、速度等)转换为电信号,再将这些电信号经输入装置转换为计算机可识别的数字量,并且在显示装置中以数字、曲线或图形的方式显示出来,从而使操作人员能够直观、迅速地了解被测试对象的变化过程。同时微机还可以将采集的数据存储起来,随时进行分析、统计和显示,

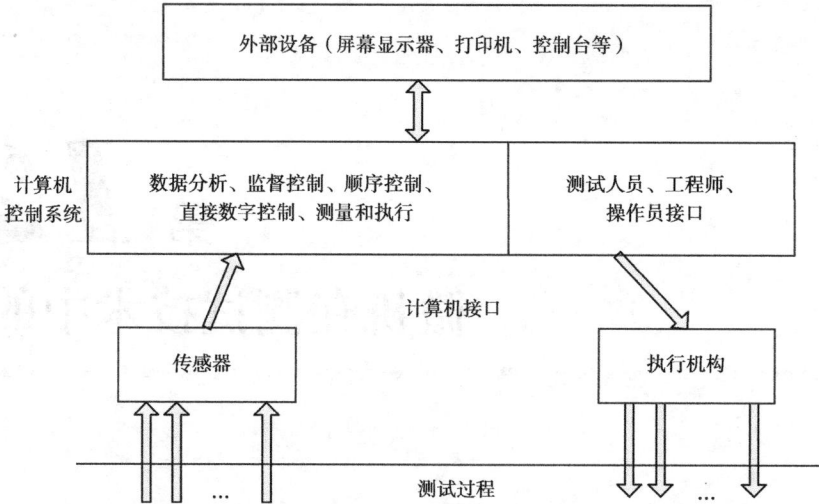

图 12.1　一般测试过程控制系统示意图

并可生成各种报表。计算机测控系统的基本作用:它能完成对多点、多种随时间变化参量的快速、实时测量,并能排除噪声干扰,进行数据处理、信号分析,由测得的信号求出与研究对象有关信息的量值或给出其状态的判别。

1)微机测试系统的典型结构

如图 12.2 所示,整个系统由下列各子系统组成:

(1)微机基本子系统(包括 CPU、RAM、ROM 或 EEPROM、FLASH 等)。

(2)数据采集子系统及接口。

(3)数据通信子系统及接口。

(4)数据分配子系统及接口。

(5)基本 I/O 子系统及接口。

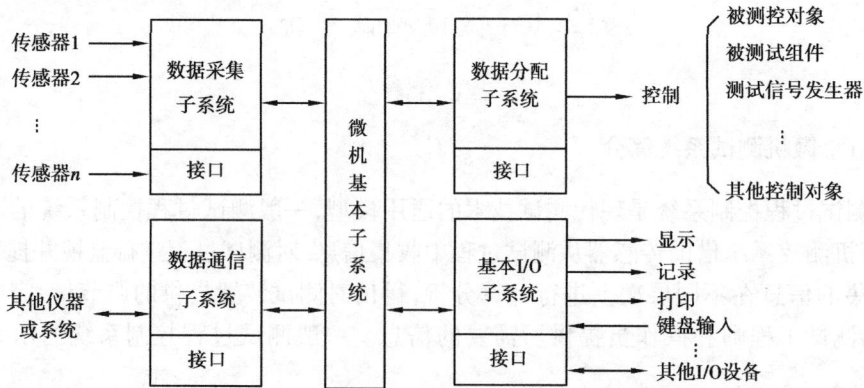

图 12.2　微机测试系统的典型结构

被测试的各种参数由传感器变换成易于后续处理的电信号。如果传感器输出信号太弱或信号质量不高,则应经过前端预处理电路进行放大、滤波等处理,然后经过数据采集子系统转换成数字量通过接口进入微机子系统,经过微机运算、变换处理后,由数据分配子系统和接口输出到执行机构,以实现要求的自动控制;或由基本 I/O 子系统输出显示、记录、打印或绘制各种图表、曲线等,并可完成状态参数的设置和人机交互。此外,其他仪器仪表或系统也可以通过通信子系统及接口完成相互之间的信息交换和互连。

2)微机测试系统各子系统的基本功能

(1)微机基本子系统　是整个系统的核心,可对整个车辆测试系统起监督、管理、控制作用。例如,进行复杂的信号处理,控制决策,产生特殊的测试信号,控制整个车辆测试过程等。此外,利用微机强大的信息处理能力和高速运算能力,可以实现命令识别、逻辑判断、非线性误差修正等功能。

(2)数据采集子系统及接口　用于和传感器、测试元件、变送器连接,实现参数采集、选路控制、零点校正、量程自动切换等功能。在各式各样的车辆自动测试系统中,数据采集是必不可少的,被测对象的有关参数由数据采集子系统收集、整理后,经它的接口传送到微机子系统处理。

(3)基本 I/O 子系统及接口　用于实现人机对话、输入或改变系统参数、改变系统工作状态,输出测试结果、动态显示测控过程,实现以多种形式输出、显示、记录、报警等功能。

(4)数据通信子系统及接口　用于实现本系统与其他仪器仪表、系统的通信与互连,依靠通信子系统可根据实际需求,灵活构造不同规模、不同用途的微机测控系统,如分布式测控系统、集散型测控系统等。通信接口的结构及设计方法,与采用的总线技术、总线规范有关。

(5)数据分配子系统及接口　实现对被测控对象、被测试组件、测试信号发生器,甚至于系统本身和测试操作过程的自动控制。

接口根据实际需要以各种形式大量存在于系统中,接口的作用是完成它所连接的设备之间的信号转换(如进行信号功率匹配、阻抗匹配、电平转换和匹配)和交换、信号(如控制品令、状态/数据信号、寻址信号等)传输、信号拾取,对信息进行必要的缓冲或初存,增强微机自检系统的功能。

3)微机测试系统的特点

(1)微机测试系统结构简单,技术上容易实现,能够满足中、小规模数据采集的要求。

(2)微机测试系统对环境的要求一般不是很高,能够在比较恶劣的环境下工作。

(3)微机测试系统能够进行实时测试,按优先级进行采集和输出调节。

(4)微机测试系统具有较强的输入/输出能力,可与测试仪表和控制装置相连接,完成各种测量控制任务。

(5)微机测试系统大多以 Windows 系统作为工作平台,系统软件、应用软件丰富,可提供良好的人机界面,特别是组态软件更为用户提供了方便。

12.1.2　模拟信号的输入通道和输出通道

在微机测试系统中,所测量的对象往往是一些连续变化的模拟量,例如温度、流量、压力、位移、速度等。输入的模拟量必须先经过 A/D 转换后才能被微机所接受。反过来,只有输出的数字信号经过 D/A 转换后才能变成连续的模拟量。此外数字信号在各功能单元、设备之间的传输也需要安全可靠的数据通道作保证。合理地选择通道结构,采用有效的抗干扰措施,才能保证微机测试系统的可靠运行。测试信号传输通道包括模拟通道和数字通道两部分。模拟通道又分为输入通道和输出通道。

1)模拟量的输入通道

模拟量输入通道一般由传感器、程控放大器(AF)、多路开关(MUX)、采样/保持器(S/H)、A/D 转换器、接口(I/O)等组成。根据输入信号的数量,输入通道又分为单通道和多通道。一般来说,除了一些简单的单通道测试系统,如图 12.3 所示,大部分输入通道都是多通道。市场上出售的通用数据采集卡,一般都是多路输入通道,如 8 路、12 路等。

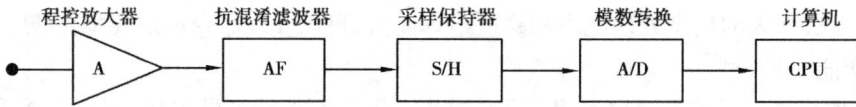

图 12.3　单通道数据采集系统(DAS)

按多路开关(MUX)所处位置的不同,多路输入通道可有三种结构形式。

(1)多路通道独立并行型　如图 12.4(a)所示,无切换开关,这种结构形式通常用于高速系统,允许通道同时进行转换。它是多个单通道 DAS 的组合,可以对各通道数据描述同时实时给出,具有灵活性强、高速、高精度的特点。

(2)多通道同步型　如图 12.4(b)所示　每个通道都有自己的采样/保持器(S/H),并受同一触发信号控制,这样可以做到在同一时刻内将采集信号暂存在各自的保持电容上,以后由计算机指令逐一进行 A/D 转换。这种结构可允许对各通道之间的相互关系(如互相关、互功率谱等)进行分析。

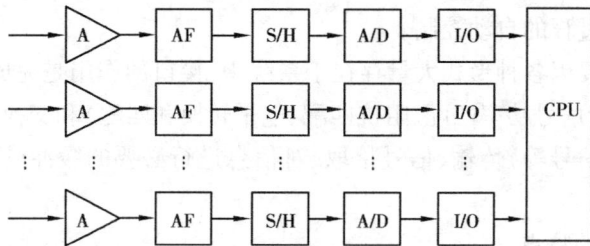

(a)多通道独立并行型

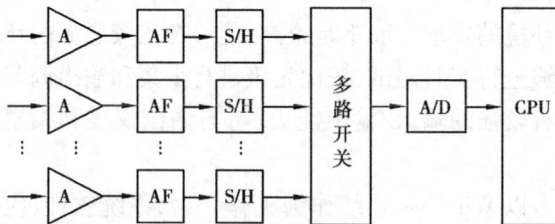

(b)多通道同步型

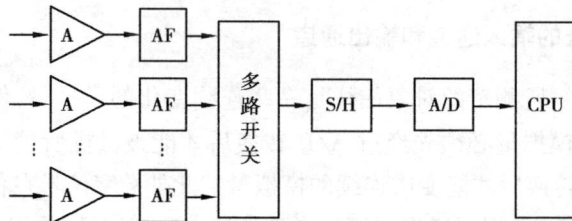

(c)多通道一

图 12.4　多通道数据采集系统结构形式

（3）多通道一般型 如图 12.4（c）所示，它通过多路开关（MUX）将各路模拟信号轮流送给公共的采样/保持器（S/H）及 A/D 转换器进行数模转换，节省硬件资源，但实时性差。

2）模拟量的输出通道

与模拟量输入通道相同，模拟量输出通道也有单通道和多通道之分，模拟量多通道输出的结构分为两种。

（1）每路通道有独自的 D/A 转换器 这种形式的优点是各路信号可同时进行 D/A 转换，速度快、工作可靠，且一路 D/A 的故障不会影响其他通道，易于实现控制，如图 12.5（a）所示。付出的代价则是采用了多片 D/A 转换器。

（2）多路通道共享 D/A 转换器 利用多路开关轮流接通各个通道，对相应的输出通道进行刷新，如图 12.5（b）所示。优点是节省了 D/A 转换器，简化了电路结构。而缺点是工作速度慢，一般用于输出通道不多，对速度要求不太高的场合。由于输出量要靠采样/保持器（S/H）维持，因此对采样/保持器的保持时间与采样时间之比有要求，且每路通道要有足够的接通时间，并进行定时刷新以保持有稳定的模拟量输出。

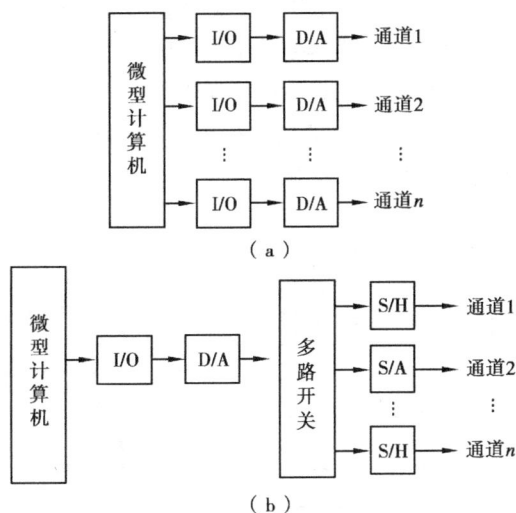

图 12.5 模拟量输出通道结构

12.1.3 数据采集板的几种数据传输方法

数据采集系统是微机测试系统的最基本组成部分，其数据传输方式有以下几种。

（1）串口数据采集卡 采用外置形式，通过 RS—232 接口与微机连接，由于微机的限制，其最高数据传输率不超过 115 kB/s。同时传输的距离也不会超过 15 m，且微机上的串口数目也很有限。采样系统与微机接口速度的瓶颈作用会导致一部分数据的丢失，从而会失去连续采样的意义。

（2）PCI/ISA 数据采集卡 采用内置形式，将高速、高精度连续采样系统控制和数据通道部分做成板卡的形式，占用微机的一个 ISA/PCI 总线扩展和通过 ISA/PCI 总线的高速数据传输率实现微机与采样系统的大容量数据交换。但是，这种内置式形式很容易受到微机机内高频干扰的影响，从而会降低系统的采样精度和稳定性，且微机主板上的 ISA/PCI 总线扩展槽数目也很有限,多功能卡及专用的接口卡很大程度上就是为了解决多种设备连接到主机及提高传输速率而出现的解决方案。

(3)USB 接口数据采集卡　采用外置形式,多个 USB 接口的数据采集卡可同时接在一个 USB 接口上,不会占用微机上的串行口和主板上的 ISA/PCI 总线扩展槽,不仅能够提高系统的采样精度和稳定性,还能增强系统的灵活性。USB 具有的许多优良特性也为解决上述几个问题提供了极佳的解决方案。如果能够将整个系统做成外置式形式,不仅能够提高系统的采样精度和稳定性,而且还能增强系统的灵活性,同时还有利于系统的维护。

12.1.4　微机测试技术在汽车 ABS 实验台中的应用

(1)测试系统组成及原理。汽车防抱制动装置试验台测试系统中,被测信号主要有模拟信号和数字量信号两种。因此,系统的基本设计思想是:对模拟信号采用 A/D 变换后送微型计算机分析处理;数字量信号经外部计数器计数处理后送微型计算机分析处理;微型计算机两次接收外部数据之间的时间做别的工作。测试系统包括微型计算机、按照汽车制动性能测试和防抱制动装置性能测试要求编制的应用软件以及微型计算机前向接口三部分,系统构成如图 12.6 所示。被测的非电量信号由传感器变换后得到电信号,系统中的模拟量信号较多,经抗混频低通滤波器、多路选一、程控增益放大器及 A/D 变换后,由扩展并行口将数据送上 PC 总线供微型计算机读取并分析处理;数字量信号经放大整型成标准 TTL 脉冲,由外部计数器对脉冲计数,微型计算机读取当次计数值并计算和分析处理,现场输出全部分析与处理结果。

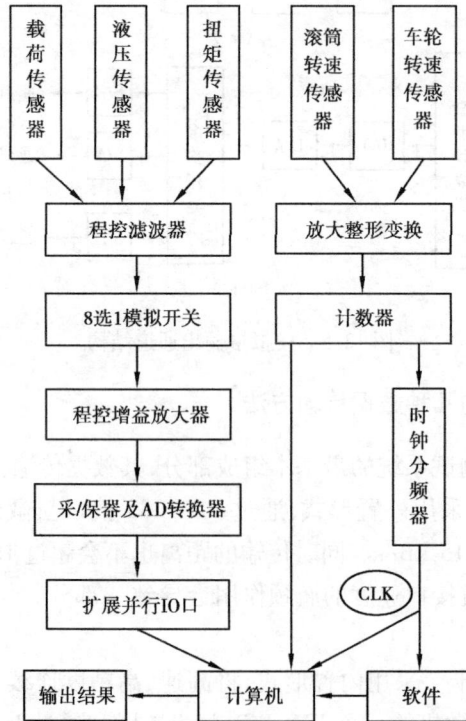

图 12.6　汽车防抱制动装置试验台系统结构图

（2）硬件设计。汽车防抱制动装置试验台测试系统的硬件由测量传感器、微型计算机前向接口和微型计算机三个部分组成。

①传感器。汽车防抱制动装置试验能台测量传感器有：车轮和滚筒的转速传感器、载荷传感器、制动力矩传感器和制动油压传感器，分别用于测量相应的参数。

②前向接口。前向接口挂接在微机的 PC 总线上，包括程控滤波器、8 选 1 模拟开关、程控增益放大器、采样/保持器及 A/D 转换器、并行输入/输出接口、脉冲信号的放大整形和电平变换、计数器和系统时钟分频器、扩展 3 ~ 8 译码器 9 个子单元。

③微型计算机。系统的微型计算机选用台式微机或笔记本电脑，直接将前向接口插入电脑的 AT 总线槽即可。

（3）软件设计。系统软件设计的主要任务：其一是正确地控制接口电路以实现通道选择、程控滤波、程控放大、A/D 变换、译码和计数等硬件设计的功能，将反映汽车基本制动性能和防抱制动系统基本性能的被测信号实时地拾取录入微型计算机内；其二是按要求对微型计算机内已有的数据实时作图和分析处理；其三是将试验数据按测试项目的顺序进行存储管理；其四是将处理与分析结果以报告的形式输出。

12.1.5　测试系统未来发展趋势

总体来说，未来的汽车测试系统将向着高可靠性、高准确性、高灵活性、实时性、开放性、易维护性方向发展。

集散式测控系统实现了地理和功能上的分散，操作管理上的集中，既保持了集中控制操作、管理方便等优点，又克服了集中控制可靠性低的缺点。并具有极高的并行处理能力，使得测试效率和测试精度大大提高，所以它将成为未来测试系统的主流。PC/AT 总线式工控机仍将在测试线上继续占主要地位，由于 USB 通信具有许多优点，所以未来的测试设备大部分会具有这种功能。

随着人们对环境、安全、舒适以及节省能源等方面的要求越来越高，以后的测试项目必将越来越全面细致和更加严格，因此未来的测试系统不仅在自动化程度高，而且对测试精度和测试项目的要求也会越来越高。近光灯测试仪、悬架性能测试仪、四轮定位仪、反拖式底盘测功机、汽车车轮就车式平衡机等一些新型测试设备将会越来越多地被采用。目前国内许多企业和科研院所正积极开发这些新型设备，并且已取得了可喜的成就。国内科研单位开发的具有前轮定位故障诊断功能的侧滑测试仪、反拖式底盘测功机、动态轴距差测试仪、智能化悬架间隙测试仪以及正在开发的采用图像处理技术进行测试的四轮定位仪等设备在国内外均处于先进水平。传统的底盘测试将采用生动易懂的触摸屏代替目前的键盘输入。点阵屏或大屏幕 DRT 显示器尽管会长期存在，但随着计算机多媒体技术的发展，将来的指示装置会将文字、图像与声音结合在一起，使得指示信号更加直观、明了、易懂。

另一方面，测试系统软件将采用面向对象的程序设计方法，其功能将会更加强大、更易维护、操作更加简单，测试软件将同测试线测试业务相结合真正实现自动化管理。

由于互联网的迅速发展，未来的测试软件和测试网络将具备与互联网相连的功能，许多车辆管理部门和用户可以通过 Internet 来查询车辆信息。车辆测试技术正向以互联网为基础，结合先进的监视器技术网络通信技术、多媒体技术与数据库技术，实现网上诊断和远程维护的方向发展。

12.2　智能测试仪器

现代汽车电子技术是汽车技术与电子技术相结合的产物。自 20 世纪 70 年代中期微机在汽车上应用后,给汽车工业带来了划时代的变化。由于在汽车上越来越多地采用了微机控制,因而在提高汽车的动力性、经济性、安全性、操纵稳定性、可靠性、舒适性及减少排放等方面都显示出它的无比优越性。目前,微机控制在汽车上的应用更加广泛深入,技术日益完善、成熟和可靠。汽车已进入电子控制时代,随之而来诞生了许多可快速、方便对汽车进行检测、故障诊断的智能化仪器仪具。

12.2.1　现代智能化检测诊断仪器的发展

汽车控制技术的发展,使普通仪器检测诊断暴露出很大的局限性,给汽车的测试与维修工作带来了越来越多的困难。为了适应汽车电控系统的检测诊断,人们开始了对传感器和微型计算机应用等方面的研究。传感器就是能够感知并检查出被观测对象信息的装置。汽车电子控制系统机理与结构的复杂性,要求其自身必须建立可靠的故障自诊断系统。1979 年美国通用公司首次在汽车上运用电子控制装置 ECU(Electronic Control Unit)自诊断系统,该系统由存储于 ECU 中的软件及相应的硬件构成。当汽车运行时,ECU 不断监控系统中各部分的工作情况,如果发生故障,ECU 根据故障的性质和程度,首先进入失效安全模式(也称安全回家模式),使汽车有可能行驶到附近的维修点排除故障。

目前现代汽车电子控制系统的微机内都有一个故障自诊断电路。它能在汽车运行进程中不断地监测电子控制系统各组成部分的工作情况,并能测出电子控制系统中的大部分故障。当微机发现电子控制系统出现故障后,便自动启动故障运行程序,并将故障以代码的形式存储在微机的读写存储器 RAM 内,只要不拆下蓄电池,这些故障代码将一直保存在微机内。这样,不仅可以保证汽车在有故障的情况下继续行驶(不是正常行驶而是基本行驶),而且还可以向驾驶员和维修人员提供故障情报,便于故障的及时发现和排除。现代电控汽车的检测,可通过一般方法和调取故障码的方法,但上述方法只能对汽车的一般故障或电控系统故障的大致范围和原因进行提示。因为一个故障码的出现,可能是因为某一元件的故障引起,也可能是由于该元件的配线引起的,也可能是由于电脑本身故障所造成的,还可能是由于其他有关系统的故障码所引起。因此,最终判断和排除故障还必须通过各种仪器和专用设备,检测和读取有关资料及数据进行分析和比较,最后确定故障原因,加以排除。有时还必须通过专门仪器,模拟有关传感器控制元件和信号,采用置换对比的方法去判断是传感器或元件本身的故障还是线路或电脑本身的故障。所以在现代电控汽车的检测诊断中,掌握诊断仪器的正确使用,进行数据分析是十分重要的。

在 20 世纪 70 年代末 80 年代初,出现了专用的故障诊断检测仪,利用这种仪器,可以诊断、检测、观察电控系统的工作情况。如美国福特汽车公司的 EFC—Ⅱ检测仪、德国大众公司的 VAG1551 故障阅读器,可用于记录故障代码,监测电控系统的信号,并找出故障部位。但是这种专用仪器使用时,对操作人员的要求较高。20 世纪 80 年代后,出现了随车诊断系统,该系统利用电控单元对电控系统的各部件进行检测和诊断,可以自行找出电控系统存在的故障,故称之为故障诊断系统 OBD(On Board Diagnostics)。最初的故障自诊断系统要求车辆以一定的测试规范运行,系统才能记录下故障代码,从而找出故障的部位。几年后又出现了一种可以对车辆电控系统参数实行连续监控的自诊断系统,该系统能记录电控各系统的间歇故障。因此可以减少专用仪器的使用,降低维修费用,而且查找故障及时又方便,得到了广泛的应用。但是,受到当时电控单元内存容量的限制,其诊断项目也受限制,不能诊断较为复杂的故障。为了扩充随车自诊断的诊断信息与诊断功能,一些公司还研究出各种多功能车外诊断仪,对电控系统进行检测和诊断。这些诊断仪的功能较齐全,可以诊断电控系统的许多故障,但由于价格较贵,有一定的专业技术要求,且标准均不统一,故使用受到限制。在 1993 年以前的电控汽车上的故障自诊断系统自成体系,不具有通用性,且种类繁多,不利于使用统一的专用仪器,给汽车的售后服务和维修使用造成不便,这种自诊断系统按美国标准称之为第一代随车自诊断系统(OBD—Ⅰ)。1994 年,美国汽车工程师协会(SAE)提出了第二代随车自诊断系统(OBD—Ⅱ)的标准规范,只要各汽车厂执行该标准规范,其诊断模式与诊断插座便可得到统一。这样,只用一台仪器即可对各种车辆进行检测和诊断,从而给的电控汽车的维修提供了极大的方便。世界各汽车制造厂商都自行设计了 OBD 的诊断插座,并且定义了各车型的故障码。OBD、OBD—Ⅰ、OBD—Ⅱ是汽车电控诊断的三大系统,1994 年世界 20% 的汽车制造厂商 OBD—Ⅱ标准,1995 年增加到 40%,1996 年全面执行了该标准。OBD—Ⅱ系统具有标准相同的 16 脚诊断座,统一了各车型的故障代码及其含义,具有行车记录器功能和数值分析资料的传输功能。其资料传输线又两个标准,即国际标准 ISO(International Standard Organization)和美国统一标准 SAE(Society of Automatic Engineers)。1996 年后,许多美国生产的汽车再配备普通的 OBD—Ⅱ系统的同时,又增加设了加强的 Enhanced OBD—Ⅱ诊断系统,它在很大程度上提高了通讯速度,而且增加了对自动变速器、ABS 和 SRS 系统的诊断。

12.2.2　汽车检测诊断仪器的运用

目前,电控汽车检测诊断仪器主要有电脑扫描诊断检测仪、多功能汽车专用数字电表、多功能信号模拟检测仪、示波器等。

汽车电脑扫描诊断检测仪

汽车电脑扫描诊断检测仪是对微机控制系统进行检测诊断的重要仪器,该仪器可快速调取电脑所检测到的故障码,也可通过输入特定的数据清除故障,也能读取电脑所存储的资料,如读取开关电路输入和输出的状态资料,传感器的工作状态资料等;也可测试和存储行驶中电脑的有关资料,以供分析和诊断故障之用;还可与多种仪器相连接,进行综合分析诊断。

(1)国外故障检测仪的类型

自 20 世纪 70 年代末汽车电控系统故障诊断仪问世以来,随着汽车上电控装置深入和广泛地应用,各国汽车制造公司亦相应地开发、生产出多种汽车电控系统故障诊断仪,见表 12.1。

(2)国产故障检测仪

近年来,随着进口和国产电控汽车数量的迅速增加,国内对电控汽车故障诊断仪的开发迅速发展,并力求符合 OBD—Ⅱ规范标准。已有多个厂家开发生产出多种类型的诊断检测仪,见表 12.2。

表 12.1　国外故障检测仪类型（部分）

诊断仪名称	生产国家	诊断仪名称	生产国家
VAG1551 故障阅读器	德国	OTC 微机故障诊断仪	美国
EEC—Ⅱ检测仪	美国	DRBⅡ、DRBⅢ微机故障诊断仪	美国
PRO—LINK 微机故障检测仪	美国	迪威、红盒子（SNAP ON SCANNER）	美国
FSA560 测试仪	德国	OBD—Ⅱ第二代随车电脑诊断仪	美国
Honda PGM 测试仪	日本		

表 12.2　国产检测仪类型（部分）

诊断仪名称	生产厂家
修车王汽车故障电脑诊断仪	深圳市三原电子有限公司
汽车故障解码器	深圳市威宁达仪器有限公司
WV—2000"车博士"汽车故障电脑诊断分析仪	深圳市创威联电子开发有限公司
汽车电控系统全功能手提式诊断检测仪（红盒子）	深圳市施耐汽车保修设备有限公司
宝牌汽车解码器	上海科德宝汽车数码设备有限公司
元征 4301ME 电眼睛 元征 ADC2000 汽车诊断电脑 元征迷你型电眼睛	深圳市元征科技股份有限公司
金奔腾—Ⅰ（普及通用型）汽车电脑解码器 金奔腾—Ⅱ（专用型）汽车电脑解码器 金奔腾—Ⅲ（掌上型）汽车电脑解码器	北京金奔腾汽车科技有限公司
Z. D. Y1552	长春星百工贸有限公司
"车宝"汽车电控系统检测仪	青岛金华公司

（3）多功能汽车专用数字万用电表

如果不具备微机故障诊断仪,可通过使用万用电表测量微机线束插头内各端子上的工作电压或电阻来判断微机及其控制线路是否工作正常。用这种方法检查微机及其控制线路的故障,必须以被测车型的详细维修资料为依据。这些资料包括:该车型微机线束插头中各端子与控制系统中的哪些传感器、执行器相连接;各端子在汽车不同工作状态下的标准电压值或标准电阻值。如果在检测中发现某一端子实际工作电压或电阻与标准值不相符,则表明微机或控制线路有故障;与执行器连接的端子工作电压不正常,则表明微机故障;与传感器连接的端子工作电压不正常,则可能是传感器或线路故障。只要逼过进一步的检测,即可找出故障的准确部位。这种检测方法对于判断微机及其控制线路故障只是一种辅助的方法。因为微机在工作中所接收或输出的信号有多种形式,如脉冲信号、模拟信号等,而一般的万用表只能检测出电路的平均电压值。因此在检测中即使微机各端子的工作电压都正常,也不能说明微机就绝对正常而无故障。在对汽车微机及其线路进行故障检测时,必须使用专用的多功能万用电表,不允许使用普通的指针式万用表。若使用指针式万用表,在检测中将会造成微机及传感器的损坏,同时也无法检测转速、闭合角、频率、压力、时间、电容、电感、温度、半导体元件等对故障诊断十分重要的参数。

（4）多功能信号模拟检测仪

多功能信号模拟汽车微机检测仪是进行汽车微机控制系统故障诊断的重要设备之一,其特点是可以模拟汽车微机控制系统的全部传感器工作参数,向汽车控制微机输入相当于真实运行工况的各种参数信号,并对汽车的相应工作情况进行检测,从而实现对汽车控制微机的全自动故障诊断。例如,故障代码显示水温传感器信号不良的故障,但究竟是水温传感器本身的故障还是传感器到微机之间的配线故障或是微机本身故障,需进一步诊断。此时可以通过信号模拟检测仪模拟水温传感器的信号代替水温传感器的信号向微机输入信号,如果发动机工作状况改善,故障症状消失,即可判断为水温传感器故障。若故障症状无改善,可直接由微机相应端子将信号输出,若故障症状消失,即为水温传感器至微机配线故障。若故障症状无改善,则可判断为微机本身故障。目前,我国汽车维修工业使用较多的是 PRI 公司生产的 SSTⅢ型汽车多功能信号模拟式汽车微机检测仪,该仪器有如下功能:

①模拟所有的汽车传感器的工作参数,同时检测微机对这些输入参数的响应。

a.模拟三个输出为线性电压值的传感器工作参数,以实现对进气压力传感器（MAP）、空气流量传感器（MAF）、节气门位置传感器（TPS）等传感器输出信号的模拟。

b.输出恒定电压值以模拟氧传感器的工作参数。可产生一个 0.15 V 的恒值连续电压信号仪模拟混合过稀（空燃比过大）状态下氧传感器所产生的信号。

c.模拟电阻变化型传感器的工作参数,以实现对进气温度传感器（MAT）、水温传感器（ECT）等电阻变化型传感器输出信号的模拟。SSTⅢ还可根据需要选择不同的阻值范围。

d.模拟频率型传感器所发出的频率信号（DC）,输出脉冲信号,以实现对曲轴位置传感器等输出为脉冲信号的传感器工作参数的模拟。SSTⅢ还可根据不同需要输出不同频率的信号。

e.输出交流电压信号,以模拟工作参数为交流电压的传感器输出信号,如车速传感器等。SSTⅢ可产生不同频率的车速传感器信号。

f.可以产生不同频率的随机电压信号,以模拟发动机发生不同程序爆震燃烧时,爆震传感器的输出信号。

②线路导通性检测

SSTⅢ型汽车多功能信号模拟式检测仪设计了线路导通情况的检测功能。将检测仪的黑红两测试笔接到线路两端,当线路导通时,检测仪中的蜂鸣器发生蜂鸣声,表示线路正常。

③实现汽车数字式万用表的各种功能

SSTⅢ型汽车多功能信号模拟式检测仪,可以作为数字式万用表测量直流电压、电流、脉冲信号频率以及交流信号的电压、电流、频率等电量, 同时可以测量较宽范围的电阻值。

④实现对汽车工作状态的摸拟和对汽车工况的控制

进行动态下的故障诊断使用 SSTⅢ型检测仪模拟汽车运行过程中各传感器的输入信号,可使汽车微机根据这些模拟信号控制汽车的运行工况。根据模拟输入信号的变化,检测汽车工况的响应情况,可判断和区分故障是否在微机内部。如:利用该检测仪可以代替水温传感器控制发动机的开环控制和闭环控制,代替节气门位置传感器检测怠速混合气空燃比的控制;代替大气压力传感器模拟不同的海拔高度检测控制系统空燃比的控制,对海拔高度的敏感性代替氧传感器控制喷油量的大小,实现对空燃比的控制,模拟进气压力传感器控制点火提前角及喷油量;模拟爆震传感器控制点火正时等。

12.2.3 示波器

汽车微机系统在工作中由各种传感器或装置向电脑输入各种控制信号,由电脑综合判断后再向各执行元件输出各种控制电信号。这些输入和输出的电信号基本上有两类:一类是模拟信号,另一类是数字信号。在系统工作时,可将各种波形通过示波器显示出来,有的示波器还可将波形储存为记忆,通过对波形的变化分析来判断故障。当采用双踪示波器测试时,还可将两种信号波形同时显示出来,加以分析比较,因此在现代汽车微机控制系统的检测诊断中,示波器是一种很重要的检测仪器,是必备设备之一。

科学技术的发展使信息交流已不再是限制维修技术和维修质量提高的瓶颈,与汽车技术的发展相适应,汽车故障检测仪器设备的技术含量越来越高,所以在使用与维护方面,对维修人员的素质也提出了更高的要求。现代汽车尤其是电控汽车的维修质量和效率,在很大程度上要依赖于维修人员对汽车故障检测仪器设备的熟练程度。在某种程度上可以说,维修工具和检测设备决定着维修效率,智能化汽车维修检测设备和仪器的使用在现代汽车维修工作中占有日益重要的地位。

12.3 虚拟测试系统

12.3.1 虚拟仪器概述

虚拟仪器(Virtual Instrument VI)是指以计算机(主要是微机)为核心,将计算机与测量系统融合于一体,用计算机软件代替传统仪器的某些硬件的功能,用计算机的显示器代替传统仪器物理面板的测量仪器。虚拟仪器通过键盘、鼠标代替实际的仪器面板或按钮,操作人员通过友好的图形化用户界面以及图形化编程语言来控制仪器的启动、运行、结束,完成对被测信号的数据采集、信号分析、频图显示、数据存储、数据回放及控制输出等功能。"虚拟"可以从两方面来理解:其一,传统仪器中的部分硬件被软件所代替,但功能依然存在;其二,改变软件即可改变仪器功能,从而用同一套硬件系统可实现多种传统仪器的功能。因此,虚拟仪器能最大限度地满足各种测量系统的需要,可以很方便地通过修改软件来修改或增减仪器的功能,从而真正体现了"软件就是仪器"这一新概念。

1)虚拟仪器的内部功能

虚拟仪器的组成与传统测量仪器一样,内都功能可划分为:信号采集与控制、数据分析处理及测量结果显示三个部分。

(1)信号采集与控制功能 虚拟仪器是由计算机和仪器硬件组成的硬件平台,实现对信号的采集、测量、转换与控制。硬件平台由以下两部分组成:

①计算机。可以是笔记本计算机、PC 机或工作站。

②仪器硬件。可以是必要的外围接口电路和插入式数据采集板(包含信号调理电路、A/D 转换器、数字 I/O、定时器、D/A 转换器等)或者是带标准总线接口的仪器,如 GPIB 仪器、VXI

仪器、RS232 仪器、USB 仪器等。

（2）数据分析处理功能　虚拟仪器充分利用了计算机的存储、运算功能，并通过软件实现对输入信号数据的分析处理。处理内容包括进行数字信号处理、数字滤波、统计处理、数值计算与分析等。虚拟仪器比传统仪器以及以微处理器为核心的智能仪器有更强大的数据分析处理功能。

（3）测量结果的表达　虚拟仪器充分利用计算机资源（如内存、显示器等），使其对测量结果数据的表达与输出具有多种方式，这也是传统仪器远不能及的。虚拟仪器可以实现以下功能：

①通过总线网络进行数据传输。

②通过磁盘、光盘硬拷贝输出。

③通过文件存于硬盘内存中。

④计算机屏幕显示或图形用户接口。

2）虚拟仪器系统的构成

虚拟仪器系统是由计算机、应用软件和仪器硬件三大要素构成的。计算机与仪器硬件又称为 VI（虚拟仪器）通用仪器硬件平台。VI 系统具有以下多种构成方式，如图 12.7 所示。

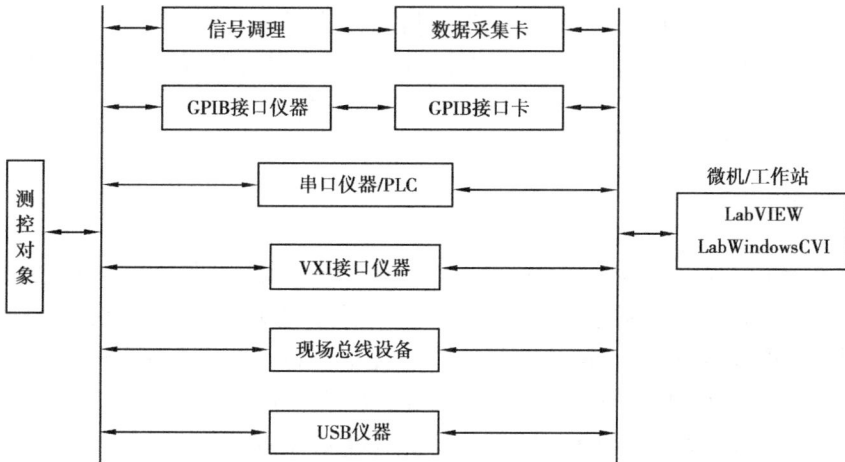

图 12.7　虚拟仪器的几种构成方式

（1）PC—D/LQ 系统　以数据采集板、信号调理电路及计算机为仪器硬件平台组成的测试系统。

（2）GPIB 系统　以 GPIB 标准总线仪器和计算机硬件平台为基础，即由一台微机、一块 GPIB 接口板卡和若干台 GPIB 仪器通过标准 GPIB 电缆连接而成的测试系统。

（3）VXI 系统　以 VXI 标准总线仪器与计算机为硬件平台组成的测试系统。

（4）通用串行系统　以串口标准总线仪器（如可编程逻辑控制器）与计算机为硬件平台组成的测试系统。

（5）USB 系统　以 USB 标准总线仪器与计算机为硬件平台组成的测试系统。

（6）现场总线系统　以现场总线仪器与计算机为硬件平台组成的测试系统。

（7）组合系统　由上述几种典型构成方式任意组合的测试系统。

虚拟仪器技术中的关键技术是数据采集和分析处理软件。分析处理软件将用不同的方法获取数据,归并成相同的数据组来实现不同类型的仪器。例如,通过标定和数据点的显示,虚拟仪器可作为一台简易的存储示波器;对捕获的数据进行 FFT 变换,则又可成为一台频谱分析仪。

3)虚拟仪器的特点

传统仪器与虚拟仪器比较,虚拟仪器具有如下技术特点:

(1)融合了计算机强大的硬件资源,突破了传统仪器在数据处理、显示、存储等方面的限制,大大增强了传统仪器的功能。高性能处理器、高分辨率显示器、大容量硬盘等已经成为虚拟仪器的标准配置。

(2)利用了计算机丰富的软件资源。一方面,实现了部分仪器硬件的软件化,节省了物资资源,增加了系统灵活性;另一方面,通过软件技术和数值算法,实时、直接地对测试数据进行了各种分析与处理;另外,通过图形用户界面(GUI)技术,真正做到了界面友好、人机交互。

(3)基于计算机总线和模块化总线,传统仪器硬件实现了模块化、系列化,大大缩小了系统尺寸,可方便地构建模块化仪器。

(4)基于计算机网络技术和接口技术,VI 系统具有方便、灵活的互联能力(Connectivity),广泛支持诸如 USB 等各种总线标准。因此,利用 VI 技术可方便地构建自动微机测试系统(Automatics Test System,ATS),实现测量、控制过程的网络化。

(5)基于计算机的开放式标准体系结构,虚拟仪器的硬件、软件都具有开放性、模块化、可重复使用及互换性等特点。因此,用户可根据自己的需要,选用不同厂家的产品,使仪器系统的开发更为灵活,效率更高,缩短了系统组建时间。

12.3.2　软件开发平台 LabWindows/CVI

LabWindows/CVI(C for Virtual Instrumentation)是面向仪器与测控过程的交互式C/C++开发平台,它是一个用 C 语言构建仪器系统的交互式软件开发环境,可用模块化方式对 C 语言进行编辑、编译、连接和调试。LabWindows/CVI 软件把 C 语言同虚拟仪器的软件工具库结合起来,包含了 GPIB、USB 总线、数据采集和分析库。LabWindows/CVI 软件提供了很多厂家生产的多达 300 多种仪器的驱动程序。LabWindows/CVI 软件的重要特征是,在 Windows 和 Sun 平台上简化了图形用户接口的设计,同时在构建和控制 LabWindows/CVI 软件用户接口之外,只创建了一个层次,使用户能容易地生成各种应用程序。LabWindows/CVI 为熟悉 C 语言的开发者建立虚拟仪器检测系统、数据采集系统、过程监控系统等提供了极其便利的语言环境和软件开发环境。

1)LabWindows/CVI 的特点

LabWindows/CVI 具有以下特点:

(1)集成开发平台　LabWindows/CVI 将源代码编程、32 位标准 ANSIC 编译、连接、调试以及标准 ANSIC 库等集成在一个交互式开发平台中,因此,用户可以快捷地编写、调试和修改应用程序,并形成可执行文件。

(2)采用交互式编程方法　LabWindows/CVI 编程技术采用事件驱动方式和回调函数方式。对每一函数都提供了一个函数面板,用户可以通过函数面板交互地输入函数的每个参数。在脱离主程序 C 源代码的情况下,可直接在函数面板中执行函数操作,并能方便地把函数语句嵌入到 C 程序源代码中,还可以通过变量声明窗口交互地声明变量。这种交互式编程技术大大地减少了源代码语句的输入量,减少了程序语法出错的机会,提高了设计的效率和可靠性。

(3)具有功能强大的函数库　针对测控领域的需要,可供用户直接调用的函数库有:基本的数字函数、字符串处理、函数数据运算函数、文件 I/O 函数、高级数据分析函数和各种驱动函数库。

高级数据分析库函数,包括信号处理函数、滤波器设计、线性代数、概率论和数理统计、曲线拟合等函数,涵盖了几乎所有仪器设计中所用到的函数。

各种驱动用数库,如 VXI、GPIB、USB、数据采集板等硬件控制用子程序(驱动函数库),600 多个源码仪器驱动程序(函数库)、动态数据交换(DDE)和 TCP/IP 网络函数库等。因此,编程人员不必亲自编制如信号分析处理的相关、曲线拟合、FFT 等程序。同时编程人员也不必花费用力去熟悉 GPIB、VXI、USB 等各种通信总线,通过简单调用库函数就能驱动相应总线的各种仪器硬件和数据采集卡(板)。

(4)设计简单直观的图形用户界面　LabWindows/CVI 具有人机交互式界面编辑器,运用可视化交互技术实现"所见即所得"。通过弹出式菜单定义界面对象与 C 程序代码的通信属性和自身属性,设计好的人机交互界面(虚拟仪器面板)存储在后缀名为 . uir 的文件中。CVI 自动生成源代码文件的后缀名为 . h,并声明界面对象常量及相关的相关回调函数。

(5)完善的兼容性　借助于 LabWindows/CVI,有经验的 C/C++ 开发人员可以采用熟悉的 C 编程环境,如 Visual C++ 、Borland C++ 、Symantec C++ 和 Watcom C 等,开发自己的虚拟仪器系统。此外,LabWindows/CVI 可以将仪器库函数及子程序编译成 32 位的动态链接库,以便用于任何 32 位的 C/C++ 环境及 LabVIEW 或 Visual Basic 中。

(6)多种灵活的程序调试手段　提供变量显示窗口可以观察程序变量和表达式值的变化情况,还可以提供单步执行、断点执行、过程图踪、参数检查、运行时内存检查等多种调试手段。

(7)网络功能　支持 TCP/IP、动态数据交换(DDE)等网络功能。

使用 LabWindows/CVI 软件,用户可以随意设计自己的测试程序,使其运行在能够满足自己需要的平台上。用户使用交互式接口、内置的 I/O 库、特殊工具、高级分析等功能,可以大大地减小构造虚拟仪器所需编制程序的工作量。

2)使用 LabWindows/CVI 设计虚拟仪器的步骤与方法

在 LabWindows/CVI 虚拟仪器开发平台上,利用其丰富的函数库和强大的接口功能,可方便地设计出符合用户要求的程序。使用 LabWindows/CVI 编程的基本步骤如下。

(1)制定程序的基本框架　根据测试任务确定程序的基本框架、仪器面板及程序中所需的函数。

(2)打开 CVI 软件,进入工程文件窗口　选择菜用"File—New—Project(*. prj)"项,打开一个空的待建工程文件。

(3)创建用户界面　选择菜单"File—New—User—Interface(*. uir)"项,进入用户界面编辑窗口。创建用户界面文件(*. uir 文件),设置控件属性和回调函数名称。

(4)程序源代码的编写　在创建好用户界面后保存用户界面时,计算机自动生成头文件(*. h 文件)。利用计算机自动生成源程序(*. c 文件)代码框架,并在框架中添加函数代码段,来完成源程序(*. c 文件)的编写。

(5)创建工程文件并运行　将用户界面文件(*. uir 文件)、源程序(*. c 文件)和头文件

（∗.h 文件）添加到工程文件中，用 CVIBuild 菜单中的 BuildProject 功能完成工程文件的创建，然后编译、运行、调试工程文件。

虚拟仪器可使用相同的硬件采集系统，通过配用不同的传感器和测试软件实现完全不同的测试功能。虚拟仪器技术在汽车性能测试领域的应用，使得汽车检测设备投资少，开发周期短，通用性强，易于维护，而且提高了性能测试的智能化程度和测试精度；虚拟测试系统人机界面友好，操作方便，可以提高工作效率。伴随着虚拟仪器技术的不断完善，它必将在汽车性能测试领域中得到更为广泛的应用。

复 习 题

1. 什么是微机测试系统？其系统结构包括哪些主要部分？
2. 请简述微机测试系统的主要接口，每个接口所传输的数据各有哪些特点？试举例说明。
3. 模拟检测信号送入计算机进行分析之前，要经过哪些环节进行处理？
4. 汽车电脑扫描诊断检测仪具有哪些功能？市场上有哪些功能强大的产品，各有何特点？
5. 虚拟仪器具有哪些功能？请结合流行的虚拟测试软件说明其操作过程。
6. 请通过调研分析，展望微机在汽车测试技术中的发展趋势。

参考文献

[1] 蒋国平,刘志忠.汽车故障诊断与检测技术[M].北京:科学出版社,2007.

[2] 李军.汽车使用性能与检测技术[M].北京:人民交通出版社,2002.

[3] 方锡邦.汽车检测技术与设备[M].北京:人民交通出版社,2005.

[4] 严朝勇,蒋波,刘越琪,等.汽车行驶阻力的数学模型及其电模拟模型的应用与研究[J].交通与计算机,2006.

[5] 严朝勇,蒋波,刘越琪,等.汽车底盘测功机计算机管理系统的应用[J].农业装备与车辆工程,2007.

[6] 严朝勇,蒋波,蒋国平,等.计算机管理系统在汽车综合性能检测站中的应用与研究[J].现代电子技术,2007.

[7] 严朝勇,洪家龙,廖西南,等.机动车检测站检测监控系统应用研究[J].交通标准化,2007.

[8] 蒋波,严朝勇.FZ—10C型反力式滚筒制动试验台检测系统的设计与实现[J].仪表技术与传感器,2007.

[9] 蒋波,严朝勇.BY—XX汽车悬架装置检测台的应用与研究[J].交通标准化,2007.

[10] 蒋波,严朝勇.影响反力式滚筒制动试验台检测精度的因素[J].农业装备与车辆工程,2007.

[11] 严朝勇,蒋国平,武涛.数据库技术在汽车综合性能检测中的应用[J].扬州大学学报,2006.

[12] 龚金科.汽车排放污染及控制[M].北京:人民交通出版社,2005.

[13] 郭应时,袁伟.汽车试验学[M].北京:人民交通出版社,2006.

[14] 吴克刚,曹建明.发动机测试技术[M].北京:人民交通出版社,2002.

[15] 唐岚.汽车测试技术[M].北京:机械工业出版社,2006.

[16] 雷霖.微机自动检测与系统设计[M].北京:电子工业出版社,2003.

[17] 王国权.虚拟实验技术[M].北京:电子工业出版社,2004.

[18] 刘凤新.计算机辅助测试技术导论[M].北京:电子工业出版社,2004.

[19] 田国华,张学利,何勇,等.汽车动力性检测[M].北京:人民交通出版社,2002.

[20] 交通部公路司审定.汽车综合性能检测——汽车检测人员岗位培训教材[M].上海:上海科学技术文献出版社,1999.

[21] 严朝勇,洪家龙,廖西南,等.机动车检测站检测控制系统应用研究[J].交通标准化,2007.

[22] 南海市南华仪器有限公司.NHA—4/505 废气分析仪使用说明书.广东南海市,2004.

[23] 南海市南华仪器有限公司.YD—1 型全自动烟度计使用说明书.广东南海市,2004.

[24] 南海市南华仪器有限公司.NHT—2 不透光度计使用说明书.广东南海市,2004.

[25] 南海市南华仪器有限公司.NHD—6101 型全自动前照灯检测仪使用说明书.广东南海市,2004.

[26] 广州华工邦元信息技术有限公司.BY—XX 汽车悬架装置检测台使用说明书.广州,2004.

[27] 南海市南华仪器有限公司.NHA—4/505 废气分析仪使用说明书.广东南海市,2004.

[28] 成都成保发展股份有限公司.PB—300 型平板试验台使用手册.成都,2004.

[29] 广州华工邦元信息技术有限公司.BY—CG—100 汽车底盘测功机使用说明书.广州,2004.

[30] 王仲生.智能检测与控制技术[M].西安:工业大学出版社,2002.

[31] 夏长高,曾发林,丁华.汽车安全检测技术[M].北京:化学工业出版社,2006.

[32] 秦文新,程熙,叶霭云.汽车排气净化与噪声控制[M].北京:人民交通出版社,2002.

[33] 王维,刘建农,何光里.汽车制动性能检测[M].北京:人民交通出版社,2005.

[34] 应朝阳,周天佑,耿磊,等.GB 7258—2004 机动车运行安全技术条件[M].北京:中国标准出版社,2004.

[35] 余志生.汽车理论[M].北京:机械工业出版社,1989.

[36] 丁镇生.传感器与传感器技术应用[M].北京:电子工业出版社,1998.

[37] 肖云魁.汽车故障诊断学[M].北京:北京理工大学出版社,2001.